人文武术精品书系

U0914813

勿使前辈之遗珍失于我手
勿使国术之精神止于我身

武术的科学

实战取胜的秘密

〔日〕吉福康郎◎著
宋卓时◎译

北京科学技术出版社

BUJUTSU NO KAGAKU
BY YASUO YOSHIFUKU
Copyright © 2013 YASUO YOSHIFUKU
Original Japanese edition published by SB Creative Corp.
All rights reserved
Chinese (in simplified character only) translation copyright © 2021 by Beijing Science and Technology Publishing Co., Ltd.
Chinese (in simplified character only) translation rights arranged with SB Creative Corp., Tokyo through Bardon-Chinese Media Agency, Taipei.

著作权合同登记号　图字：01-2020-6671

图书在版编目（CIP）数据

武术的科学：实战取胜的秘密 /（日）吉福康郎著；宋卓时译. — 北京：北京科学技术出版社，2021.3（2021.5 重印）
ISBN 978-7-5714-1198-5

Ⅰ.①武… Ⅱ.①吉… ②宋… Ⅲ.①武术—运动训练—问题解答 Ⅳ.① G852-44

中国版本图书馆 CIP 数据核字 (2020) 第 214274 号

作　　者：〔日〕吉福康郎
译　　者：宋卓时
策划编辑：胡志华
责任编辑：胡志华
责任校对：贾　荣
封面设计：志　远
版式设计：创世禧
责任印制：张　良
出 版 人：曾庆宇
出版发行：北京科学技术出版社
ISBN 978-7-5714-1198-5

社　　址：北京西直门南大街 16 号
邮政编码：100035
电　　话：0086-10-66135495（总编室）
　　　　　0086-10-66113227（发行部）
网　　址：www.bkydw.cn
印　　刷：北京盛通印刷股份有限公司
开　　本：710mm × 1000mm　1/16
字　　数：240 千字
印　　张：15.75
版　　次：2021 年 3 月第 1 版
印　　次：2021 年 5 月第 2 次印刷

定　　价：129.00 元

京科版图书，版权所有，侵权必究。
京科版图书，印装差错，负责退换。

编辑者言

《潜确类书》卷六十载：

李白少读书，未成，弃去。道逢老妪磨杵，白问其故。曰："欲作针。"白感其言，遂卒业。

李白聪颖，他能"感其意"，并付诸有效的行动。

学功夫，最难的，恐怕不是下不了苦功，而是不能"感其意"。

以前，武者多椎鲁不文，常借用日常之物、劳作之事来表达其意，这倒不失为朴素的好办法。世代同乡同里，风俗早就渗进血脉里，所见所感自然无须多费口舌。悟性好的，能"感其意"而化于自身，肯花工夫，功夫终究能上身。

但，离了此情此景，凭几句口诀、几篇拳谱，则很难推断出其具体练法。

到如今，科学昌明，武者也不再局限于口传、身授、心记，图文、视频等都可作为记录手段。书刊之丰富，前所未有。可是，不论是手抄本，还是出版物，抑或是师徒之间的授受，隔山、隔纸、隔烟的困惑从未消失。

这其实是一个令人匪夷所思的现象。

即使受限于文言之于白话的难懂、方言之于普通话的障碍、授者与受者之水平高低，功夫，总归是“人”这一个统统是躯干加四肢的有形之体承载下来的，怎么会变成一门难以自明的学问？

于是，不泥古、不厚今，剖开表象，觅求功夫的实质，找到具体而有效的训练方法，让更多人受益于其健养之效，进而对防卫有一定裨益，乃至获得修养之资粮，就是这套丛书最初的缘起。所以，不限年代，不限国别，不论是借助多学科的现代分析，还是侧重明心见性的东方智慧，只要是对功夫这种探究人体运动的学问有精诚探索的读物，都在本丛书所收之列。

当然，我们已知的科学不能穷尽功夫的原理，更不能穷尽人体的奥秘。

正因为如此，我们不应排斥先贤的智慧，更不应止步于此。

共勉。

2019 年 9 月

推荐序一

本书作者吉福康郎是日本中部大学工学部教授，结业于日本东京大学理学系研究生院（理论物理学科），他的这本《武术的科学——实战取胜的秘密》，致力于通过运动生物力学和生命科学，验证和解释格斗术、传统武术、瑜伽、气功。

全书伴随着一个个实战问题的提出与解答，真实再现了近代武术理念与技术在日本的发展，见解新颖，视角独到，对于诟病陈词滥调已久的大多数中国武术读者而言，具有重要的开示意义。

本书译者宋卓时，在译者序中指出了当今日本在武术研究方面具有的几大优势：武术理论的研究起步早，且学术成果丰富；受传统武士文化的影响，整个社会武道氛围浓厚；武术产业投入大，武术产业商业化程度高；政府的大力推进和国民整体受教育程度高等。同时他也指出：利用现代科学理论解读传统武术的能力不足，是今天中国武术发展遇到的瓶颈之一。堪称清醒之见。

“他山之石，可以攻玉”，我建议武术爱好者及武术研究者都读一读本书。

常学刚

2020 年 12 月 13 日

推荐序二

武术在我国有几千年的历史，是中华文化的重要组成部分，对日本的武术也影响颇深。随着时代的发展，各国武技的进入和传播也对我国的武术文化产生了一定的影响。

我是一名体育工作者，既是拳击高级教练，也是传统武术通背拳的传人。如今，传统武术在我国的发展面临着传播、继承、发扬的问题。随着社会的进步，传统武术也应该用现代的语言、现代的体育理论去解读、去继承、去发扬。

这次我因有事来到北京，恰逢北京科学技术出版社的胡编辑与我通电话，聊到了出版社准备出版由日本中部大学工学部教授吉福康郎撰写、宋卓时翻译的《武术的科学》一书，我有幸先睹为快，读到了此书的样稿。

书中，作者对自己所接触到的武术，运用现代理论进行剖析、研究。

作者讲了自己对竞技型格斗术与实战武术的界定、判断、区别，谈到了击打的方法，以及在实战中力的运用。对对抗中身、手、步法在保持平衡上与重心转换的配合，整体的协调性，进行了综合分析，并对居合拔刀术的科学性、刀法在实战中的运用、攻击发力模式与防御反击、多种兵器用法等从个人角度做了介绍。

应该提到的是，我国的传统武术博大精深，其技击的最高层次是“打意”。本书作者在“有没有通过欺骗对方的身体感知或利用人类心理误区、生理条件反射克敌制胜的方法”一节中，运用神经学的理论对“打意”加以解释。这有力地证明了，关于武术，虽然各国文化不同，但对武术的认识殊途同归。作者对武术的认识和研究已上升到了一定的高度。

文章最后，作者谈到了“气”“意识”“神经元”“电子波”“物质”等在武术中的作用，最后还提到了“量子”。这些研究，目前虽无定论，但却为我们打开了一扇窗。

此书图文并茂，利于读者学习和参悟。作者对武术练习与真实实战之间的差别和体会、经验和感悟，做了详尽的说明，值得我们借鉴。

值得一提的是，作者以一个日本武者、研究者的视角去观察、剖析日本的武道，无意中为武术爱好者了解日本武术提供了一条捷径。日本经济发达，武术文化盛行，发展体系完善，学术研究基础好，这对我国武术爱好者也是一种激励。

此书是一本好书！对有志于研究武学的武术工作者和爱好者都会有所启迪和帮助，也能让我们更深入地了解日本武术的理念与技法。

“古为今用，洋为中用。”我国传统武术底蕴深厚，是文化的宝库，取之不尽，而只有运用科学的理论作指导，科学地解读我们的优秀传统文化，才能将其发扬光大。

愿广大武术爱好者共勉！

马运芳

2020 年 12 月 19 日于北京

译者序

东亚文化圈的武术文化历史悠久、源远流长，而中国传统武术作为东亚各国武术的发源地，衍生孕育出数不胜数的武术流派和门类。时至今日，中国传统武术已经成为中华文明的符号和标志。我受国家派遣出国教授武术的时候对此深有体会，对于外国人来说，中国武术始终具有一种不可抗拒的神秘魅力，因此身兼中国传统武术传人和高校教师的我，有义务也有责任为中国武术的传承和发展贡献自己的一份力量。

日本在武术研究方面具有几大优势：对武术理论的研究起步早，且学术成果丰富；受传统武士文化的影响，整个社会武道氛围浓厚、传统武术传承好；作为亚洲屈指可数的发达国家，经济底子好，武术产业投入大，武术产业商业化程度高；再加上政府的大力推进和国民整体受教育程度高，日本的武术产业发展均衡且健康。

作者吉福康郎教授以自己多年的学术积淀和武术修为，从力学、运动生理学、解剖学角度剖析了很多传统武术中的技法和技巧，从冶金、材料、物理学角度对中日两国各种冷兵器的打造方法、使用技法及实战技巧进行了解析，从脑神经学、量子力学角度解析了“气”以及意念。而这些正是今天中国传统武术发展遇到的瓶颈之一——利用现代科学理论解读中国传统武术的能力不足。从这个角度来讲，这本书对于大众来说具有重要的武术科普意义。

译者在翻译本书的时候多方考据求证，在专业术语及技术称呼上力求翻译得精准细致，在保持原著风格的基础上，用通俗易懂的语言，努力为各位读者展示一个全方位、立体化、由科学理论解构剖析出来的武术世界。

特别要说明的是，译文中“格斗术”与“格斗技”的用法。关于“术”与“技”的区别，其实早在东汉·许慎的《说文解字》中已有定论，“技，巧也”“术，邑中道也”。而后，“术”字渐渐引申为成体系的技艺，如苏轼在《教战守》中就有“役民三司盗者，授以击刺之术”的说法。由此我们知道，“格斗术”指的是成体系的格斗和搏击技艺，而“格斗技”则意为具体的格斗搏击技巧、招法。日语中的“技”和“术”两个字无论是字形还是字义都完全承自古汉语。

希望这本译著能够为广大武术爱好者和从业者提供一种科学量化的视角来审视我国源远流长、多姿多彩的传统武术文化，正所谓“为天地立心，为生民立命，为往圣继绝学，为万世开太平”是也。

宋卓时

2020年6月

前　言

那是手术后的第 10 天。

我终于能一边忍着侧腹长达 20cm 的术后刀口的疼痛，一边在医院里走动了。因为已经完全受够了住院生活的无聊，于是我抓住仅有的机会，向我的主治医生展示了几招武术步法来证明我身体恢复得不错，主治医生和护士当时都很惊讶："既然都能这样活动了，那身体肯定没事了！"于是第二天我就拿到了出院许可。

我一直苦于自己天生体质虚弱，所以工作之后我选择的研究方向是通过医学、力学、运动生理学等科学方法来解析武术。很久以前我就有一个想法："如果能弄清武艺高强的人为什么强，那么自己不也能变得像他们一样强了吗？"因此，我一直致力于通过科学理论来研究这个问题。

但是随着研究的步步深入，一个问题越来越明显地呈现在我面前。那就是，现代体育运动领域的格斗术和搏击技术，即便它们符合现代力学以及人体解剖学，但是这些技术在面对绝对力量差距巨大的对手时基本无效。我经年累月研究得出的最终结论却是"只有天生力大的人才能变强，普通人依然是普通人"，于是失望的我将这项研究搁置了很长一段时间。

直到我 60 岁那年与武术家甲野善纪先生相遇，我的上述想法被完全颠覆了。在和甲野先生交手的几个回合里，哪怕是我使用在力学角度上十分有利的招式或者在对我有利的位置发动攻击，甲野先生也可以轻而易举地把我制伏或者打飞，或者以迅雷不及掩耳的速度用拳脚或竹刀进行反击，展现出完全不同于现代体育竞技格斗术的移动速度和压倒性威力。

自那以后，我加入了甲野先生执教的武术修习会，开始学习武术，并重新探索武术中的科学原理。不久，我就能够轻松抱起体重 30kg 的人，即使一只手被武道部黑带选手用双手擒住，我也能一下子反制住对方。此外，我还掌握了武术中的“松”劲，因此身体不再超负荷，困扰我多年的腰疼也随之消失了。

我在医院里练习的武术身法也是一例。这些古代武术的练习法对于年轻力壮的男性自然不在话下，女性或者体能衰退的老年人也能够轻松习练，并且通过练习可以逐步开发出自身的潜能。

这本书是我长年研究和实践的总结。书中没有剧烈的体能训练，只要坚持练习，点点滴滴积累的功夫最终会产生质的变化。伴随着“体”的修炼，“心”也变得柔和而强韧，身心由内而外养成一种充满自信的“强者”气质。

在第 1 章“何谓武术”中我会解释武术与体育运动范畴的格斗术的差别。在第 2 章“击打的科学”中我会解释武术中无法格挡的击打技巧、武术中能够穿透肌肉和铠甲伤害人体内部的击打技术、李小龙截拳道中打拿一体的技巧等那些古代武术中特有的击打技艺。

在第 3 章“日本刀法·居合拔刀术的科学”以及第 4 章“武器的科学”两章中，我会介绍如何快速拔刀及劈斩，当自己的刀和对手的刀绞到一起的时候如何利用杠杆原理战胜对手，为什么日本刀的构造非常利于劈斩，还会讲解部分长枪、弓箭、双节棍等兵器的实战活用方法。

在第 5 章“武术中的步法、身法及身体感知欺骗法（障眼法)的科学”以及第 6 章“武术中的重心破坏技的科学”两章中，我将会为读者介绍武术中顺步行步法的实战性，不用费力站稳也能够巧妙利用自身重力震脚进步的妙招，如何骗过对手的眼睛完成“看不见的动作”，如何骗过对手的触觉进而破坏其重心，以及如何将对手强大的肌肉力量消解于无形等。

在第 7 章“气功与心灵的科学”中，我将会结合自己的体验为读者阐明武术修炼为什么有助于精神成长。

最后，我把自己的武术心得写成了一首《都都逸民谣》，与诸君共勉。

无形透劲挡不住，自有秘传在其间。
拔刀不费腕上力，以身运刀斩无形。
白刃欺身刀根找，巧用杠杆破敌招。
身法轻捷劲先松，莫使笨力横竖冲。
看似直接实弯路，古人招法反倒真。
巨力盖顶莫硬拼，扳倒树根顶必摇。
看破生死终得道，胜负到头皆虚空。

吉福康郎

2013 年 4 月

目录

CONTENTS

第1章 何谓武术

体育竞技型格斗术与实战武术有什么区别

体育竞技型格斗术（以下简称“竞技型格斗术”）或者武道比赛都是在限定的条件下进行的，比如：

①一对一（还要根据体重、性别、年龄的不同分组比赛）；

②只能徒手或者使用规定的兵器（竹刀或者日式长薙刀等）比赛；

③在擂台、地板或者榻榻米等便于活动的开阔平面上；

④严格规定可以使用的打斗技法和击打部位（比赛中有很多技法是禁止使用的）；

⑤比赛通常采取回合制，有比赛时间限定，裁判会随时分开缠抱在一起的双方并重新开始比赛。

但是，**武术中这些规则限制一概没有**。比如著名的宫本武藏和佐佐木小次郎的决斗就是一个很典型的例子。武藏为了对抗小次郎擅长使用的双手长刀，准备了一把用船桨削成的长木刀，比武还故意迟到，面对将刀鞘扔到一旁的小次郎，武藏故意高声讥讽：“看来你已经认定自己必输无疑了，连刀都不打算收回鞘里了。”如此几次故意激怒小次郎（在剑道比赛中这是严重犯规，会被取消比赛资格）。还有一说是武藏迟到的最大原因是察觉到当时气氛不太对头，小次郎一行不但人多势众且个个怀有强烈的复仇心理，武藏当时心有顾忌，所以一直躲在一旁，直到便于乘舟逃遁的退潮时段快来临的时候才突然现身，一旦情况危险，他打算直接乘舟借着退潮逃离现场。

而且现实中，上述的 5 个条件也不可能同时具备。

本着保护选手安全和公平比赛的体育精神，设定比赛规则当然是绝对必要的，但是如果从“击倒对手”这个目标来看，上述的 5 个条件就相当有问题了。不妨举几个例子来讨论一下。

●拳击

当对方的移动步法灵活快速、难以捕捉的时候，**很自然就会想到踩住对方**

的脚以阻止对方快速移动，[①] 但是这在拳击比赛中是严重犯规（图 1–1）。在一次重大比赛中，有选手在脚面被踩中的一瞬间，头部同时挨了一记重击而被击倒落败，这在当时引起了轩然大波。另外，在比赛中故意和对方缠抱在一起，把规则禁止击打的后脑暴露给对方，在控制节奏和延缓败局等方面也是一种很有效的比赛技巧（图 1–2）。**但是在实战中，这种把后脑故意暴露给对方的姿势却是极为危险的**。比赛中，落败的一方经常会低下头抱住占上风的一方，但是在实战中，这无疑相当于告诉对方“勒住我的脖子，给我来个断头台吧”。

图 1–1　拳击比赛中是不允许踩踏对方脚面的

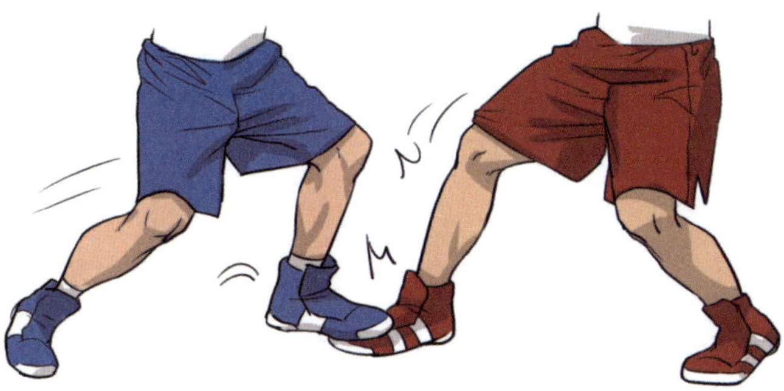

在竞技型格斗比赛中是不允许通过踩踏对方脚面来破坏对方的移动的

图 1–2　拳击比赛中是不允许击打对方后脑的

一方利用缠抱来躲避攻击，其后脑正对着另一方的右手攻击位，但是拳击比赛规则是不允许击打后脑的

① 中国武术中八卦掌的步法就是一个很好的例子，八卦掌步法设计得非常便于踩踏对方脚面。

●综合格斗

即便在禁用技法和限制比拳击比赛少得多的综合格斗比赛中，很多打法也被列为犯规，比如，被压制的下位（被对方骑乘位压制）选手，用一只手勒住对方的脖子并将对方头部向自己拉近，然后用另一只手击打对方后脑，这种技法就属于犯规技法。换一个角度来看，**街头实战中处于骑乘位的一方如果在压制对方时离对方过近，其后脑处于无防备状态，实际上也是很危险的**。

虽然击打后脑在比赛中属于犯规，但是抱起被压制的下位对手并将其后脑部砸向擂台地面的技法却不属于犯规。被对手举起并摔向较软的擂台垫子，选手的后脑一定程度上还能承受得住，但是**如果是街头的水泥路面，那就会有生命危险了**。

●全接触空手道

在禁止用拳、肘和膝盖部位击打对方头部的全接触空手道比赛中，**除高踢腿法之外，没有必要注意其他针对头部的攻击**，所以可以毫无顾忌地出腿踢对方（图 1–3）。再者由于全接触空手道比赛禁止地面技法（寝技）的使用，规则也不允许对倒地一方继续追打，所以舍身回旋踢[①]这种漏洞极大的技法在比赛中经常出现，即使没有击中对方，也不必担心因为倒地而进入地面缠斗或者被对方骑在身上继续击打，因为裁判会中断比赛，保护并指示倒地一方站起来继续比赛。但是如果是**街头实战的话，即使这招舍身回旋踢成功击中对方，自己也是非常危险的（特别是在坚硬的路面上）**。

●剑道

在用竹刀代替日本刀的剑道比赛中，只有使用竹刀尖端到刀身前部捆束的白色皮条之间（15cm 左右）的部位准确有力地击中对方的面部、手腕或者腹部这几个规定部位，才会被判定为“一本”胜出。如果劈砍击中的是肩部，则不会被判定为击中胜出（图 1–4）。此外，竹刀顶压在对方的肩膀上也算无效，比赛继续进行。但是在真剑实战中，刀尖也好，刀根也罢，**任何一处刀刃只要砍中对**

---

① 舍身回旋踢：向前滚翻的同时用脚后跟踢打对方的面门或者头部。

图 1-3　在全接触空手道比赛中，因为规则不允许击打面部，所以可以毫无顾忌地出腿扫踢对方

因为不必担心面部遭受攻击，近距离也可以出低扫腿踢击对方

图 1-4　在剑道比赛中，即使斩中肩膀也不得分

真剑实战中，砍中肩膀就可能取得胜利，但是在剑道比赛中则不计分，比赛继续进行

方，就会造成一定伤害进而影响对方战斗力的发挥，以至影响胜负。使用反关节技法夺下对方的刀、绊倒对方、用腿法踢击、用刀刃压割对方身体、摔投对方等在真剑实战中很自然的技法，在剑道体育竞技比赛中则会当场被判失去比赛资格。

综上所述，竞技型格斗技与实战武术之间其实差异巨大。

武术比竞技型格斗技更强吗

就结论来讲，如果双方的先天身体素质、性别、年龄、体格、训练时间或者训练量相同的话，**武术要绝对强于竞技型格斗技**。理由除了 Q01 中所述之外，还有以下两点：

①与重视安全的竞技型格斗技恰恰相反，武术在设计创造之初的目标就是击倒甚至杀死对手；

②武术中的战斗可以发生在任何地点、任何时间。

关于①，在竞技型格斗比赛中，如果规则允许的话，那么犯规的一方显然是相当有利的。但是由于规则限制，练习犯规技术也是无用的，即使尝试练习犯规技术，基本也就是入门级或业余水平的犯规。**武术则是把这些犯规技法加以提炼并日日修习，不断精进，直至成为绝技**。

比如说针对眼睛的攻击招数。少林拳用“里手（用手指甲轻弹）”打眼，截拳道则用指尖穿击眼球，这些都被作为日常训练的基本招式每天练习，日日精研。

有的武术家将拇指指甲留长削尖，每天练，使拇指指甲奇厚无比，被这样的指甲戳中眼球是十分危险的。

此外，宽袍大袖的中国古代传统服装非常便于隐藏双手，许多挥舞双臂、放长击远的中国拳种会用质地粗硬的袖子抽击对手的眼睛。

●武术在面对突然袭击时也能应对自如

就②来说，武术作为一种防身御敌的手段，**其技法和心理准备都是以“突然袭击”为前提的**。竞技型格斗选手的习惯则是在约定的比赛时间到场，逐渐提高注意力，充分热身，然后登上擂台，随着铃声的响起开始比赛，因此，面对突然袭击时，慢热的选手恐怕难以应对。日本旧时代大名领主们举行的御前比武恐怕更接近于今天的格斗比赛。

有一位空手道高手在青年时代年轻气盛，到处惹事打架，他当年有个习惯，就是在站台排队时绝不站在队伍的第一排，因为他曾经差点被人流挤到站台下面去。像这样时刻保持戒备心理的武术家很多（译者按：译者的师父以及译者开设的武馆的很多弟子也是这样）。

此外，一位合气道老师在下车的时候和站台上一个要上车的男子的脚绊在一起，这位老师下意识地避开男子的腿，同时恰好站在了男子的身后，他轻推男子后背，将其推入电车，车门关闭，两人均相安无事。

有一位中国武术高手正走在路上，突然从后面跑过来一个小女孩，小女孩在与这位武术高手擦肩而过的一刹那突然转身，她背的书包也随之甩向武术高手的后背。就在书包打中武术高手的一瞬间，他下意识一个后蹬腿，踹飞了小女孩的书包，书包里的书散落一地。

因为事情发生得太快，当武术高手已经开始慌慌张张帮忙捡书的时候，周围路人则一脸茫然，根本不知道刚刚发生了什么。万幸小女孩没有受伤。如此看来，把偷偷地靠近武术高手当成开玩笑其实是一件相当危险的事。

我虽然无法跟这些武术高人相比，但是我在医院接待室里也曾经遇到过类似的事。一个老人走进接待室，他的衣服被门把手钩了一下，老人身体一晃，马上就要摔倒在地，正当周围的人手足无措只能眼睁睁看着的时候，我立刻下意识一个箭步窜上前去，一把扶住了老人。

●真正的武术高手也会花心思去钻研竞技型格斗技

即便武功高强，真正的高手也绝不会懈怠，比如说，很多武术流派的招式裆部攻击效果很弱，因此并不使用弧线形攻击的鞭腿（扫腿），但是如果不做针对性训练的话，遇上踢拳选手很大概率会输。面对拳击手时，如果轻敌大意，认为只要擒拿住对方就能轻易获胜，那很可能会被对方的快速刺拳打得焦头烂额。**越是武术高手，越会下功夫、花心思去研究如何应对竞技型格斗选手的绝技**。武术和竞技型格斗技只有相互取长补短，才能够互相促进、不断发展。

如何分辨花架子和真功夫

能够开门授徒的武术高手经过长年累月的修炼，大多筋骨强健、反应迅速、运动协调能力极优秀，他们的实战能力不是练了几年的格斗爱好者能比的。如果仅仅是凭借力气大或者反应速度快而称雄的话，拜入其门下的弟子难免会滋生“连这个水平的力量都没有还叫什么师父啊”这种想法，进而态度轻慢。就我认识的几位武术高手来看，真正的高手要具备以下3个特征：

①即使面对比自己更加年轻力壮的对手，也能够以纯熟的武艺和丰富的经验，举重若轻地战胜对方；

②出手如电，动作快到无影无形，以至于对方根本弄不清楚自己是什么时候、怎么败的；

③不会因打败对方而沾沾自喜，反对暴力、和蔼可亲、人缘极好。

关于①，还有这样一则趣事。某位武术家在道场同一位相扑力士比试武艺，这位武术家充分利用道场的地形优势，采取让相扑力士有力使不出的打法制伏了相扑力士，然而当双方换到院子里进行第二个回合的比试时，失去地形优势的武术家，直接被相扑力士按倒在地。[①] 这个例子虽然极端，但是多数武术家都能够通过创造对自己有利的实战条件来战胜对手。

关于②，虽然优秀拳击手的拳速快如闪电、难以防御，但这与武术中的无影无形的快是不一样的。武术中的快，快在能**以接近体育运动学角度的动态视觉捕捉能力极限的移动速度，瞬间拉近敌我之间的距离**。

关于③，某些武术家虽然已经达到第一和第二条的境界了，但是他们对其他武术流派不屑一顾、待人接物态度蛮横粗鄙、唯利是图，这种人虽然武艺高强，但是终究当不得武术大家，甚至有可能遭人厌恶唾弃。

---

① 如果武术家可以对相扑力士的裆部进行攻击的话，结果可能截然不同。当时的比试是在相扑规则下进行的（真正的高手即便在相扑的规则之下也能利用优势条件取胜）。

Q04

今时今日武术的实战是什么样子的

虽说是实战，其实形态各异，有武术家之间的殊死决斗，有点到为止的技艺切磋，甚至有大规模的群殴乱斗，等等。本文假定场景为武术家和普通人，在街头发生口角，我觉得以下 4 点十分值得注意。

①街头冲突的对手很多时候不是一个人；

②双方可能一番口角之后相安无事，也可能一言不合就大打出手；

③不了解对手擅长的打法或者是否持有凶器；

④注意不要防卫过当。

这里介绍一则街头打斗的实例，简单说明上述注意事项。

某位太极拳拳师出言喝止 4 个流氓（即①）对一位女性的骚扰，事态进而升级，最终双方大打出手（图 1–5）。

关于②，曾经有一位少林拳高手介绍过自己的街头乱斗经验：街头打斗始于双方的争吵，接下来他打算缓和语气并安抚对方的情绪，不料对方见他示弱，开始得寸进尺甚至先出手伤人，事态发展到这个地步，最好马上做好“这是要开打了”的心理准备。但是在太极拳拳师的例子里，3 个流氓站在拳师面前，流氓 B 摆出了一副“要吵架”的架势开始恶语相向，太极拳拳师心想“这是要吵架了”，就在这时，他的双臂突然被人从后面抓住，接着正在骂人的流氓 B 突然出手袭击，流氓 C 和 D 收到攻击的信号，也开始拳脚相加袭击拳师。

虽然不习武，但是打架经验丰富的小流氓能够抓住一切有利时机，比如利用对方的麻痹大意，迅速发动突然攻击。曾经有一位竞技型格斗选手与人发生口角，将要拳脚相加时，对方大叫道：“等我脱了衣服再跟你打！”见此情景，这位选手自己也跟着脱上衣去了，结果就在他上衣脱到一半的节骨眼上，对方看准时机一通老拳搂头打来。

关于③，假如绕到太极拳拳师后方的流氓 A 手中有刀，那么 A 很可能不是控制拳师的双臂，而是用刀直接捅过来。因为流氓 A 此刻已经绕到自己身

图 1-5　某场街头实战走位示意图

被从后面抓住双臂的拳师，身体先用力向左扭转，然后顺着 A 的力量向右扭转，同时用右肘顶击 A 的身体，用右脚脚跟钩踢 A 的裆部

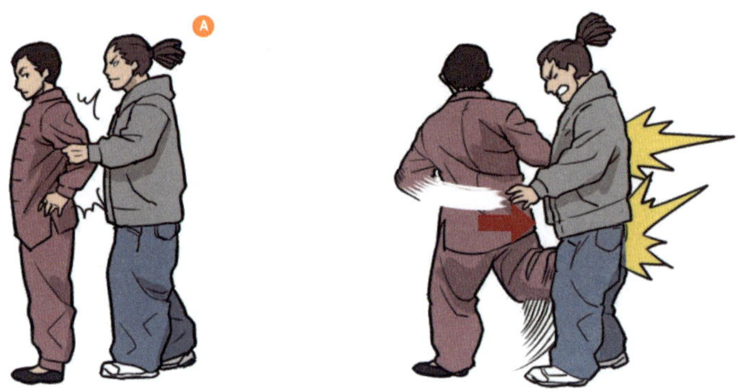

拳师用左前臂格挡在 B 挥过来的勾不勾、直不直的右拳的内侧，同时右手握空拳反击 B 的身体

拳师左脚向左前方进步，一边闪过 C 挥过来的勾不勾、直不直的右拳，一边用左手搭在对方右手肘外侧并拨开 C 的右拳，同时右手以空拳击打 C 的身体

后，所以感到危险的拳师不再留手克制，而是先发制人并重伤对方（严重的话很可能致死），这样做又会出现防卫过当的问题（也不排除某些拳师恃技凌人、滥用暴力的情况）。

●武术师父应该如何应对

太极拳的一大技击特征是能够听劲化劲，即感知对方的力量并沿着对方来力的方向给予化解，无论身后的人用多大力量抓住自己的两臂，太极拳高手都能够巧妙地将其化解从而逃脱。接着，拳师突然转腰发力，用右肘支开流氓 A 的右手，并且继续以右肘发力顶击对方的身体，随着肘击，拳师的右脚脚跟迅速钩踢对方的裆部。

拳师正前方的流氓 B 打来的虽然是直拳，但是并不规范，其出拳轨迹近似于勾拳，因此，拳师以左腕格挡在来拳的内侧肘部，同时以右手握空拳（图 1–6）击打对方的躯干。接下来，左前方的流氓 C 挥右拳打来，拳师用太极拳的步法向左前方闪身移动，左手搭在对方右手肘外侧，顺势借力拨开来拳，同时挥拳击打对方躯干。

最后身处拳师右前方的流氓 D 挥右拳打来，拳师同样用左手顺势拨开流氓 D 的拳头，同时，右手五指张开，挥动手背扇击对方躯干部的弱点。这种特殊的打法是太极拳中的“弹抖劲”（图 1–7），发劲的时候肘关节如弹簧一般迅速弹开，带动手背像鞭子一样抽打击打点。

4 个流氓瞬间被击倒，拳师安然离开现场。太极拳拳师的拳部击打力是一种能够透过表层肌肉而渗入体内直接打击内脏的穿透力，这种穿透力甚至能够击穿长年练习全接触空手道的大汉那引以为豪的坚实的腹肌。在这场街头打斗中，拳师脑中时刻注意着④——注意不要防卫过当。因此，他的打击仅限于轻击，并未给对方造成严重的伤害。

哪怕是这样功力深厚的拳师，**在这种街头乱斗中也是有可能被刀捅伤的**，所以各位读者，即使你有一定的格斗训练经历或者武术修行，也千万不要在街头实战中轻易尝试，毕竟生命可贵。

图 1-6　击打的拳法不是空手道中的“正拳”，而是手握“空拳”

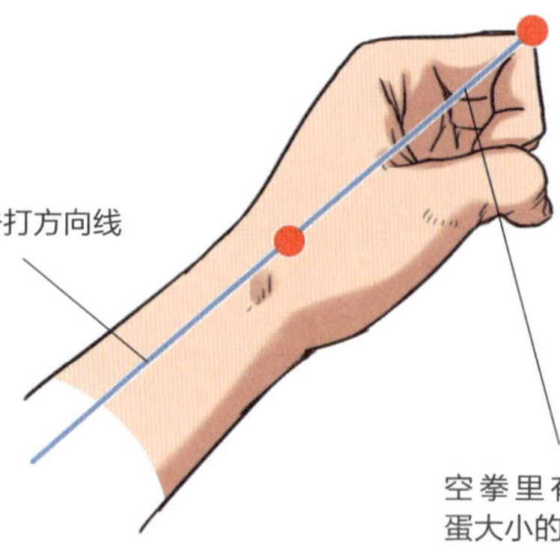

图 1-7　何谓“弹抖劲”

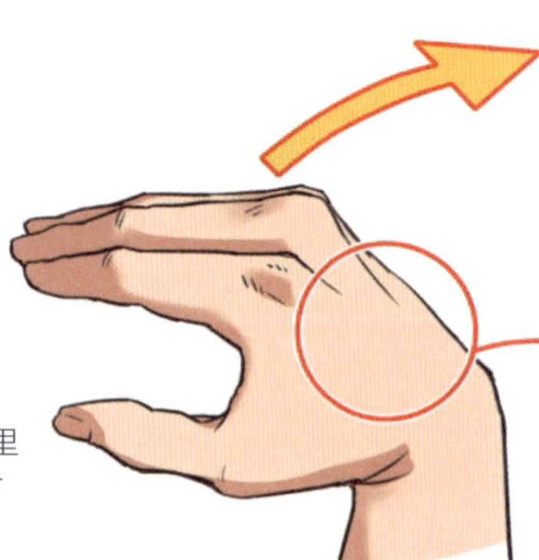

第2章 击打的科学

Q05

门类◎击打

传统武术中的透劲究竟是什么

所谓透劲，是一种渗透力极强的击打劲力，**通常透劲对被击打的表层部位并不会造成损伤，受损伤的是被击打处更深层的部位**。以下我们将列举实例，从力学角度为大家分析透劲[①]。

比如有一个有趣的现象，三个人依次排列、前后贴紧，用透劲击打第一排的人，结果飞出去的却是站在最后第三排的人（图 2–1）。这与汽车连环相撞事故的物理原理相同。如图 2–1，用弹硬币游戏做个理想状态（假设所有硬币与平面间的摩擦力为 0）下的类比应该更容易理解。10 日元硬币 A 从右侧撞击 10 日元硬币 B，直至硬币 A 停止位移，硬币 B 以同样速度开始移动，如果硬币 B 旁边还有第 3 枚 10 日元硬币 C 的话（即使硬币 C 与硬币 B 不是紧密贴合的也没关系），与之前一样，碰撞之后硬币 B 停止不动，硬币 C 开始位移。无论有多少枚 10 日元的硬币，其结果都一样，发生位移的始终是排在最后的那一枚 10 日元硬币。

这种透劲的要领在于，**通过整体释放出的冲击力要持续作用在击打目标上，而非瞬间作用，这样才能够尽可能地增大冲量；此外，与冲量成正比的速度越大，对手越容易被打飞**。就像 10 日元硬币一样，击打者有意识地给全身重量施加一个移动速度，并且在意念中全身重量的移动速度有意识地全部传导给站在第一排的人身上。这样表面上看起来击打者是在用拳击打，可是实际上是用整个身体撞过来的。但是击打者要注意锁紧手腕，不要因为撞击力过大导致手腕弯曲，反而将这种整体透劲缓冲消解掉。

接下来要给大家剖析的是在日语中被称为“里当”的击打技术。“里当”类似于中国武术中隔山打牛的武艺，拳师击打两块重叠在一起的木板，结果被打破的是后面的木板，而前面直接承受打击的木板却安然无恙。在一个电视节目

① 透劲：从力学角度来讲，可以解释为“力的渗透”。

图 2-1 透劲的原理

明明击打的是第一排的人，但是被打飞的却是站在第三排的人。其原理与弹硬币（或弹玻璃球）一模一样

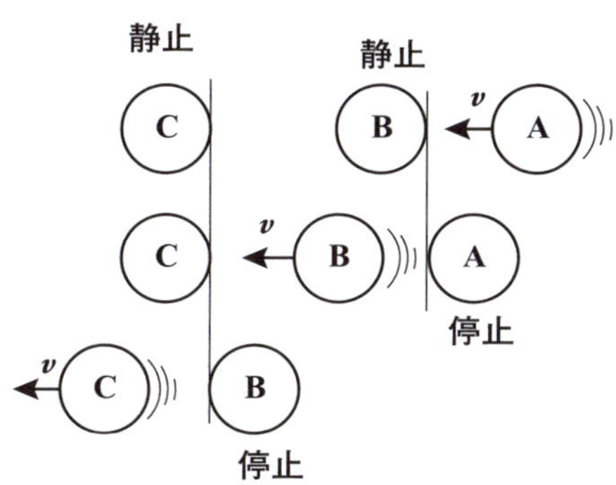

中，一位空手道老师表演并验证空手道的破坏力。这位空手道老师在表演中，有时候“把两块木板一同打碎”，有时候“只打碎上面一块木板”，有时候“隔着上层的木板打碎下层的木板”，其中，隔着上层木板打碎下层木板的现象被解释为“力透过上面的木板直接作用到下面的木板上”。就当时的测试结果来看，并不是“任意两块木板重叠在一起都能产生只打碎下层木板的效果”。

以下将从力学角度对“里当”技法进行剖析。

将两块木板重叠，击打上层木板的中央部位，两块木板会同时弯曲并产生形变。如图 2-2 所示，木板中央部分的弯曲变形程度要大于两端的变形程度（曲率半径变小）。木板朝下的一面受力膨胀，表面产生拉伸应力并逐渐积累增大，最终导致木板断裂，关于这点在 Q40 中也会进一步详细解释。因此，上下两块木板哪块先碎并不取决于哪块更结实，而是取决于哪块更不易弯曲。**哪怕是十分结实的木板，如果不易弯曲的话，也会比那块不怎么结实但是更柔软易弯的木板先碎。**

空手道老师在进行了击破表演的过程中，有一次，容易弯曲的木板被放在上面，不容易弯曲的木板被放在下面，然后就出现了隔着上层木板打碎下层木板的效果了。但是打击力道过大的时候，上下两层木板都会被打碎。

第三个要给大家剖析的是通过用掌根发力的方式击打玻璃牛奶瓶的瓶口，从而打掉瓶底的技巧（图 2–3）。当手掌掌根迅速覆盖住玻璃瓶瓶口的瞬间，瓶中的液体也承受了巨大的冲击力。**根据流体静力学中的帕斯卡定律，对玻璃瓶中的液体施加的压力将会迅速膨胀并全部作用于玻璃瓶的内壁**。再加上瓶底是整个玻璃瓶中抗压能力最弱的部位。

基于以上物理学原理，要想打掉牛奶瓶的瓶底，瓶中一定要灌满水或者其他液体。如果瓶中有空气，掌根发力拍击时，瓶中的空气体积会被压缩，进而缓冲掉这些压力。压力无法通过液体全部施加给玻璃瓶内壁，该技巧演示失败。而液体体积则基本不太会被压缩，所以掌根施加给液体的压力也基本不会衰减，几乎全部传导到玻璃瓶的内壁上。

最后给各位读者介绍一个相当有名的击打技法，最早是由江户时代（1603—1867）末期一位诸赏流（日本古武术流派）的拳师表演的。相传这位拳师用肘部顶击绑在四棱柱子上的一套护身铠甲，铠甲表面并没有损伤，但是铠甲的内侧和衬里却被打坏了。这位拳师当时使用的肘法动作已经无法考证了，但是从击打效果来看，应该不是泰拳中针对面门的自上而下的砸肘或者劈肘，而是类似于中国传统武术中那种将全身的重量都集中在肘部整体顶过去的肘击方法，这种肘法**能够产生更加巨大的物理冲量**。

日本铠甲的身甲部分呈椭圆形，如图 2–4 所示，将铠甲绑缚在四棱柱上，柱子的两个边棱角 P 和 Q 会将铠甲支撑起来，形成一个空间。当用肘部顶击铠甲中心点的时候，铠甲将会向四棱柱一方弯曲，铠甲内侧中央部分的点 A 附近是拉伸幅度最大的部分，这里会瞬间聚集巨大的拉抻应力并最终导致铠甲内侧和衬里破裂。其原理与图 2–2 所示的隔着上层木板打破下层木板的原理相同。

图 2-2　如果下层的木板不易弯曲的话，那么两块木板中先破裂的就是下层木板

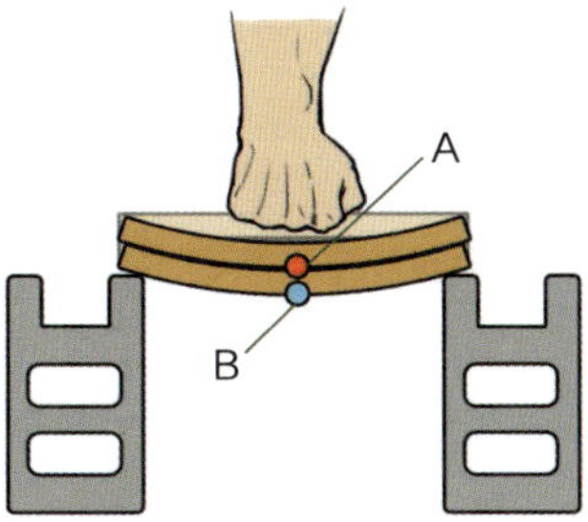

两块重叠摆放的木板同时受力弯曲，木板中部的 A 点和 B 点弯曲幅度最大。如果下层木板不易弯曲，那么两块木板中先破裂的就是下层木板

图 2-3　掌根发力打掉玻璃瓶瓶底的物理学原理

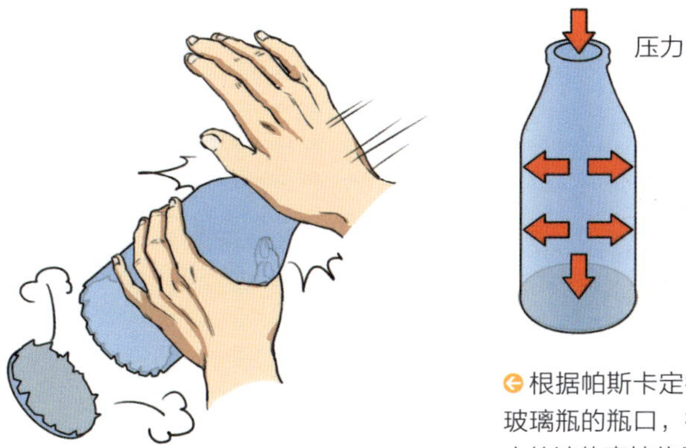

根据帕斯卡定律，通过掌根发力拍击玻璃瓶的瓶口，被施加的压力将通过瓶内的液体直接传导到玻璃瓶的内壁

图 2-4　击破铠甲内侧和衬里的物理学原理

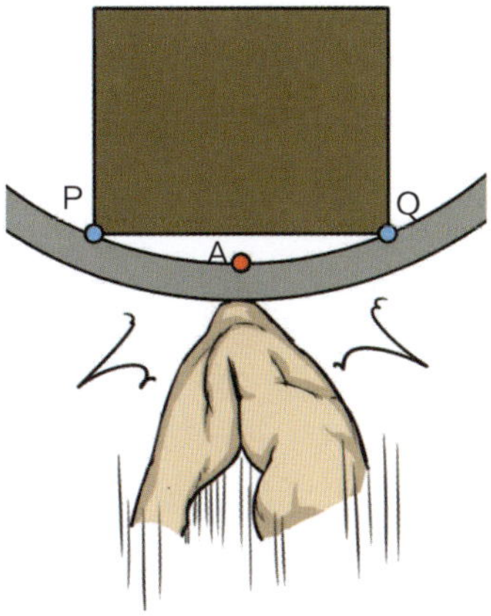

支撑起铠甲的是四棱柱的两个边棱角 P 和 Q。由于肘部顶击，铠甲将会向四棱柱一方弯曲，铠甲内侧中央部分的点 A 附近拉拉伸幅度最大，因此瞬间聚集了巨大的拉伸应力，并最终导致铠甲内侧和衬里破裂

门类◎击打

Q06 古代武术中真的存在能够透过铠甲打伤人的掌法吗

首先咱们要确认，铠甲的实战作用有如下两点：

①阻挡利刃；

②保持整体形状不变，从而分散来自外界的冲击力。

如果仅仅就①来讲，在衣服上覆盖由铁环穿缀而成的锁子甲也可以实现相同的防护效果。制作精良的锁子甲虽然能够阻隔刀刃的劈砍，但是它可以随意折叠变形，所以无法抵御铁棒的重击。此外，锁子甲也无法有效抵御来自棍棒类兵器的点、刺、捅，或者敲、打、叩类的攻击。就算是整体覆盖的一体式铠甲，也和锁子甲一样，有一些部件是可以自由弯曲的。比如胴丸式铠甲[①]，其前后两大块弧形甲板 360° 覆盖住了人体的上身躯干，因此即使受到冲击，胴丸式铠甲的身甲也能基本保持不变形从而保护人体。但是，为了方便穿脱，胴丸式铠甲在身甲左侧设有两个金属或者皮革制成的合页，从右侧腋下开合穿脱身甲，右侧腋下的开合缝隙则用两条带子打结系紧（图 2–5）。如果从正面向身甲右侧闭合处施加强劲的推压力，身甲正面右半边的铠甲板就会向内侧变形弯曲，并将推压力传导至人体。

如果想徒手打伤有铠甲保护的人，那么这种击打必须能够产生十分巨大的物理冲量，冲击力要大到能使铠甲产生严重形变，进而损伤、破坏铠甲覆盖之下的人体组织。

图 2–6 解析的是柳生心眼流[②]的一种掌法——铁炮。先伸出左手按住击打目标，接着，在右脚踏在左脚旁边的一瞬间，右手击打在左手旁边。如果由右脚前迈踏步带动全身重量所产生的动量（动量 = 质量 × 速度）能够顺利传导至击打目标，这些动量将会全部转化为带来巨大冲击力的冲量。

铁炮掌法击中目标的瞬间，如果从上俯视其击打姿势，可以发现，击打者双

① 日本的一种铠甲。胴丸式铠甲常与腹卷式铠甲混为一谈，其不同点在于胴丸式铠甲在右侧开合系带穿脱，而腹卷式铠甲在背后开合系带穿脱。
② 译者注：柳生心眼流是古代日本的一种武术流派。

肩与被击打目标点正好构成一个等边三角形，这个等边三角形的顶点恰好是被击打的着力点。因此，只要**注意击打时不要因为手臂的弯曲缓冲掉冲击力，打击力一定大于反作用力**。随着一记超强力的“肝脏暴击”（Liver Blow），对方整个人都会被打飞。

图 2-5 胴丸式铠甲的弱点

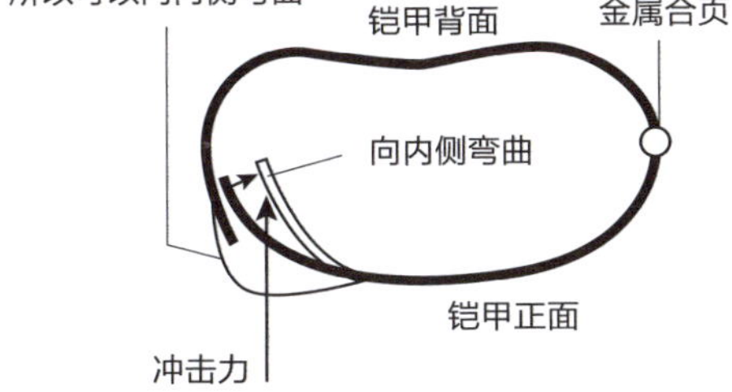

右侧腋下正反两面铠甲重叠的部位受到外力挤压会向内侧弯曲

图 2-6 柳生心眼流掌法——铁炮

柳生心眼流铁炮掌法的原理是把重心移动产生的动量通过三角形结构转换为强大的冲击力

Q07

门类◎击打

据说古代武术中有一种力量巨大、挡也挡不住的击打技术，是真的吗

就结论来说，古代武术中确实存在这种力量巨大、挡也挡不住的击打技术。我也曾经使用从甲野善纪先生处习得的这种“挡也挡不住的击打”，把一位全接触空手道的修炼者打得东倒西歪。[①]

为了透过现象直击本质，我们可以从力学的角度来审视。重点原理有以下两条：

①动量 = 质量 × 速度；

②动能 = $\frac{1}{2}$ × 质量 × 速度^2。

动量的单位是 kg·m/s，动能的单位是 J（焦耳）。动量等于作用在固定物体上的冲量。我们以体重 70~80kg 的人为例。

图 2–7 所示的是以下两种击打方法的动量及动能。一种是出右拳（假设整条手臂包括肩膀在内，质量共计 4kg），以 8m/s 的速度向前击打（普通击打）。另一种是身体起始于左半马步抱架姿势，右脚以“**步足**”[②]步法大踏步向前迈出，整个身体（基本不移动的左腿不计算在内，粗略计算全部移动的身体部分质量为 64kg）以 2m/s 的速度向前移动，同时出右拳击打（挡也挡不住的击打）。

虽然这两种击打方法的速度及动量不同，但是最终的动能却相同，这一点说明，像出拳这种尽全力进行单次击打的动作，击打方式可能不同，但它所消耗的肌肉能量基本相同（表 2–1）。

再通过图 2–8 的受力分析进一步来看，如果在出拳时加入横向拨挡的力量的话，普通击打的动量方向改变得相当大，而**挡也挡不住的击打的动量运行方向基本没有变化，拳头的轨迹依然沿着原来出拳的方向继续行进下去**。这种挡也挡不住的击打，其手臂相对于躯干的位置来看，出拳速度并未加快，所以出拳击打的冲量并未增大，**但是这种击打具备很强的身体势能和惯性，即使被横**

① 当时的比试属于事先约定好比法的“文斗”，即全接触空手道修炼者用他引以为傲的抗击打能力硬碰我的重击。

② 与 Q06 中介绍的柳生心眼流铁炮掌法的步法和力学原理基本相同。

图 2-7 两种击打方式的动作解析

普通击打
质量 4kg，速度 8m/s

挡也挡不住的击打
质量 64kg，速度 2m/s

表 2-1 普通击打与挡也挡不住的击打的数据差别

类　别	质量 (kg)	速度 (m/s)	动量 (kg·m/s)	动能 (J)
普通击打	4	8	32	128
挡也挡不住的击打	64	2	128	128

即使消耗相同的动能出拳击打，但因为击打方式不同，其动量也不相同

图 2-8 动量运行方向的差异

通过受力分析一目了然，横向拨挡力的介入导致普通击打的动量方向发生了很大的改变，但是这种介入却很难改变“挡也挡不住的击打”的攻击方向

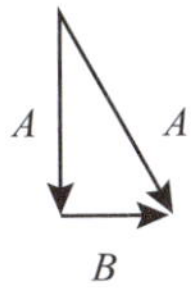

普通击打

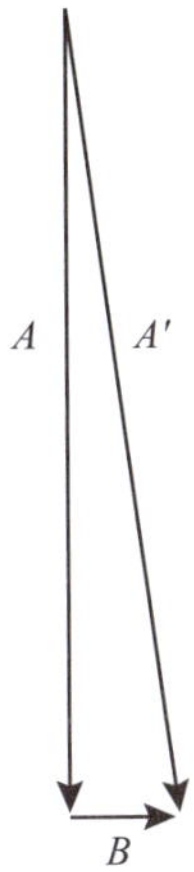

A= 击打的动量
B= 横向拨挡力的冲量
A' = 被横向拨挡力介入之后的动量

挡也挡不住的击打

向格挡依然会沿着出拳的方向继续运动下去。击打一方的打击伴随着整体移动带来的巨大动量（动量值可视为等于冲量）可以破坏掉被击打一方的重心和稳定性，进而可以实施更加有效的下一击。

李小龙开创的截拳道是一种什么样的功夫

国际功夫巨星李小龙作为一名武术家，其实战能力也是相当强的。李小龙曾经练过三年传自中国广东省的咏春拳。

赴美之后，李小龙又以咏春拳为基础体系，融入了多种武术的长处，开创了截拳道这个新门派。[①] 截拳道不同于竞技型格斗技，它和咏春拳一样属于**无规则、无限制的实战武术**。虽然李小龙也非常擅长双节棍和菲律宾短棍，但是截拳道基本上还是属于徒手类实战武术的范畴。

截拳道的基本实战架式为重手在前（通常是灵活性更强、力量更大的右手在前），前脚脚掌全部着地，后脚脚跟提起。全身整体架式类似于西洋剑击或者跆拳道，这种架式便于灵活利用后脚跟腱的反弹力进行快速的前后移动。前腿膝盖处稍微向内侧弯曲以遮蔽住裆部（图 2–9）。

据说李小龙曾经深入研究过拳王穆罕默德·阿里像蜜蜂刺人一样犀利的拳法和像飞舞的蝴蝶一样轻盈的步法，他还将空手道中的“步足”连同拳击的步法一同融入截拳道，从而形成了一种独特、自由自在、轻盈快速的移动步法。依托这种步法，可以一边迅速地前后、左右、斜向移动甚至闪到对手侧面，一边施以打击或者采取防御。

在攻击手法上，截拳道除了吸收拳击中的直拳、摆拳、勾拳之外，还有翻捶、侧掌、劈手（手刀）、捶拳、肘击等多种击法，可以根据实战情况从各个角度向对手发动攻击，还有作为杀招的以手指戳击对方的眼睛或者喉咙的打法。此外，截拳道还继承了咏春拳中的多种战术思想和打法。例如：在我方第一击被对方格挡的瞬间，乘势拍掉对方的防御手并施以第二击；用佯攻吸引对方出手格挡，在交手的一瞬间抓住并拉动对方的格挡手以破坏对方的稳定性，在牵动对方重心的同时施以连续打击压制（参照 Q12）。

---

① 由于李小龙英年早逝，所以融合了中国传统武术、拳击、西洋击剑等各种武艺长处的截拳道武术体系被认为尚未完成。

图 2-9 截拳道的基本实战架式

↑灵活性、力量及速度都占优势的右手在前，前腿膝盖稍微向内侧弯曲以保护裆部

由于截拳道的踢击是以攻击者穿着鞋子为前提的，其足尖、足背、足弓、足跟部的踢击要比赤脚更具杀伤力。为了避免起脚时裆部遭到反击，截拳道中少用回旋踢、大幅度横扫等腿法，而采取和传统空手道及少林拳相似的腿法，即如正弹踢一样提膝，之后于中途变化成弧线形的侧踢。

●基本实战架式和基本拳法

接下来为读者介绍截拳道的基本出拳方法。首先从如图 2-9 所示的基本实战架式开始，出右手拳，与拳击中的前手刺拳（Jab）一样轻叩对手，但因为右手和右脚都在前，所以这个架式打出的前手拳兼具前手刺拳的速度优势和重手的力量优势。出拳细节如图 2-10a 所示，后脚蹬地，身体重心趁势向前压，前脚快速蹬地扭转以带动躯干迅速左转送肩，并快速伸展右臂直线打出前手冲拳。这样出拳的另外一个优势是**可以充分调动后腿大腿肌群的力量，增加拳的攻击力**。

左拳置于面门前方防守，并时刻准备出拳反击。击出的前手拳随着上身的左转沿中心线收回，同时提防对方右翼针对我方左侧的攻击（图 2–10b）。出拳的瞬间上身向左旋转，推动手臂将转体产生的角动量转化为出拳的冲量，接着只需要沿着运动轨迹将手臂收回即可（图 2–11）。

截拳道的出拳方法与拳击不同，截拳道打出的拳头并不旋转，而是**立拳沉肘，沿着打击中心线打出**。假设对方为左脚左手在前的左式站架，双方同时出拳，截拳道前手拳会利用肘部压制对方来拳，并迫使其偏离打击中心线（图 2–12）。如果对方前手拳从上方打来，截拳道前手拳则通过大幅度旋转手腕来使手肘外撑，将对方的来拳挤出打击中心线。截拳道并不拘泥于特定的招式或者细节（如旋转出拳或者竖直出拳等细节），而是长于在实战中随机应变，根据实际情况迅速调整技法细节、打斗策略等，以求克敌制胜。

图 2–10　截拳道中的前手拳

利用后脚跟腱的反弹力打出强有力的前手拳

图 2-11　截拳道前手拳的力学合理性

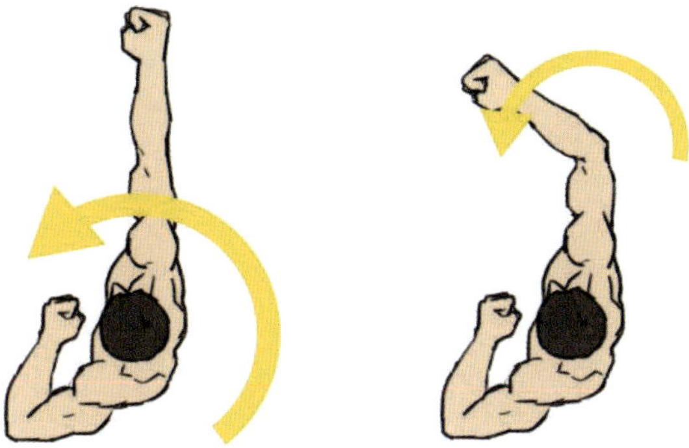

出前手拳的时候身体向左转，身体的转动推动手臂击打目标，收回攻击手的时候，手臂仍然保持在中线上。

图 2-12　截拳道前手拳的实战优势

普通拧腕前击的冲拳会造成两败俱伤

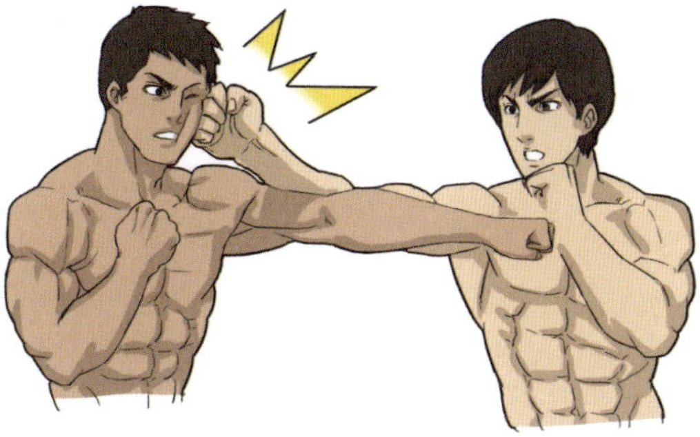

截拳道的前手拳利用肘部的支撑力将对方的来拳挤出打击中心线，这样中线上只剩下自己的有效打击

为什么截拳道惯用标指

截拳道中的**标指**传承自咏春拳的“标指手”，类似的打击技术在空手道中被称为“贯指”，但不同于空手道中的“一本贯指（食指）”和“二本贯指（食指与中指）”，截拳道的标指使用 5 根手指，标指在攻击时保持五指弯曲[①]，使用指端轻戳打击点。因为接触面积小，所以，即使冲击力小，其压强也十分大。[②]标指有以下 3 个特征：

①狙击目标为眼睛；

②优势在于其迅雷不及掩耳的打击速度而非穿透力和冲击力；

③标指的攻击距离要比刺拳长了将近 10cm。

首先，对于①来说，由于眼睛属于不可训练的感知器官，所以用假动作佯攻眼睛或者将佯攻作为牵制技术，是非常有效的。

其次，关于②，同样是针对面门的攻击，我们以拳击中速度最快、打击频率最高的连续刺拳为例，如果杀伤力不够的话，对方很可能会无视刺拳的骚扰而选择正面硬扛，拼个你死我活、鱼死网破，因此注重速度和击打频率的刺拳也需要有一定的动量或者能量作用到击打目标上才能取得理想的击打效果。但是将击打目标缩小到眼睛的标指只要以指尖轻轻弹中对方的眼球便能产生足够的击打效果。二者技术相似，标指却能以更小的能耗换来更快的速度，而且并不需要从下半身借助太多的动量或者能量。

最后，关于③，相当于拳击比赛中拳击手的臂展（Reach）比对手长了将近 20cm，因此即便面对身高更高的对手也不落下风。

标指是一种攻防一体的击打技术（图 2–13）。标指可以从内侧或者外侧将对方的直拳挤出打击中心线，同时指戳对方的眼睛。哪怕对方压上全部体重打进来势大力沉的一拳，我们也能够使用空出来的那只手进行辅助防御。

---

① 空手道贯指也要求手指弯曲，手指完全伸直的话，戳击的反作用力可能会反过来伤害到手指。
② 原理参考 Q42。

截拳道标指的一大特征是后手沿着攻击手的上方或者下方的攻击中心线发动下一次攻击（“守中用中”原则）。如图 2–14 所示，在第一下肘击被对方后仰闪过的瞬间，从对方视线死角——肘下打出的标指就迎面杀到了。

图 2–13 用标指化解掉对方来拳的同时进行反击

从外侧将对方的直拳挤出打击中心线

对于对方压上全部体重打来的重击，则可以通过另外一只手进行辅助防御

图 2–14 标指的连续进攻方法

肘击之后立刻从肘下打出标指，戳击对方眼球

Q10 截拳道的攻防技术有什么特征

纵观我们所知的格斗术或者武术，对于手部攻击，都是采取先格挡后反击的应对思路。在空手道中有一种技法，即在承受击打的一瞬间绷紧被击打部位的肌肉，硬接下对方的拳头，以求挫伤对方攻击手的手腕关节囊，但是这种技法可能会使自己的进攻节奏产生瞬间的停滞。而在截拳道的格斗体系中，**格挡和反击基本是同时完成的**。顺势拨开对方击打的同时打出的反击（注意是顺势拨开，而不是硬碰硬阻挡）会**自然形成威力倍增的迎击拳**[①]。

接下来将会具体说明一下。

图 2–15a 中，将对方向着面门打来的拳向外拨开的同时，沿着打击中心线上被拨开的空隙出拳反击。因为拨开来拳的右手是边拨边拉的，所以对方并不会感到阻力，因此很难觉察到他的攻击实际上已经被化解掉了。随着右手的后拉，上身躯干向右旋转，同时推动左拳沿打击中心线进行反击。

图 2–15b 解析的是截拳道对勾拳的应对方法。从基本实战架式开始，上身躯干左转，推动手臂以极小的动作迅速打出攻防一体的反击。图 2–15c 为击腹上勾拳的应对方法。上半身左转，避开对方的击腹上勾拳，同时，以左转一边带动左臂向下格挡对方的来拳，一边推动右臂击打对方防守空虚的面门。

图 2–15d 及图 2–15e 是击腹直拳的应对方法。在截拳道中，有很多招法是针对人体要害集中的腰际线以下部位的。上身躯干并不大幅度旋转，仅在向下拍击来拳的同时，另一只手反击对方面门。拍击的力道不宜过大，否则对方会借力改变出拳的方向，进而变招击打其他部位。

① 关于迎击拳的威力，在本人的拙作《格斗技的科学》的 Q26 中有详细的解析。

图 2-15　攻防一体的截拳道

a

将对方的来拳挤出攻击中心线进而制造空隙进行反击，而非消极防御

b

上身左转，左手随势格挡对方打向面门的勾拳，转体同时推动右拳反击对方面门

c

上身转体避开对方的击腹上勾拳，在转体的同时，左臂格挡对方的勾拳，右拳反击对方面门

d

e

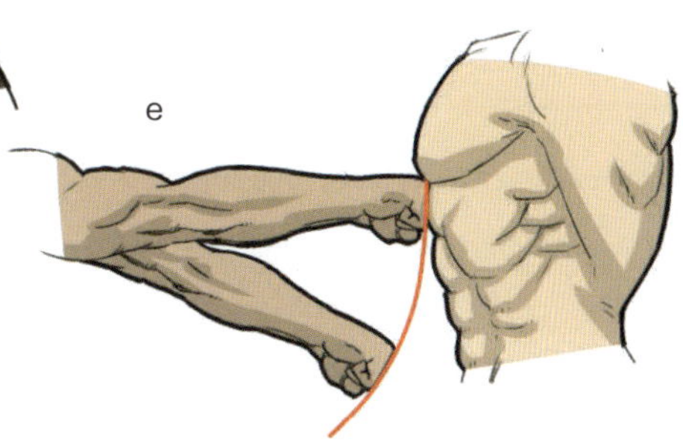

对于击腹直拳，只需向下轻拍，使其无法击中目标即可

Q11 截拳道中有特殊的手部攻防技法吗

关于截拳道特殊的手部攻防技法，本书以李小龙先生在电影《龙争虎斗》的擂台比武中展示的技法为例做解析说明。比武双方都将自己的右前臂搭在对方的右前臂外侧，随着裁判一声令下，比武开始。如果我方以这个起始位置出右手击打对方的话，对方右手正好挡在我方的击打路径上。如果是精通传统武术的高手，则可以通过手上灵敏的触觉感知对方的攻击方位并迅速采取防御措施。

电影中的李小龙在比武时使用**拍手**[①]技巧拍掉了对方处于打击中心线上的右手，并对对方面门施以重击。围观的看客还未看清其动作招法，对方已经应声倒地了，其速度之快令人叹为观止。

接下来我们为读者剖析这个拍手技术。

如图 2–16a，双方处于右前臂交叉相搭的状态，双方都可以随时出标指或者翻捶打击对方。右侧的人一边上步进身，一边用左手拍落对方占据打击中心线的右手（如图 2–16b），紧接着一边用左手控制对方右手，一边用右手击打对方面门（如图 2–16c）。

高手之所以可以把标指练到令人防不胜防的程度，是因为他上步进身时，与对方前臂的接触点可以保持不动，这样，**对方感知不到来自前臂的压力，当然就察觉不到高手下一步的进攻**。对方即便能够察觉到进攻，前臂及时用力抵抗高手左手的拍击，也会被整个撞飞。因为拍手并**不仅仅是拍落对方的前手，而是借助全身前进的冲力用手猛推对方，相当于用手打出剑道中的身体冲撞**。

有些人凭借优秀的身体关节柔韧性能够及时化解拍手，保持前臂位置不变，继续占据进攻中心线，碰上这种对手，**截拳道就能够发挥其临机应变、见招拆招的优势了**。如果拍手未奏效，则立刻用右拳轻叩对方面门，迫使对方用右手格挡，这时，抓住这个机会，用左拳击打对方防守空虚的右侧肋部。

---

① 截拳道的拍手来自咏春拳的拍手，二者在细节上有些不同之处。

图 2-16　截拳道中的“拍手”

a

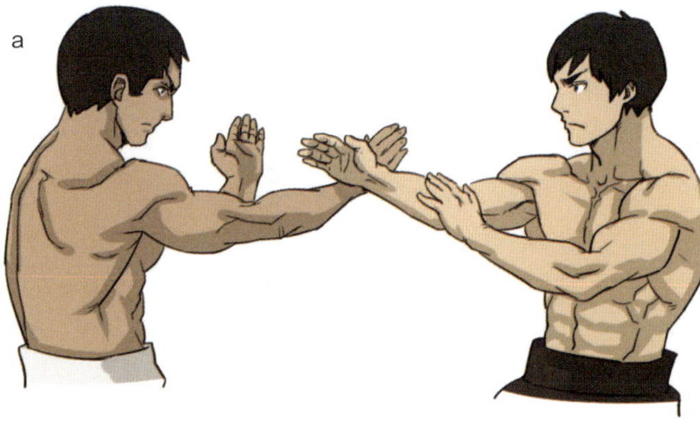

通过前臂的接触点感知对方的动作，标指和翻捶也经常从这个位置发动

b

右侧的人在保证前臂接触点不动的前提下上步进身，然后用左手拍掉对方占据打击中心线的右手

c

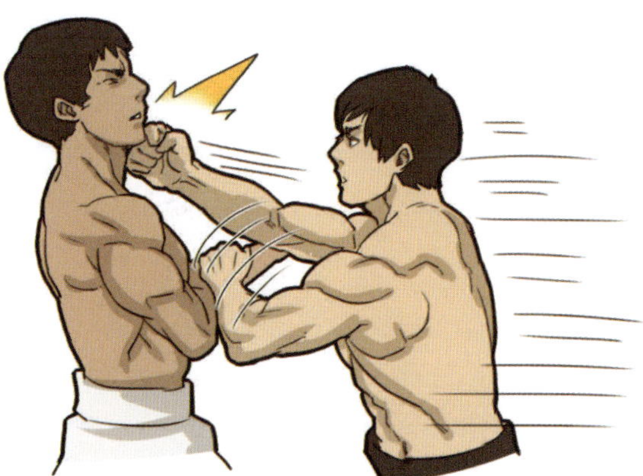

接着顺势用左手控制住对方右手，同时右拳出击。在左图中，攻击者身体向右转动了一定角度，即使对方打算通过后仰头部来避开这一击，只要攻击者上身顺势向左转回一定角度，就可以将右拳的击打范围顺势延伸至对方面门

Q12 截拳道的击打技术中融入了擒拿技法吗

前文提到的拍手其实细究起来也并不是单纯的击打类技法。再介绍一种同样是源自咏春拳的技术——**攦手，这是一种打拿一体、快如闪电的技法**。

如图 2–17a，A 故意出标指攻击 B，引诱 B 用前手格挡，在双方的手接触的一瞬间，A 的标指变势擒住对方手腕（图 2–17b）。接着 A 身体顺势右转，借助下身大肌群整体发力，为右手的抓拿提供更大的牵引力，身体右转的同时，左肩前伸，顺势推动左拳击打对方面门（图 2–17c）。值得注意的是，**截拳道中打拿一体的技法之所以威力巨大，是因为它使用的不仅仅是手臂的力量，而是全身的整体力量**。

如果第一次突然遭遇这种技法，缺乏相应的心理和身体准备，巨大的拉扯力会使头颈部如同遭遇“鞭打症”（因受到强烈冲击，颈部剧烈甩动而造成的暂时性扭伤症状）一样，身体瞬间失去平衡。因为攻击者是借着第一击收拳的势头连抓带拉，而非先抓后拉，所以，即使掌握基本的脱逃术或者有一定的反擒拿能力，也没有足够的反应时间，至少以我的功夫水平是难以应对的。由于人体在失去平衡的瞬间是处于无防备状态的，所以哪怕是轻微的冲击力也能造成巨大的身体伤害。

假如 B 对于这个技法事先有所了解，用左手及时挡住了 A 打来的左拳，则 A 可以故技重施，变左手为攦手，抓住 B 用于格挡的左手，并用 B 的左手压住 B 的右手，同时出右拳击打 B 的面门（图 2–17d）。从力学角度来讲，双手被压制到这个位置时是无法反抗的。B 在双手都被 A 压制的瞬间无法抽出右手格挡 A 打来的右拳。

攦手还可以与前文的拍手配合使用，构成变化多样的攻防打击体系。

图 2-17 截拳道中的“擸手”

a

A 用右手攻击 B 的面门，B 以右手格挡

b

A 顺势抓住 B 的手腕

c

A 借助下身大肌群整体发力向右转动，右手顺势回拉，同时出左拳击打对方面门

d

如果 B 及时出左手挡住 A 的左拳，A 则变左拳为擸手抓住 B 的左手，并用 B 的左手压住 B 的右手，同时 A 出右拳击打 B 的面门

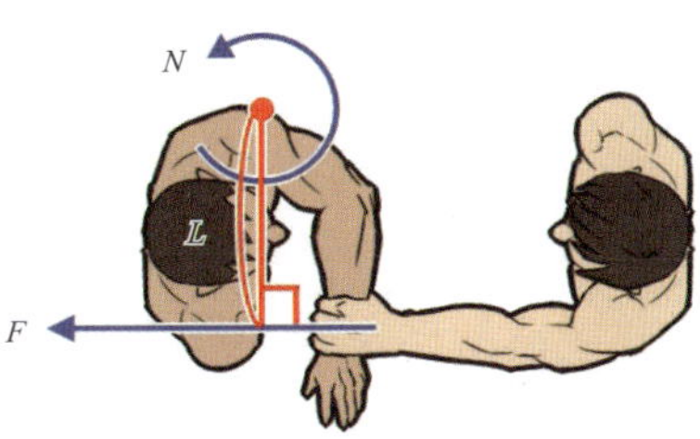

（俯视示意图）

此时，A 的左手臂是完全伸展开的，所以可以对 B 施加很强的力 F。如果 B 要抗拒力 F，根据公式，左肩关节需要产生的力矩

$$N=FL$$

其中 L 和 F 都很大，以人体的构造来看，肩关节很难产生如此巨大的力矩

Q13

门类◎击打

截拳道的腿法有什么特征

前文 Q08 曾经提到截拳道的腿法是以攻击者穿着鞋子为前提的，所以其威力要比赤足时更大。在其他武术或者格斗技中也能看到近似的腿法，所以这里主要为读者剖析截拳道中特有的几种**攻防一体的腿法**。

如图 2–18 所示，对方出左直拳击打我面门时，我身体左转，上身闪避来拳，肩膀借势向左转，拨开来拳拳锋的同时出腿侧踹对方支撑腿的膝盖。危急时刻也可以踢击对方的裆部。

针对全接触空手道或者泰拳中大力横扫来的弧线形高踢腿，可以一边用双手格挡，一边用右脚弹踢对方的裆部（图 2–19a）。也可以用和对方一样的招式，一边格挡，一边**用足弓踢击对方高踢腿的膝盖或者大腿内侧（图 2–19b）**。

此外，要应对弧线形高踢腿还可以如图 2–19b 所示，一边用双手格挡对方的踢腿，一边用左脚钩踢对方的支撑腿（当然也可以踢其裆部）。无论哪种反击方法，最重要的是不要像木桩子一样站在原地硬挡硬挨，而是要利用细碎而精准的步法避开对方高踢腿的力量和速度最大的那个打击点，并第一时间施以反击。

如图 2–20，在对方刚要起腿进攻时，抢先出左脚踩截对方的进攻腿。在中国传统武术中，这种腿法也被称为**斧刃脚**，与侧踹（足刀）[①] 不同的是，斧刃脚的大脚趾那一侧是朝上的。这种腿法，前腿在出腿之后能够迅速收回到出腿位置，并且便于把身体前移的动量转化为腿上的踢打力，非常有利于阻截对方的攻击腿以及破坏对方的身体平衡。对方如果戒备不足，冒冒失失伸直膝盖起腿，一旦被这种腿法踩中，膝盖将会受到十分严重的伤害。

① 图 2–18 的腿法是侧踹（足刀），用小脚趾一侧的脚面铲击目标。

图 2-18 截拳道中的腿法①

我身体重心移至后腿并使后腿成为反击腿的支撑腿，身体左转，上身闪避来拳，肩膀借势向左转，拨开来拳拳锋的同时出腿攻击对方的支撑腿的膝盖

图 2-19 截拳道中的腿法②

a

b

抓住对方出高踢腿的瞬间，反踢对方的裆部

一边通过小步快速向右侧移动，避开对方高踢腿力量最大、速度最快的那个打击点；一边格挡对方踢来的腿，同时用左脚钩踢对方的支撑腿

图 2-20 截拳道中的腿法③

使用近似于斧刃脚的腿法，将向前移动的动量转化为脚上的破坏力，阻截对方的攻击腿并破坏对方的重心

Q14

门类◎击打

中国传统武术中有哪些提高抗击打能力的独特方法

科学地提高抗击打能力的方法，在本人的拙作《格斗技的科学》一书中介绍过，这里再补充几点。

人类大脑的脑体自身是无法通过训练强化的，提高头部抗击打能力的唯一途径是**减轻打击力对于头部（脑部）的震荡伤害**。比如说，针对击打右下颌的勾拳，可以抬高左肩膀，使左侧锁骨靠住左侧下颌以稳定颈部，从而减小头部的摇晃幅度，减轻脑部的震荡。同理，还可以用单手或者双手紧紧抱住头部并向前送肘顶击，这样既能够保护头部，也能够用肘部反击对方。

接下来为各位读者介绍中国传统武术中两种提高抗击打能力的有效方法，虽然我们无法通过现有的科学手段弄清楚这两种训练方法的原理，但是其卓越而显著的效果却是毋庸置疑的。

精通中国传统武术的伊藤真一先生曾经传授给我一种名为“**马步站桩功**”的训练方法（图 2–21）。他让我两脚以很宽的步幅站定，然后伊藤先生用手在我的小腿肚子及大腿上的几处稍做调整，向外或向内稍微改变角度。伊藤先生交代我“记住这个站姿的感觉”，之后就用低扫腿直接踢了过来。虽然我的身体能够感受到冲击力，但是并不觉得疼，膝盖也不软，完全没有受到伤害。

还有精通太极拳的池田秀幸先生，在给很多门生开办的太极拳讲习会上，他指导我习练太极拳中的几个站桩功法，以及太极拳的“**立身中正**”，随后他引导我的右手随着呼吸慢慢向前伸展，叮嘱我“注意保持这个感觉”，接着突然用拳猛力捣我的胸口（图 2–22）。周围的学员们“啊”的一声惊叫起来，不过我却丝毫没有受伤。

以上两个例子怎么看都是我的身体在承受打击，但是身体却没有丝毫损伤，这不禁让我对人体未知的能力产生了更大的好奇心。

图2-21 马步站桩功

马步站桩功是中国传统武术必修的基础训练方法，对于初学者来说，这是一种身心俱痛、难以忍受的锻炼方式

图2-22 池田秀幸先生指导我站桩

我从池田秀幸先生那里学习到的太极拳站桩要诀包括“立身中正、含胸拔背、沉肩坠肘”，等等，站桩所产生的强大的抗击打能力真是让人感到不可思议

Q15

门类◎击打

如何应对通过绷紧肌肉硬扛外来打击的对手

前文为读者介绍了我是如何通过特殊的方法和技巧在短时间内强化抗击打能力的。我并没有通过用力收缩肌肉来抵消打击力，但是身体却没有受到伤害。接下来看一看，对于**通过绷紧肌肉硬扛外来打击的对手，我们用什么方法来应对**。这种方法跟普通的击打方法的冲击力基本相同甚至要更弱一些。

下面举例说明。通常情况下，用空手道中的正拳（冲拳）击打或者用平拳[①]叩击胸腔的时候，冲击力都是沿着拳锋或者拳心侧面作用在胸腔表面并渗入胸腔的。普通的正拳和平拳在面对收缩绷紧的肌肉时破坏力和打击力都十分有限，但是如果我们在正拳拳锋或者平拳小指一侧接触到对方身体的瞬间，手腕发力扭转拳头（图 2–23 和图 2–24），让拳头接触在对方身体上的那个点发生扭转，那么对方即便绷紧肌肉也会受伤。虽然正拳和平拳握拳方式和击打方式都不同，但都是小指一侧最先接触到对方身体，然后拳锋或者拳心侧面旋转推进，最后拇指一侧将冲击力完全传导到对方身体上，接触点发生形变的幅度在 10cm 左右。

这种打法，哪怕是抗击打能力很强的全接触空手道黑带选手也无法承受。特别是空手道的平拳和螳螂拳的圈捶，由于其特殊的击打方式，在拇指一侧完全击打在对方身体上时，对方身体会产生一种难以名状、深入骨髓的疼痛感。按照常理来讲，击打胸部或者腹部的时候，击打点都在胸大肌或者腹肌上，但是哪怕绷紧胸大肌或者腹肌也无法扛住这种击打，所以发达的肌肉在这种特殊的击打方式面前看来没什么作用。

① 空手道中的平拳就是握紧拳头，用拳心一侧贯扫或者叩击目标点，其握拳方法是用拇指盖住拳眼并按压在食指的侧面。空手道平拳和螳螂拳中的圈捶握法相似。

图 2–23 贯穿肌肉“盔甲”

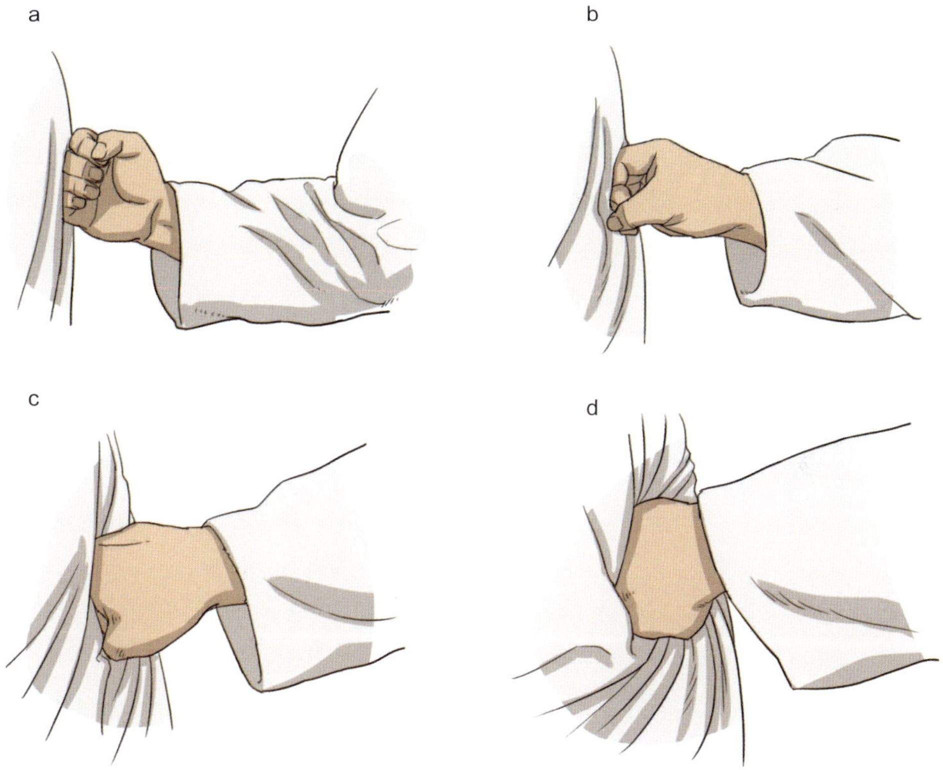

在拳头一边旋转一边打击对方身体的过程中，向身体施加冲击力的点也在沿着拳锋的螺旋轨迹不断移动

虽然具体原因尚无定论，但我在这里大胆推测，要想化解这种特殊打法的冲击力，仅仅依靠绷紧肌肉是不够的，**除了要使皮肤和筋膜保持紧张之外，还需要其他一些生理和心理上的共同作用（类似于太极拳中的“运气凝气”）**。但是由于拳头的扭动或者旋转，击打点发生了 10cm 左右的位移，破坏了这种共同作用，因此仍可对身体造成伤害。

图 2-24 平拳及螳螂拳圈捶的打法

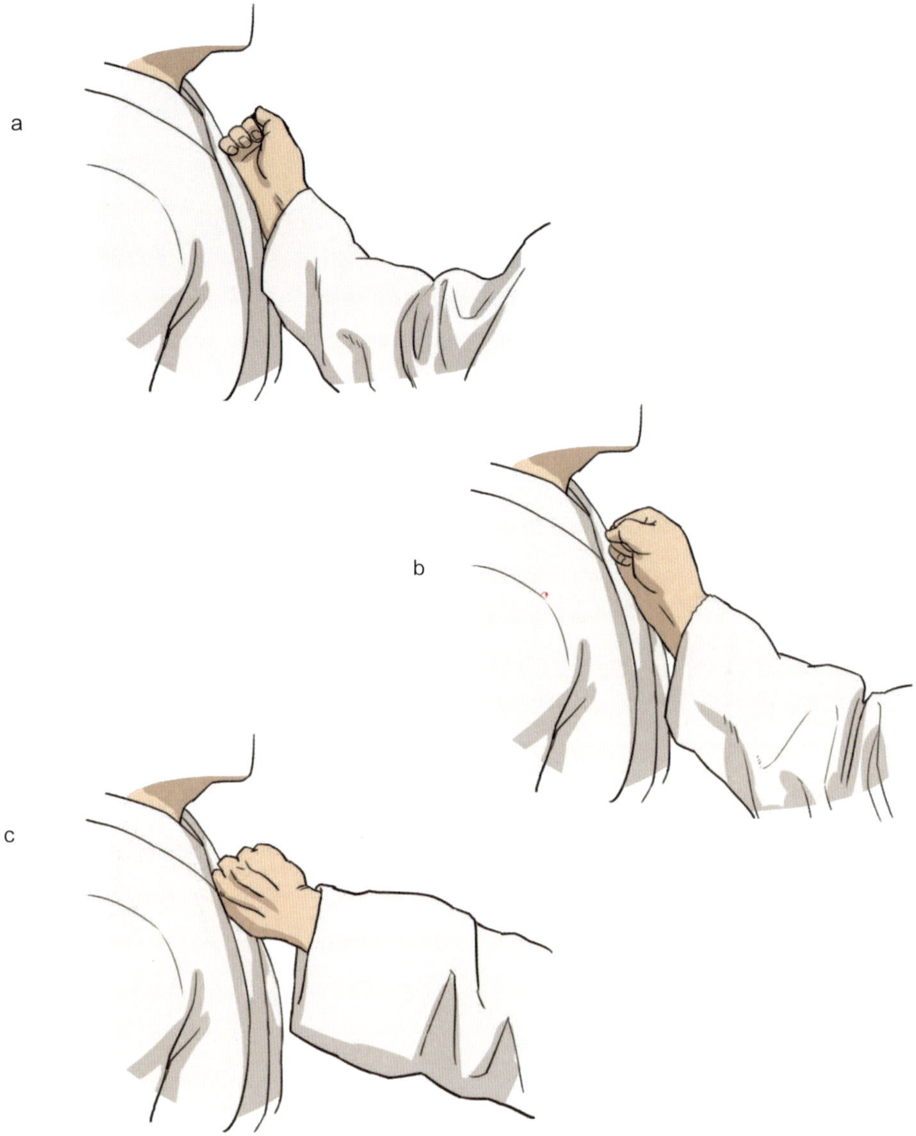

普通的空手道平拳握法如图 b 所示，击打时整个拳头横扫叩击在目标点上。而螳螂拳的圈捶则是按照 a、b、c 的顺序一边滚动扭转手腕，一边击打胸腔。圈捶会使被击打者的身体产生一种难以名状、深入胸腔的疼痛感

第3章 日本刀法·居合拔刀术的科学

真实的刀剑比武是什么样的

我小时候看的古代武侠剧中，主角经常独自面对一大群坏人，并以帅气的刀法将其一一斩杀。我印象最深的就是电影《决斗！钥匙铺十字路口》中剑豪荒木右卫门为了助友复仇，一口气斩杀了对方 36 名武士。不过，在历史真实事件中，荒木仅仅斩杀了对方为首的 2 名武士，更多的敌人是自己逃跑的，电影只是为了增加艺术效果才将战果夸大到了 36 人。

当时荒木面对的敌人有很多，但是为什么敌人仅仅损失 2 人就全都败下阵来了呢？其实仔细琢磨琢磨就会明白，双方甫一交手，自己一方最强的 2 名头领就被斩杀，遇上这种强敌，估计没人敢再上前送死了。哪怕是大家仗着人多势众一拥而上，估计也会折损多人、代价惨重。如果大家心里都这样打起自己的小算盘，那么只要有一个人开了临阵退缩的口子，剩下的人为了保命也多半会一哄而散。在用竹刀打斗的剑道比赛中，即便开场丢掉一分，只要选手心理素质稳定，也是有转败为胜的可能的，但真刀真枪的战斗可就不一样了，**被真刀砍中的话，丢掉的可不是一分，很可能是一条命**。

因为是真刀真枪拼上性命的战斗，所以一般人都会紧张，恐怕连真实水平的一半都很难发挥出来。**甚至有人在拼死大战之后，由于精神高度紧张导致手部僵硬，一直死命攥着刀柄的手都无法松开**。虽然平日里大家都知道“要想出刀快，握刀的手一定要放松”这个道理，但很难在实战中做到。而这，才是殊死搏杀时的真实心理状态。

●关于真正刀剑搏杀的实例

在大致了解了殊死搏杀时的真实心理状态之后，让我们一起来看一个用真刀比试的实例。我曾经参加过一个日本刀法训练会，主持训练会的老师功夫十分了得，其身法厉害到就算我从一旁突然用竹刀偷袭他，他也能够从容闪避开。当时老师手持真刀并让我拿着竹刀，老师手中的日本刀并未完全研磨完毕，只是研磨到“荒研”[①]的程度，但是日本刀法名手普遍认为这个程度的研磨要比完全研磨更加适合劈斩[②]，说这把刀锋利到“轻轻一碰，手指就掉了”或者“稍一用力手就被砍掉了”的程度也不为过。

当时我手持竹刀，摆出了日本刀法中“正眼”的架式，而老师摆出的架式从正面看只能看见刀尖一个小点，我无法准确判断刀身的长度。竹刀刀尖和真刀的刀尖间距大约1m，我根本无法近身，当时有一种无形的压迫感从真刀刀尖那个小点直逼入我心头。那位老师一边慢慢变换架式一边慢慢逼近我，**本来我应该及时止步变换身位的，但是这种无形的压迫感混合着我自己的恐惧感，使我不断后退，直至后背触到道场一侧的墙壁**（图3–1、图3–2）。

一番折磨之后，身心俱疲的我终于下了场，接下来上场与老师对阵的人看起来剑术水平似乎比我要高一些，即便老师的真刀逼近，他也坚决不后退，这让我不禁暗挑大拇指。可正在我暗自赞叹的时候，道场里已经有其他剑术老师在一边提醒他道：“你离刀尖那么近，现实中对方的刀已经砍到你了！你看上一个人（指的是我）在感觉到危险和恐惧的时候，会稍微退后以确保距离安全，那才是上策，最起码对方的刀砍不到你。”

接下来是我一个亲戚给我讲的发生在约150年前幕末时期的一件家事。当时有个贼人趁着月黑风高持刀入室，准备打劫，不成想当时我们家的一家之主也操起刀来与他对峙，双方握着刀，对瞪了大约半小时（精确时间已经无法考证，但是在这种情况下估计主观感觉上时间过得应该要比正常时间慢得多），谁也不敢轻举妄动。终于我们家家主抓住贼人精神涣散的一个空档，上步一刀砍中贼人的手腕，贼人受伤，转身逃遁而去。

最后一个例子是1970年发生的震惊全日本的“三岛事件”。诺贝尔文学奖候选人、日本作家三岛由纪夫率领其私人武装组织“盾会”袭击并占领了位于东京新宿区市谷地区的日本陆上自卫队驻地，意图煽动政变未果，最终切腹自

① “荒研”是指用质地较粗的磨刀石研磨刀剑。日本刀的研磨大致要经过三个阶段，分别是用质地较粗的磨刀石研磨的“荒研”阶段，用质地粗细程度中等的“音砥”磨刀石和“白砥”磨刀石研磨的“中砥”阶段，以及最后用非常精细的磨刀石（粘板岩）研磨的“仕上砥”阶段。

② 当然也有部分日本剑术家认为只有完全研磨完毕的日本刀才是最锋利、最适合劈斩的。

图 3-1　从正面只能看到刀尖一个小点的架式

刀身虽然很长，但是从正面来观察这个架式，只能看到刀尖一个小点

尽。当时为三岛由纪夫介错[①]的是森田必胜，森田的第一刀没有找准位置，未能顺利砍下三岛的头，慌乱间挥出的第二刀却砍中了三岛的牙齿。相关人员后来发现那把介错用的日本刀的刀刃上有 3 处崩口，刀身严重扭曲，这些痕迹都显示这是一次完全失败的介错！根据拔刀术老师的分析，介错人精神上的犹豫和动摇、握刀之手不稳以及挥刀劈砍的方向与刀刃中心线没有重合（日语称其为“刃筋不正”，参照 Q35、36），都是介错失败的原因。

① 在切腹者切腹的瞬间挥刀将其斩杀，以减少切腹者的痛苦。

图 3-2 从正面看只能看到一条线的架式

从正面看这个架式，刀身呈现的只有一条线，对方很难判断敌我两刀之间的距离，特别是随着剑士的移动，刀身反射出的阵阵寒光也会给对方造成强烈的恐惧感和震慑力

通常战斗经验丰富的老兵在短兵相接的堑壕战中都会冷静地“避开有头盔保护的头部，瞄准敌人的肩颈部用袈裟斩[①]劈砍”。在真实的战场上，大家的心理状态都是非常紧张的，在你死我活的战斗中，**越是果断就越能够充分发挥出平时的水平**。在战场上，要想活下去，一定要有一股强烈的“置之死地而后生”的精神。

① 日本刀法中自左上向右下或者自右上向左下斜着劈斩对方肩颈部的招式。

Q17

门类◎日本刀法

真的存在空手夺白刃吗

所谓**空手夺白刃**，指的是在敌方挥刀时，刀从上而下劈向头顶的瞬间，我方用双手夹住刀身并将刀夺下的招数。为安全起见，大家可以先试试用双手能不能夹住劈向头顶的手刀。基本上，其结果不是出手太晚被手刀结结实实地砍到头顶，就是因为出手太早，夹了个空的双手撞到劈向头顶的手刀，总之一句话，“时机难测”啊！

其实，以 30m/s 的速度（108km/h，相当于挥动棒球棒时产生的速度）[①]下劈的刀只需要约 0.003s 就能够通过长约 10cm 的手掌。**要想抓住这个时机根本不可能**！再者，就人体的自然运动习惯来说，双手合十夹东西的时候，都是掌根部先合起来，双手手指呈“V”形分开，所以空手夺白刃这招哪怕只有 1cm 的偏差，手掌也会被“一刀两断”。

假设运气极佳，时机和手的位置都恰到好处，我方刚好夹住了刀身，但是一把日本刀质量在 1kg 左右，相当于一根金属球棒，单凭双臂估计很难承受住刀下劈的冲击力，我方的肘关节会被刀身上的力量压得弯曲，下劈的刀则会带动紧紧夹住刀身的双手一起砸向我方的脑壳。哪怕劈砍的位置由于双臂的阻力发生偏移，我方身体也要承受如同被金属球棒抡中的打击力。就算无视锋利的刀刃，也别忘了真刀即使去掉刀刃也是一根威力十足的铁棒。

如果是瞬息万变的实战，那后果就更加不堪设想。实战中的刀可不会直挺挺地砍下来，刀劈砍的轨迹会随着招式的变化而变化，而且在下劈途中随时可以变招，哪怕刀身真的被我方双手夹住，敌方也可以通过向后拉动或者向前推动刀刃切割我方身体。如果我方双手夹住刀身的前半部，那么敌方可以将后半部的刀刃向前推，按住刀背，把刀刃顶在我方的头部进行切割；如果我方双手夹住刀身的后半部，则敌方可以把刀尖附近的刀刃压到我方身上切割。再者，

① 这里只是粗略估算，在实际测试中，有的数据甚至达到了 200~300km/h。

如果敌方觉察到自己的刀将要被我方双手夹住时，突然双手一拧，将刀刃横向转动 90°，那么我方恐怕有一只手要生生撞到锋利的刀刃上。

综上所述，以人类的能力，恐怕是不可能空手夺白刃的。

接下来一起看一看实战性强一点、真实性高一点的空手夺白刃。

迄今为止，给我印象最深刻的空手夺白刃是极真会空手道演武大会上大山茂老师表演的。大山茂老师与另一位手持日本刀的表演者面对面“正坐”[①]，持刀者迅速拔刀上举向大山茂老师的头上劈来，大山茂老师抓住对方举刀过头但未来得及加速劈斩的瞬间，提膝站起，上前一步，迅速拉近跟对方之间的距离，在起身上步的同时，他的双手如同合掌打蚊子一样“啪”的一下夹住劈砍速度较刀尖要慢的刀身中间，紧接着瞄准对方腹部就是一记蹬腿，将对方踹飞的同时将刀夺下（图 3–3），整个动作一气呵成。

持刀者在把刀举过头顶和用力下劈这两个动作之间会有短暂的停顿，**只有抓住这转瞬即逝的空当，上前一步迅速出手，**才能夹住对方的刀身；再者，之所以用拍蚊子的手法合击对方的刀身，是为了避免出现上文提到的被砍到手掌的情况；而瞄准对方腹部的一记正蹬腿为的是通过破坏对方身体平衡来阻止对方横转刀刃割伤夹取刀身的双手。如此这般三招并用才能夺下对方手中的白刃真刀。

然而哪怕是这种预先商量好动作、具有表演性质的空手夺白刃，若出现丝毫偏差，也会导致表演者立刻血溅五步的结果。事实上，经常有因表演失误而导致表演者手掌被砍或者脑袋开花的报道或者传闻。

如果是实战的话，持刀者完全可以换另一种拔刀斩杀的招法，即左脚稍稍后撤，在拉开与夺刀者间距的同时，水平拔刀出鞘，并沿着拔刀轨迹继续加力横斩夺刀者的躯干。这样即使夺刀者上前一步，二人之间的相对距离依然没变，夺刀者的手依然无法触到刀身。而且，用这种方法拔刀的时候，刀身已经具备相当快的攻击初速度，因此以人的能力基本上不可能捕捉到刀。

最后**给大家介绍一个实战中真正行之有效的抓取日本刀刀刃的招法**。

当对方劈来的刀势大力沉、难以抵挡的时候，如果双手握刀勉强硬挡，可

① 即跪坐，双膝跪地，上身挺直，臀部坐在小腿及脚踝上，双手放于膝上。

图 3-3 双手提前夹紧并压制住刀的劈砍

在对方的刀刚刚出鞘并被举到头顶的瞬间，迅速近身用双手夹住刀身，同时马上出腿蹬踢对方腹部，最好能将其踹飞，以拉开双方的距离

但是对方如果在后撤左脚的同时拔刀并顺势横斩的话，空手夺白刃是绝对不可能奏效的

能连人带刀都会被砍倒。这个时候可以采取如图 3–4 所示的招法格挡来刀，紧接着左手沿着刀身顺势滑向对方的刀身，并从刀背方向抓住对方的刀身，然后将对方刀尖向左侧掰开，最后单手挥刀劈斩对方的颈部。**不过这个招法仅仅对单侧开刃、刀身狭长的日本刀有效**。

图 3–4　实战中也不是不能抓取对方的刀

a

右手握刀，左手扶在刀尖附近，横向挡架来刀

b

左手顺势抓住来刀的刀身，并将对方的刀掰向自己刀尖的方向。在这个过程中，身体也要右转，从对方刀下把自己的刀抽离

c

身体向左转回的同时单手挥刀劈砍对方

Q18

门类◎日本刀法

如何从力学角度
分析日本刀法中拨挡或者磕碰的技巧

刀身在实战中碰撞、顶压或者拨挡对方来刀时所受到的力如图 3–5 所示。不过这里假设的是刀处于没有被施加任何其他势能的状态，比如由挥刀者体重产生的势能及冲击力就未被计算在内，此外，由刀自身重量所产生的势能也未被计算在内。图 3–5 解析的是沿着对方刀刃纵向劈斩时，刀身的受力分析，横向拨挡时刀身的受力与之大同小异，因此不再赘述。

如图 3–5 所示，双手握刀向下劈斩的时候，握在刀柄前端的右手施加一个向下压的力 F_R，握在刀柄末端的左手向上施加一个回拉的力 F_L。两个力看似方向相反，会互相抵消，实则不然。如果左手的力也向下按压的话，刀柄就会以图中的 C 点为中心，按椭圆形轨迹移动，完全无法抗衡来自对方的反作用力 f。只有按照图中的公式（2）所体现的方法来做，才能巧妙利用左右手产生的力的差来对抗反作用力 f。[①]

通常日本刀刀柄的长度约 25cm，图 3–5 中右手握刀点 B 和左手握刀点 A 之间的距离约为 20cm。当点 B 到与对方刀的相交点 C 的距离 L 为 60cm 的时候，假设刀砍到对方身上（或刀上）的反作用力为 10kgf[②]。那么根据公式（1）和公式（2）计算得出，左手向上回拉的力 F_L=30kgf、右手向下按压刀的力 F_R=40kgf。如果 L 为 30cm，那么 F_L=15kgf、F_R=25kgf。

由上面的数据推导结果来看，拨挡或者磕撞对方刀的时候，**要尽量用刀身上靠近刀镡的位置，反之，要想磕撞开对方的刀，要尽量选择对方刀身靠近刀尖的位置。**

接下来为大家介绍柳生新阴流中巧妙利用上述原理克敌制胜的招法合打。其他日本刀法流派中也有类似的技法。图 3–6 中，右侧的 A 摆出“上段”架

① 这个计算公式还包含了杠杆原理在里面。

② 1kgf（kilogram–force）就是 1 千克力。1 千克力指的是质量 1 千克的物体静止状态下所受的重力。1 千克力 =9.80665 牛。

图 3-5　与对方的刀互相劈砍、碰撞时刀身的受力分析

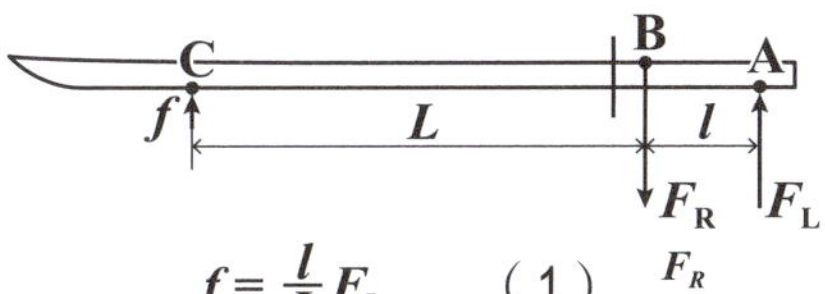

$$f=\frac{l}{L}F_L \qquad (1)$$

$$f=F_R-F_L \qquad (2)$$

点 A、B、C 为挥刀劈砍时各个力的作用点
F_L：左手向上回拉的力
F_R：右手向下压刀的力
f：砍中对方（或者对方的刀）时刀承受的反作用力

图 3-6　柳生新阴流的合打

右侧的 A 自“上段”架式出刀，自上而下劈向 B 的头部，左侧的 B 稍慢一点也自上而下出刀劈向 A

B 出刀虽然较 A 稍慢一点，但是 B 的刀镡恰好挡架住 A 的刀，B 的刀借着下劈的势头将 A 的刀挤向一边并继续下劈

A 的刀被挤开之后偏向一侧劈空，B 的刀则继续向下劈向 A 的头部

式，双手举刀自上而下劈向 B 的头部，B 稍慢一点，也挥刀自上而下反劈向 A。结果 B 的刀镡恰好挡架在 A 的刀身中间。接着 B 稍稍向一侧加力，挤开 A 的刀的同时向下劈向 A 的头部，A 的刀被挤开并偏向一侧劈空。[①] 在整个招法中，B 的刀运动轨迹并未有大的变动，却顺利地砍中了 A。

说话容易办事难，**合打这招难就难在准确把握时机这一点上，出刀快了，对方会及时变招；出刀慢了，脑袋就被砍中了**。再者，既要将对方的刀挤开，又要保持自己的刀运动轨迹不变，这个力道很难掌控，这**要求握刀的手要有一种柔中带刚的韧性，能够用自己的刀“黏住”对方快速下劈的刀，最后还要全身配合才能完成**。

我有幸近距离观看过小野派一刀流的老师们用没开刃的刀 [②] 进行的刀法表演。刀与刀互碰的瞬间，伴随着清脆的金属碰撞和摩擦的声音，一方的刀被弹飞，而另一方的刀已经停在距离对方头顶分毫之处。想将技艺磨炼到如斯境地，没有坚韧不拔的意志力是万万不能办到的。

这招虽然利用了刀镡在格挡上的优势，但从发力原理上来讲，还是只能利用左右手之间产生的力的差来抵挡对方的攻击。如果对方劈砍的力 f 过大，这种握刀方法根本无法提供足够大的力去抵挡。

当对方攻击力过大的时候，要像图 3–7 一样**用一只手**（通常是左手）**从刀背一侧顶住以支撑住整个刀身，用刀刃挡架**。根据公式（3）计算得出，双手撑刀产生的合力足以对抗巨大的冲击力。比如，假设点 A 为左手支撑刀背的着力点，点 B 为右手握刀点，点 C 为对方攻击力着力点。设点 A 到点 C 之间的距离 L_L=30cm、点 B 到点 C 之间的距离 L_R=40cm 的话，那么对方全力作用在刀刃 C 点的攻击力 f 高达 70kgf，使用这种持刀方法去抵抗，点 A 及点 B 各自承受的作用力分别为 F_L=40kgf，F_R=30kgf。

用这种持刀方法格挡，哪怕对方用长柄薙刀这类重兵器攻击，只要注意通过手臂发力缓冲并迟滞对方的劈砍动作，作用力 f 就不会变得像想象中那么

① Q20 中图 3–12 的招法也是用同样的技法配合身法走位来完成的。
② 为了保证表演的安全性，将刀刃磨平，这种表演用刀在日语中被称为“刃引真剑”。

图 3–7　当对方攻击力过大时应如何抵挡

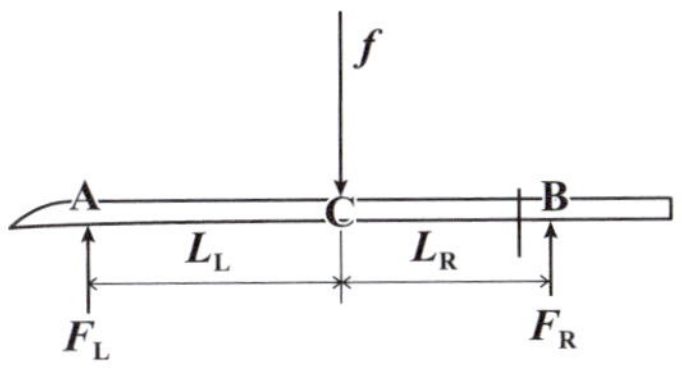

$$f=F_R+F_L \quad (3)$$

$$F_R:F_L=L_L:L_R \quad (4)$$

如果对方的攻击力过大，被攻击者可以用一只手顶住刀背以支撑用于抵挡的刀身

图 3–8　如运用得当，合刀甚至可以抵挡重兵器的攻击

薙刀一类长兵器的攻击通常势大力沉，容易砍崩硬脆的刀刃，这时候为了保护锋利的刀刃，就要用整个左手手掌支撑在刀身侧面抵挡来刀

大（图 3–8）。反过来，双手向外硬磕对方的长兵器或者重兵器，身体承受的冲击力将会瞬间变大，如果对方的兵器过重或者挥舞的势能过大，刀甚至有可能断掉。

Q19

日本古装武侠剧中经常出现用刀背打倒敌人的场面，现实中真的可以这么做吗

日本古装武侠剧中常出现这种场面——主人公用高超的刀法将恶人一一砍倒，然后帅气地甩下一句台词："放心，用刀背砍的，死不了！"表现主人公不造杀业、心怀慈悲的出发点固然很好，但是真正的刀剑搏杀恐怕没那么简单。

如果双方一亮架式，其中一方就将刀刃反转，准备用杀伤力较小的刀背对战，估计另一方会放心大胆地举刀就砍——反正刀背挨一下也死不了。再者，用刀背就意味着刀身的弧度朝前弯曲（图 3–9），这不仅非常不利于挥刀，而且无法用出 Q18 中图 3–8 一类的刀法。总之，刀背朝前反着拿刀是无法发挥出剑士真正实力的。

稍微现实一点的做法是刀刃朝前持刀对敌，在刀将要砍到对方身体的时候，左手突然扭转刀身，使刀背朝前砍在对方身上，让对方误以为自己真的被刀刃

图 3–9　日本刀的刀身是向后弯曲的

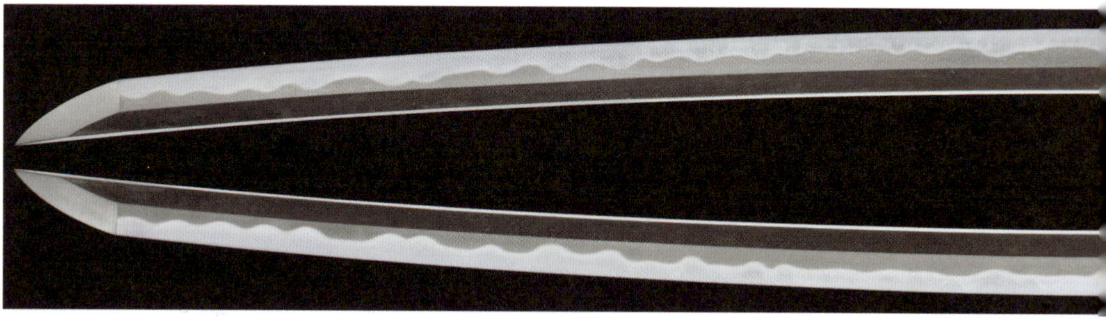

照片中的刀出自江户时代后期的御用刀匠——御胜山永贞之手。刀刃长 2 尺 5 寸 4 分（77.3cm），刀身向后弯曲幅度为 5 分（1.5cm）
摄影 / つるぎの屋
http://www.tsuruginoya.com/

砍中而吓昏过去。

但是，哪怕剑士刀法了得，在刀即将砍中对方的瞬间是否真的能反转刀刃也是个值得研究的问题。比如，刀刃如果扭转得不彻底，导致刀身侧面砍到对方身上，恐怕刀身会严重弯曲，甚至会折断。以我的经验来看，哪怕刀身没有折断，而是仅仅出现弯曲，挥刀的时候也会手感不佳，无法发挥出刀本来的威力。

那么如果能够及时把刀刃扭转到正后方，使刀背处正好击中对方，结果会如何呢？具体可以翻阅 Q40 中对日本刀构造的剖析。刀身在击中物体时会出现弯曲，刀刃一侧会产生压缩力，刀背一侧则产生拉抻力。脆硬的刀刃能够承受很大的压缩力，相反，刀背因为是用韧性较好的铁锻造而成，所以能够承受巨大的拉抻力。但是反过来用刀背劈砍物体的话，刀刃一侧将承受非常大的拉抻力。看似锋利的刀刃其实是由很多肉眼看不到的细微锯齿组成的（更不要说有的刀刃上原本就有缺口），这些肉眼看不到的锯齿甚至缺口**一旦产生拉抻力，就很容易龟裂，如果龟裂缝隙过大，刀身就会折断**。

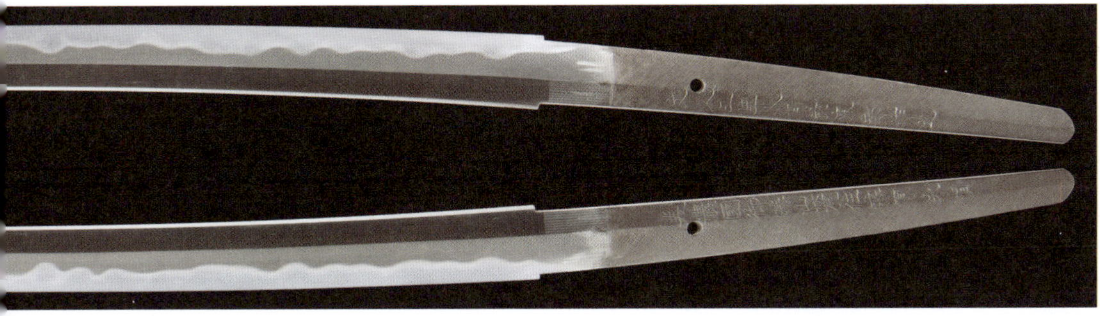

用日本刀拨挡的诀窍是什么

以下将以“正眼”架式为例给读者介绍一下用日本刀拨挡对方进攻刀的诀窍。由于构造的特殊性，日本刀不仅利于劈砍，还利于刺击，所以用刀身**占据进攻中心线是非常重要的**。在实战攻防中，通常先用刀拨挡对方砍来的刀再施以反击，或者主动用刀将对方占据进攻中心线的刀拨开再施以进攻。

拨挡的两个基本方向为纵向和横向，斜方向的拨挡其实来自纵向和横向两个方向拨挡的组合。如 Q18 所讲，拨挡时除了需要握刀的双手向相反的方向用力之外，还需要占据有利的身体位置，这样拨挡的力量才会大。结合以上论述，以“正眼”架式拨挡对方刀时有以下两个特点，这两点对于日本刀以外的武器也适用：

①双手以“正眼”架式纵向上挑或者下压的力量很大；

②双手以“正眼”架式横向拨挡的力量很小。

首先将刀尖稍稍上挑，然后用刀尖向下叩击对方来刀，握在刀柄前端的右手发出一个向下按压的力，握在刀柄末端的左手发出一个向上回拉的力（图 3–10a）。如果是刀尖向右拨挡对方来刀的话，则刀柄前端的右手向右发力，刀柄末端的左手向左发力（图 3–10b）。那么接下来我们一起分析一下手臂的发力特征。

经常做健身训练的读者可能会更加容易理解，手臂向身体回拉的力量（图 3–11a）要远大于手臂平举的力量（图 3–11b）。同样，一个人“卧推”能推起的重量要远大于做“仰卧飞鸟”（仰卧在长凳上做图 3–11b 的动作）时左右手向上拉起的重量。

综合以上几点来看，**用纵向上挑或者下压的发力方式从左侧或右侧横向拨开对方来刀将会获得压倒性的优势**。图 3–12 左侧持刀者就是利用这个原理占据了有利的位置，用自己的刀压住了对方的刀，这样对方就处于被动挨打的位置了。

图 3-10 纵向向下拨挡和横向向右拨挡时的发力解析

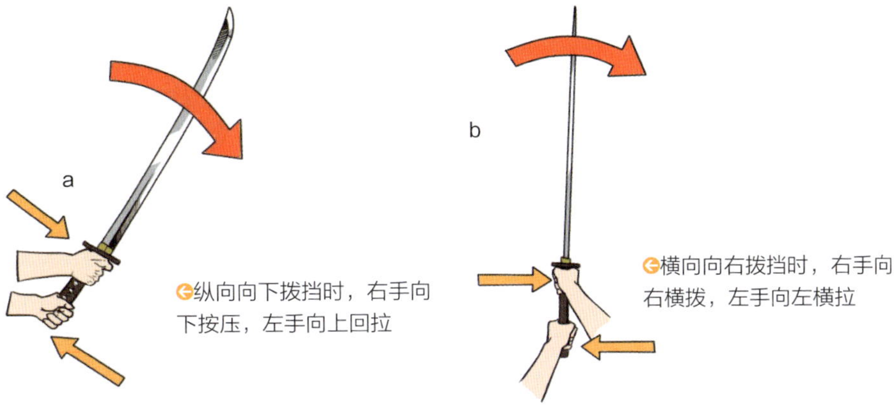

图 3-11 不同的动作能举起的力量大小是不同的

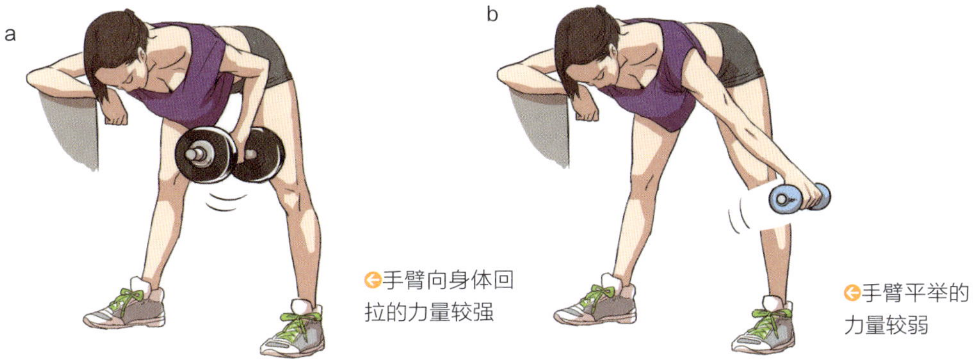

图 3-12 从力学角度来讲，左侧持刀者所处的位置更加有利

Q20 的原理也适用于挥刀劈砍吗

单从 Q20 的说明分析来看，容易让人产生一种错觉，那就是刀自上而下劈砍的力量很大，水平横斩的力量较弱。但是别忘了，Q20 介绍的是以“正眼”为基准架式的拨挡方法。

如图 3–13 所示，自左向右水平横斩的时候，双手并未横向发力，反倒是**右手前推、左手后拉**共同发力，而且通过双腿的大肌群蹬地带动腰部（当然也包括上身）转体助力，可以为水平横斩的刀身带来更大的力量，棒球中挥棒击球的一大要领也是蹬地转腰。

其实除了水平横斩之外，向下劈砍时也是不自觉地在通过转腰借力。比如以图 3–14a 中左肩左脚在前、右肩右脚在后的架式向下挥刀劈砍时，右手前推刀柄，左手后拉刀柄，发力下劈。如果像图 3–14b 所示，右脚向前踏进一步，就变成右肩在前、左肩在后。右手随着进步前伸，推动右手前伸的右肩也趁势向前送出，手、臂、肩三者形成的合力共同推动刀前伸，同样，左手回拉的力量随着左肩的后拉也会变得更加强劲。

如果距离对方过近，则可以通过双脚迅速蹬地在空中完成前后脚位置转换，进而带动双肩扭转，推动双臂挥刀下劈。如果对方欺身速度很快，双方距离瞬间被拉得过近的话，则可以通过迅速大幅度后撤左脚、向左转体，带动右肩前伸、左肩后拉，顺势下劈。这个招法的**要点就在于双脚蹬地转腰、带动双肩旋转并推动双臂挥刀下劈，与水平横斩的原理基本相同**。

有趣的是，如果挥刀的时候时刻怀着“转腰”这个意识的话，很容易被对方预测到我方的进攻意图和招式。但是如果想的是“前后送肩”的话，进攻速度就会变快，且对方难以预测到我方的意图（也就是所谓“抹杀预兆、防不胜防”）。

图 3-13 自左向右水平横斩

图 3-14 通过左右肩前后转动增大下劈的力量

Q22

门类◎日本刀法

当双方刀刃顶在一起拼刀的时候，什么攻击方法最为有效

真实的刀剑搏杀中经常出现一个局面，即双方的刀镡或者靠近刀镡的刀刃互相顶在一起，双方都拼尽全身力气想要压倒对方，这种情况在日语中被称为“锷迫合”。气力不足被压倒的一方身体会失去平衡，被对方顺势用刀刃砍在脖颈或者肩膀上，或者在对方快速后撤时被其出刀砍中头部或者手腕。日本的古装武侠剧中常出现双方刀刃互顶拼刀这一幕，这种方法对于力气大的一方来说无疑是有优势的，但是也不要忘记，在刀刃互顶拼刀的时候，除了力气之外，守住自己的进攻中心线也是很重要的。接下来将与各位读者一同分享我在甲野善纪先生的武术修习会上习得的两个技法，并从力学角度对其进行剖析：

①双手同时向内拧腕抱住刀柄并使之紧贴身体，然后用全身力量顶着自己的刀压倒对方的刀；

②支撑身体的左脚突然松劲[①]使身体后仰，借着身体后仰的惯性迅速收刀，然后高提右膝，顺势出刀砍向对方持刀的前手或者头部。

在刀刃互顶拼刀的时候，如果想让锋利的刀刃离自己身体远一点的话，人出于本能都会双臂用力向外推。但是双方刀刃的接触点离自己身体越远，自己的刀抵抗横向推力的力量就会越弱。技法①就是利用这个原理反其道而行之的，右手紧紧握住刀柄，左手则稍微松劲调整握刀的位置，然后双手同时向内拧腕抱住刀柄，并使之紧贴身体。

实战中使用技法①时，可以先假装自己双臂力量不支，要被对方的刀压倒，然后一边将刀后拉一边拧腕抱刀贴身，为接下来利用全身力气压倒对方的刀做准备，但这样做的问题是如果意图过于明显，恐怕会引起对方的警惕。如果对方警惕心骤起握刀的双手不再加力施压，这时候就要立即应变，在保持双方刀

① 这个技术动作在日语中称为“拔重”，指滑雪运动或者雪上单板运动中通过屈伸膝盖或者交替踏步来减轻身体向雪面施加的压强的一种技术，也指骑自行车或者摩托车时移动重心的技巧。

刃接触点不变的前提下，迅速主动上步，将身体贴住刀柄，同时双臂拧腕抱刀形成整体合力。**一旦双臂抱刀使刀和身体成为一个整体，就能够凭借全身下沉的力量将对方的刀压向一旁或者直接压倒**（图 3–15）。

图 3–15 刀刃互顶拼刀时的制胜技法①

在刀刃互顶拼刀的时候，抛开技巧来讲，很显然力气大的一方准赢

右侧的人主动上步，将身体贴住刀柄，同时双臂拧腕抱刀形成整体合力

用全身的力量下压，压倒对方的刀

技法②有些类似于剑道中的“退击小手”[①]（图 3–16a）。

我方右脚在前、左脚在后与对方刀刃顶在一起拼刀，当对方的刀恰好在我方刀左侧的时候，就可以用技法②克敌制胜了。首先支撑身体的左脚突然松劲，借助对方向前压刀的力量，在身体后仰的同时，以位于前方的右脚为轴，上身顺势稍向后转，双手借助身体稍微后转的力量瞬间收刀，把刀收至不再与对方的刀相交叉的位置即可。

需要注意的是，在左脚突然松劲的时候，右脚千万不要大力蹬地。这个环节最糟的情况就是，右脚蹬地意识过强导致条件反射式下蹲蓄力再蹬地，这样反倒加大了动作幅度，导致整个反击动作变慢。所以，在左脚松劲的同时，全身重量自然转移到撑地的右脚上即可。这样一来，对方会感觉自己全力顶着的刀在一瞬间仿佛完全消失了一样。

虽然这样做可以快速收刀，再挥出去砍向对方的右肩（也就是我方的左侧位置），但是还有两个细节需要深究：一是双方距离可能会过近，从而导致劈砍力量不足；二是身体后仰、左转收刀会导致再向相反方向劈砍时发力不顺。

以上两个问题，**提高右膝这个动作**（图 3–16b）可以一并解决。需要注意的是，这里的提膝不是像泰拳顶膝一样左脚蹬地转体、提膝向上冲顶，而是腰腹用力卷缩，提高右膝靠向右肩，在整个提膝的过程中左脚依然保持自然支撑，不要有意蹬地。

这样做，重心会自动落在左脚之上，腰身也会随之后移，与对方拉开足够距离以利于挥刀劈砍。此外，如同坐在转椅上一样，双手向左摆则身体会带动转椅右转，卷缩腰腹、提起右膝不仅会抵消向左转体收刀时的势能，还能够带动上身重新向右转动，随后借助向右转体的力量带动双手挥刀快速反劈向对方的手腕或者头颈部。技法②给对方的感觉是，我方压上来的刀瞬间从对方刀的右侧消失，随后突然从左侧出现砍向对方。

---

① 日语中称为“引小手”。译者注：剑道中的“退击小手”是指当自己的竹刀跟对方的竹刀顶在一起进入胶着状态的时候，自己在主动后跳的同时出刀击打对方手部的技法。

图 3-16 刀刃互顶拼刀时的制胜技法②

❶在后支撑身体的左脚 A 突然松劲
❷身体一边后仰一边以前方的右脚 B 为轴顺势稍向后转
❸利用转体的力量收刀（如果收刀的速度足够快，❷中的转体幅度会非常小，甚至对方根本觉察不到）

❶左脚 A 突然恢复支撑力，同时右膝迅速上提
❷身体以左脚 A 为轴借力回转
❸利用身体回转的力量带动双手挥刀，快速劈砍对方

Q23

门类◎日本刀法

用刀劈斩的瞬间为什么双手要向内拧紧刀柄

用刀劈斩的瞬间，双手要向内拧紧刀柄，这样做的主要原因有两个。

第一个原因是为了给快速运动中的刀紧急制动。普通人如果像挥动竹刀一样挥动沉重的真刀，多数会因为无法控制刀下落的势头而砍到自己的膝盖或者地面上。如果在真实的刀剑搏杀中出现这种失误，那可就真的要一命呜呼了。日本刀法中有一种被称为“茶巾绞”的手法，可以及时为高速运动中的刀紧急制动。双手像拧毛巾一样，握住刀柄前部的右手逆时针、握住刀柄后部的左手顺时针瞬间用力拧紧，握住刀柄，可以准确地定住高速运动的刀身。“茶巾绞”手法可以全面调动胸部、背部、肩部、手臂、腕部的整体肌群，**把挥动中的刀瞬间停在想要停的位置上**。

第二个原因在本书后文其他项中也会有所提及。挥刀劈斩目标的时候，哪怕最初刀刃是沿着正确的劈砍轨迹（参照 Q35）运行的，但在砍向目标的过程中，如果运行轨迹发生偏移导致刀刃没有垂直切入目标的话，不但无法斩开目标，刀身反而会由于位置不当的撞击而产生弯曲甚至折断。利用“茶巾绞”手法控制挥刀，除了**可以提高刀身的耐冲击力之外，还能保证刀刃沿着正确的劈砍轨迹运行，从而垂直切入目标直至目标被完全斩开**。但需要注意的是，在停住刀的一瞬间才需要用力拧紧刀柄、制动刀身，一定要和“大便握”[①] 手法区分开来。比如说，在用卷起来的草席作为靶子测试劈斩功力的时候，如果用“大便握”手法持刀劈斩，即便第一击可以顺利斩断草席卷，但由于手腕僵直，无法迅速调整身位和出刀角度，也无法快速有力地斩出第二刀，更不要说从各个角度自由地操刀进行连续有力的劈砍了。**只有握刀的双手放松了，刀才能灵活自在、迅捷如电，只有在劈中目标的瞬间，双手才可突然以“茶巾绞”手法发力，将刀定住**（图 3–17）。

说到这里，恐怕会有读者提出质疑：“左右手向完全相反的方向同时扭转刀柄的话，这两个力量会不会互相抵消，从而使刀刃偏离正确的劈砍轨迹呢？”

① 在日本刀法中，人们将这种死死攥住刀柄的握刀方法戏称为“大便握”，也可翻译为“攥屎握刀法”。

关于这个问题，大家只要看一下肌肉收缩速度和肌肉收缩力量之间的关系（图3–18）就会明白了。如图中曲线所示，肌肉的收缩速度之所以有一段为负数，是因为当向右偏斜的外力过强的时候，原本收缩的肌肉反倒会向相反方向释放出巨大的伸展力。当刀刃的劈砍轨迹向右偏的时候，向左扭转刀柄的左手肌肉由于肌腱的伸展性收缩（牵张反射）会产生巨大的伸展力量，将刀刃拉回到原来的劈砍轨迹。右手逆时针向右扭转的力量与向右偏的外力方向相同，而正是由于这两股力量方向重合，右手肌肉反倒会瞬间放松从而使向右扭转的力量减弱。[①] 当以上各方面要素能够协同作用时，刀刃就不会偏离正确的劈砍轨迹了。

图 3–17　使用日本刀时要注意握刀的方法

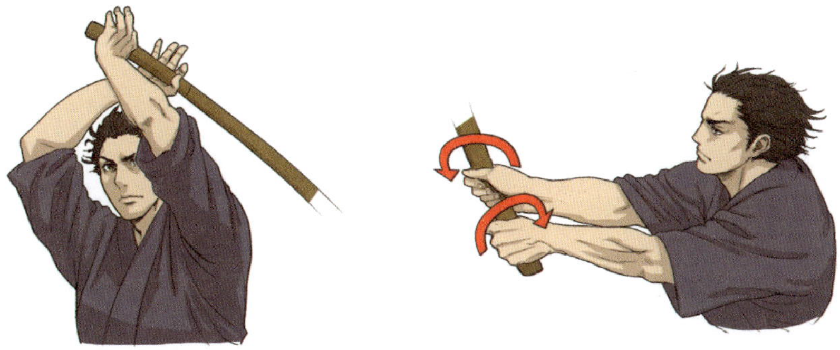

握刀的手要保持放松　　劈砍的瞬间迅速发力握紧

图 3–18　刀刃由于被砍中物体的反作用力而向右偏斜时双手发出的扭力

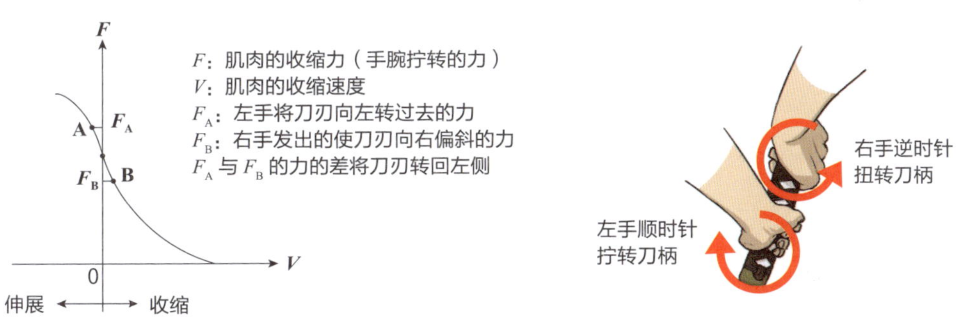

① 实际上由于此时被刀柄沿着右手拇指指尖带动的手掌皮肤处于松弛状态，所以右手肌肉真正释放出的力量恐怕要更小。

Q24

门类◎日本刀法

虽然明白了“茶巾绞”手法的原理，但是只靠手腕肌群就能产生足够的劈砍力量吗

日本刀法中的许多流派在实战中劈砍目标的时候，都会先确认刀刃劈砍轨迹是否正确、是否能够有效杀伤对方身体，比如柳生新阴流会用刀沿着铠甲的缝隙刺入敌人脖颈等要害部位，再根据手上传来的感觉矫正刀刃切割的角度，最后向前推动或者向后拉动刀刃扩大切割创口。**如果能够正确使出“茶巾绞”手法，再配合日本刀优秀的斩切性能，哪怕挥刀的幅度不大，也能产生相当大的杀伤力**。

在实战中巧妙使用“茶巾绞”手法还可以破坏对方的身体平衡，甚至摔倒对方。图 3–19a 虽然表现手法稍有夸张，但更方便各位读者理解这个招法的原理。首先放松肩、臂，用拇指和手掌轻轻挟握住刀柄，将刀轻快地架在对方的刀柄上。[①] 之所以强调放松，是因为人类想要动手打人的时候，出于条件反射和本能，会不自觉地精神紧张并缩身蓄力，但是这样做会增大动作幅度并使攻击速度明显变慢，对方会轻而易举地觉察到攻击一方的意图，如果是长时间对抗的话，还很容易引起精神疲劳。与此相反，放松身心如同和朋友打招呼一样，对其肩膀轻快地伸手一拍，则往往出其不意，令人防不胜防。因此，只有先放松肩、臂、手，才能达到理想效果。

当刀准确架在目标点上之后，就可以使用“茶巾绞”手法攻击对手了（图 3–19b）。双手像拧毛巾里的水一样，带动双臂向前伸展挥刀。整个动作是由拉动双臂向内弯曲夹拢的胸大肌和肩三角肌前束、推动肘关节向前伸展的肱三头肌等能够持续发力的大肌群协调运动共同完成的。

随着手臂向前伸展挥刀，双手自然向内扭转刀柄。在挥刀发力的过程中，与其说是手背肌肉发力收缩带动手腕扭转刀柄，不如说为了抵抗刀身向前劈砍产生的巨大拉力，双手和手腕的肌肉产生了足以与之抗衡的伸展性收缩（参考

① 当双方穿着铠甲的时候，也可以用同样手法架在对方穿了护手甲的手腕上。

Q23 中图 3–18）。压在对方刀柄上的刀尖则借助这股强大的力量将对方持刀的双手向前压下，并破坏掉对方的重心（图 3–19c），而**这股力量的来源则是胸、肩、臂等大肌群**（图 3–20）。

图 3–19　实战中以“茶巾绞”手法破坏对方身体平衡①

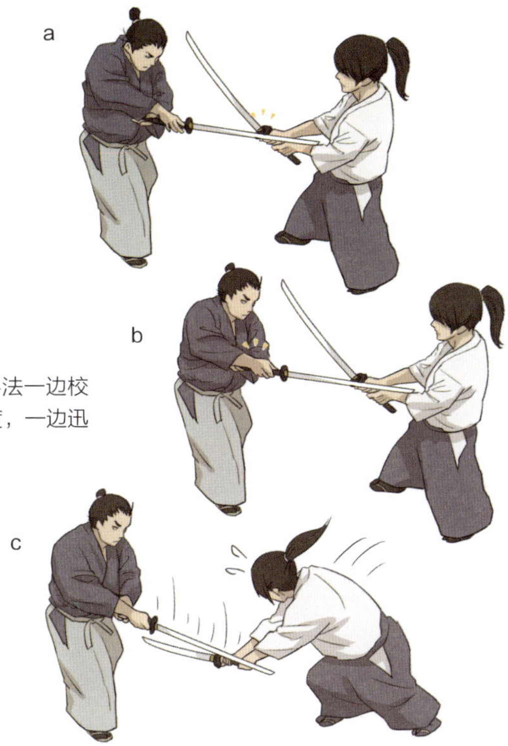

双手轻握刀柄，控制刀的前端，轻轻架在对方的刀柄上

用“茶巾绞”手法一边校正刀刃的切割角度，一边迅速施力下压

对方持刀手遭受刀刃重压，整个人向前扑倒

图 3–20　以“茶巾绞”手法调动身体大肌群发力

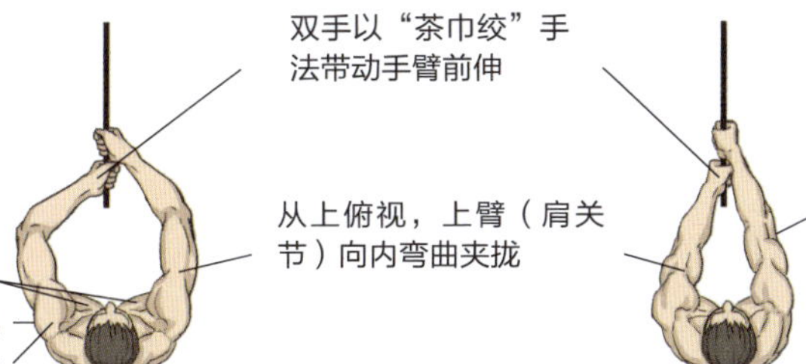

“茶巾绞”手法带动双臂向前伸展，胸、肩、臂等大肌群则为双臂向前伸展提供力量

① 图为通过漫画手法解析冈本真老师如何用“茶巾绞”手法破坏对方身体平衡。

Q25

门类◎日本刀法

如何以柔克刚化解对方势大力沉的劈砍

如图 3–21a 所示，右脚在前以“正眼”架式迎敌，对方采取“上段”架式出刀向我方头部劈砍而来。如果双手举刀迎上去硬磕硬架的话，可能会导致刀刃受损崩口，严重的话刀甚至会被直接打断，所以这里为各位读者介绍日本古代刀法中一种以柔克刚化解对方强力劈砍攻击的技法。

当对方势大力沉的一刀迎面劈来的时候，看准时机，左脚向左前方迈出一步，使自己的头颈部错开对方的刀锋，同时双手手腕放松，将刀柄举过额头，**这样刀身自然遮挡在自己的右半身，并如图 3–21b 所示，用斜架的刀身将对方下劈的刀势卸向一边，令其劈空**，随后将举起的刀顺势反劈向对方（图 3–21c）。

接下来我们从力学角度为各位读者详细剖析这个技法。

如图 3–22a 所示，当对方的刀以 100km/h 的速度砍在与其劈砍方向成 25° 夹角（角 θ）的刀身上时，招架刀的刀身在垂直角度上所承受的劈砍速度其实要小得多。

$$v_1=100\times\sin25° =42\text{km/h}$$

此外招架刀也会因刀脊产生一定形变而缓冲掉一部分冲击力，因此刀身实际受到的正面冲击力相当小。虽然刀身平行方向上的速度

$$v_2=100\times\cos25° =91\text{km/h}$$

但**由于这是劈砍刀沿着招架刀的刀身方向滑向一边的速度，所以对刀身没有冲击力**。

如果招架者如图 3–22b 中所示，在用刀斜架劈砍刀的时候，左脚向左前方以速度 V（设 V=10）左移的话，招架刀与劈砍刀的夹角 θ 则变为角度更小的 θ'，这样刀身所受的冲击力将变得更小，根据上文公式计算得出，招架刀所承受的垂直方向上的速度 v_1' =38km/h。

在现实中，当对方的刀刃以高速砍在斜架的刀身并沿着刀身高速下滑时，会削下少量的铁屑及杂质，这些混杂着杂质的铁屑由于摩擦生热会燃烧气化并形成迸射的火星，这样，小说中描写的“火星四溅”的搏杀场面就出现了。

图 3-21 古代日本刀法中以柔克刚招架大力劈砍的方法

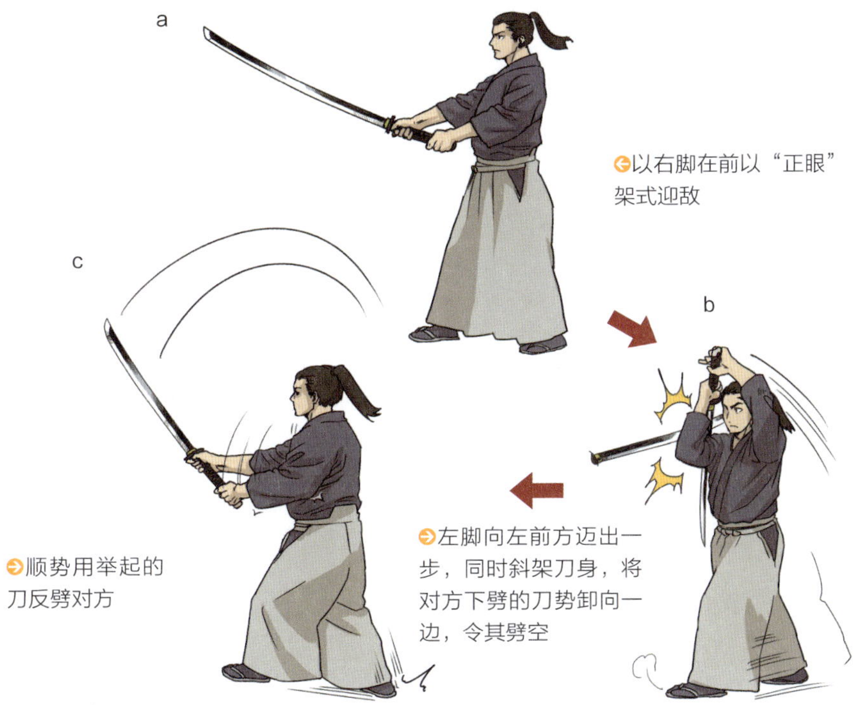

图 3-22 从力学角度分析冲击力被削弱的原因

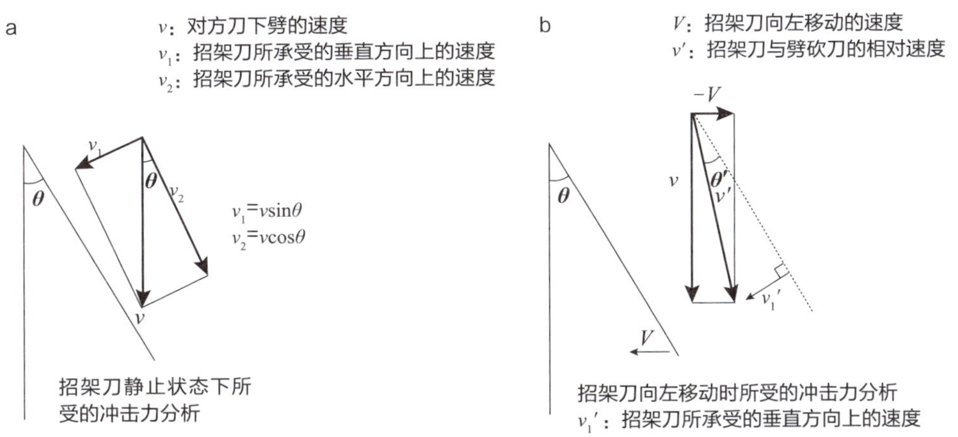

用刀斜架劈来的刀（a）本身就已经具备一定的削弱冲击力的效果。如果再加上向左移动（b）闪避的话，招架刀与劈砍刀之间的夹角 θ 则变为角度更小的角 θ'，冲击力也会被削弱得更小

Q26

门类◎日本刀法

就力学角度来讲，二刀流的有效程度如何

提到日本刀法中的右手持长刀、左手运短刀的二刀流刀法，最有名的当数宫本武藏开创的“二天一流”，但是我不禁想问：“在实战中二刀流真的好用吗？”宫本武藏一生号称 60 场比武未尝一败，但有的日本武术家认为：“自武藏与佐佐木小次郎的比武开始，武藏基本舍弃了双手各持一刀的战斗方式而改为双手共持一刀，因此，在实战中双手各持一刀是行不通的。”真实的历史究竟如何，今天已经无从考证，本文只想从力学角度分析双手各持一刀战斗的二刀流的优势和劣势，以及本来设计为双手持握的日本刀是否适合单手持握等问题。

以下 4 点是我总结的关于二刀流的“优势（①②）和劣势（③④）”：

①持双刀作战的防御范围更广；

②持双刀既可以同时进攻或防御，又可以在一手持刀防御的同时另一只手持刀进攻；

③由于单手持刀手腕能产生的力矩较小，因此不足以招架对方双手持刀的劈砍力量；[①]

④由于力量有限，单手挥刀的速度比双手挥刀要慢。

关于①，从现存的宫本武藏画像来看，武藏双手各持一刀，双刀刀尖下垂，摆出的是“下段”架式，下垂的双刀完全封死了对方针对下半身的攻击路径，这样对方就只能针对上半身发动攻击。因此，也有很多人认为这是一种诱导对方针对上半身发动攻击的架式。

关于②，双刀同时向一个方向平行劈斩的话，对方仅凭一把刀是难以挡架的。另外如图 3-23a 所示，被双刀交叉向下压住的长枪是无法向左右横向移动的。

在实战中，使用长枪自上而下劈砍也是常用打法，而双刀则可以交叉向上挡架并缓冲长枪下劈的冲击力（图 3-23b）。[②] 如果双刀交叉向上斜架长枪的同时向

① 参照 Q43 中图 4-24。
② 参照 Q25 中图 3-22。

图 3-23 双刀对阵长枪作战时的优势

a

当对方持长枪瞄准上身刺来的时候，双刀交叉下压对方的长枪，这样长枪就无法向左右横向移动了

b

如果对方的长枪自上而下劈砍而来，则可以使用双刀交叉向上斜架长枪

c

借助对方长枪下劈的力量，顺势将长枪斜向卸到身体的一侧

d

一手用长刀压住对方的长枪，另一只手用短刀反击

图 3-23（续）

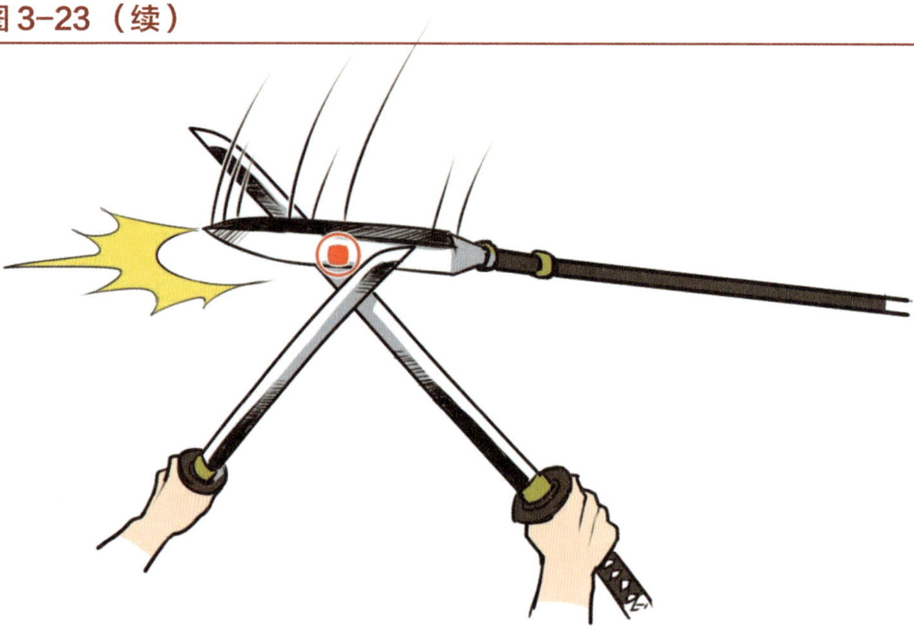

⬆无论是左手刀还是右手刀，因为是斜架，所以刀身及手臂承受的冲击力都很小

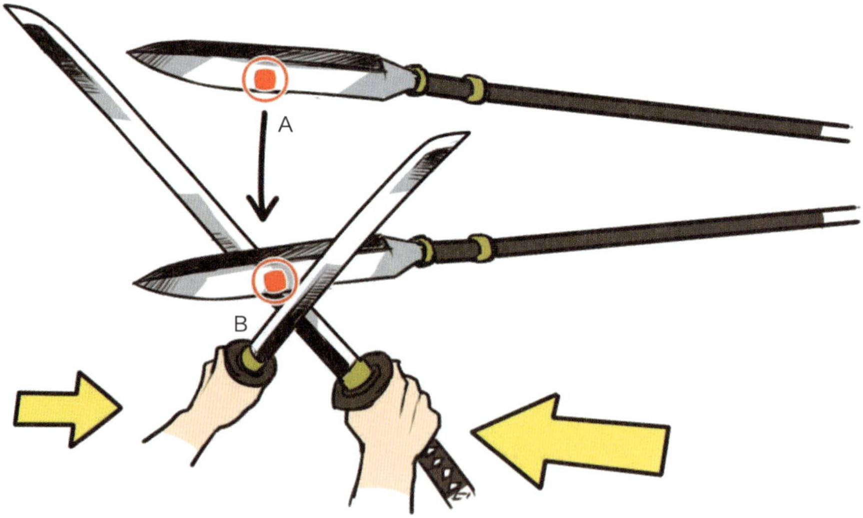

⬆如果双手向内合拢，双刀向上斜架，长枪与双刀交叉挡架的接触点 A 会向下移动至 B 点，从而缓冲掉相当一部分长枪下劈的冲击力，而且由于接触点 B 靠近刀镡，所以在格挡力量方面双刀也不落下风

内合拢的话，长枪与双刀交叉挡架的接触点则会向下移动至靠近刀镡的位置（关于使用刀镡挡架在力量方面的优势的解析请参照图3–24及图3–25），再借助对方长枪下劈的力量顺势将被双刀挟住的长枪斜向卸到身体的一侧（图3–23c）。这时就可以一只手用长刀压住对方的长枪，另一只手用短刀反击（图3–23d）。

关于③，纵向或者横向挥刀的时候，单手握刀时手腕所产生的力矩远小于双手握刀时产生的力矩。[①]假设单手持刀和双手共持一刀产生的最大力矩分别为N_s、N_b（N_s要远远小于N_b），单手持刀与双手共持一刀正面对劈的话，单手持刀在力上一定不敌双手共持一刀。但是如果实战条件能满足图3–24所示的不等式（**用靠近刀镡的位置去拨挡对方刀靠近刀尖的位置**）的话，单手持刀就可以挡架双手共持一刀的攻击。

关于④，当借助全身力量拧腰转体、抡圆胳膊大幅度挥刀的时候，哪怕是单手也能够产生相当大的速度和力量。但如果是手持长刀[②]摆出的“下段”架式的话，如上文解析的一样，单手握刀时手腕产生的力矩较小，所以无法自下而上快速斩切。各位读者可以用单手或者仅凭手腕力量挥动棒球棍来体会一下。

接下来为各位读者举例分析如何通过技术来弥补单手持刀的劣势（图3–25）。如图3–25a所示，左侧剑士持双刀，摆出“下段”架式，右侧剑士抓住左侧剑士上半身空虚的瞬间机会，自上而下挥刀劈砍其头部。左侧剑士向后退步避开来刀，并同时用左手持握的短刀[③]压住来刀（注意要用靠近刀镡的位置压住来刀靠近刀尖的位置），同时右手将长刀举过头顶（图3–25b），转体扭腰带动手臂和刀抡劈回砍对方（图3–25c），而手腕产生的力矩则仅仅用来微调刀刃劈砍的位置[④]。

如果二刀流刀法具有压倒性优势的话，那么相信大家都会去使用它，但是实际上还是双手共持一刀的“一刀流”使用者更多。所以我的结论是，**一刀也好，二刀也罢，能够在实战中灵活运用并能够发挥其优势的剑士才是最强的**（图3–26）。

① 参照Q44中图4–31。
② 指日本武士佩戴的长短两把日本刀中的长刀，日语中称其为“大刀”“太刀”。
③ 指日本武士佩戴的长短两把日本刀中的短刀，日语中称其为“小刀”“短刀”。
④ 如Q23中图3–17所示，其实双手握刀时也并不完全依靠手腕产生的力矩劈砍。

图 3-24　单手持刀挡架双手共持一刀的诀窍

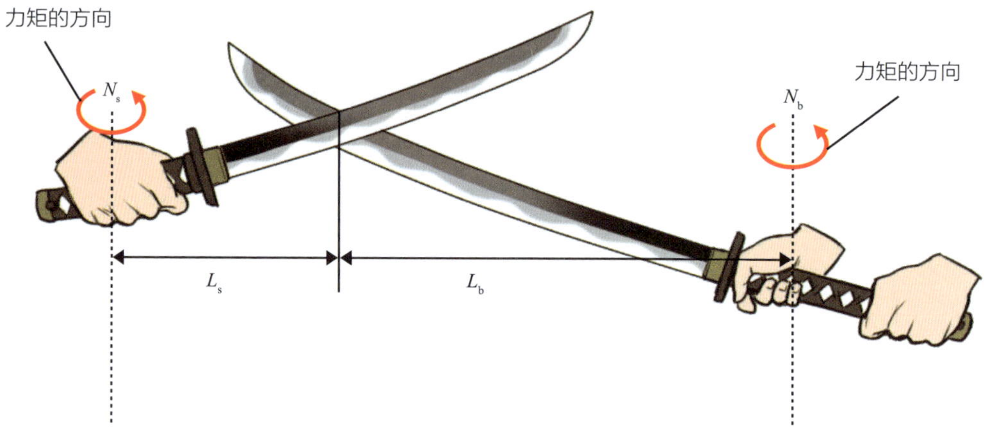

当满足不等式$L_s < \frac{N_s}{N_b} \times L_b$的时候，单手持刀者足以挡架双手共持一刀者的攻击

如果想单手持刀拨挡开双手持刀者的攻击，就要用靠近刀镡的位置（L_s 较短）去挡架来刀靠近刀尖的位置（L_b 较长）

图 3-25 如何单手运长刀劈砍攻击

a

左侧剑士摆出“下段”架式，右侧剑士出刀劈砍左侧剑士的头部

b

c

左侧剑士在后退避开来刀的同时，用左手短刀下压对方长刀（保证满足图 3-24 解析的力学条件），同时右手长刀举过头顶

左侧剑士转体扭腰带动手臂和刀抡劈反击

图 3-26 什么样的人适合双手各持一刀作战

体格健硕、臂力强的人才能够保证在双手各持一刀的情况下还能快速劈砍

Q27

能用竹刀将对手打翻在地的重击是一种什么样的技法

这种重击技法在真实的刀剑搏杀中，特别是在双方刀刃互顶拼刀的时候具有压倒性的优势。但由于这个技法危险性很高，因此通常用竹刀练习。

在甲野善纪的刀法表演中，很多人都体验过这种重击技术的威力。体验者双手握在竹刀两端，水平上举，用力把竹刀横架在头顶，甲野老师挥动竹刀猛击下去，一个个体验者被打得东倒西歪，甚至后仰倒地（图 3–27）。当甲野老师与体验者均瞄准对方的脖颈用竹刀对劈的时候，在双方竹刀互碰的瞬间，体验者连人带刀都被打翻在地。

假设竹刀的质量为 0.5kg，竹刀重心的运动速度为 30m/s（约为 108km/h），通过 Q07 中的公式计算得出，竹刀的动量为 15kg·m/s。但是实际上仅凭这个程度的动量水平是无法将人打翻在地的，比如，假设图 3–27 中双手持竹刀上举横架的人体重为 75kg，当承受 15kg·m/s 的动量打击时，根据公式计算，其身体向后倾斜的速度仅为

$$15\text{kg}\cdot\text{m/s}\div75\text{kg}=0.2\text{m/s}$$

再加上体验者双臂发力向上横架的力与竹刀打来的力恐怕会相互抵消（图 3–28a），因此普通的挥刀击打恐怕无法产生将对手打翻在地的重击。

甲野老师的重击技术其实与 Q07 中“挡也挡不住的重击”原理相同，这种重击并不是将双臂肌肉发出的力量集中在质量仅为 0.5kg 的竹刀上击打出去，而是**将质量远大于竹刀的双臂及身体躯干部分带来的动能直接灌注在竹刀上压向对方**（图 3–28b）。[①] 这样虽然竹刀挥出时产生的能量相同，但重击技法还可以凭借其双臂及身体产生的巨大动能（等于向对方施加的冲量）压垮对方。

此外，要想顺利将双臂和身体产生的巨大动能转化为力，并通过竹刀传导给对方，还需要注意以下几个诀窍，这在 Q18 中已经有过说明：一是**握刀的**

① 但要注意，这种方法的出刀速度要稍逊一筹。

两只手之间的距离要远一点，[①] 二是尽量要用靠近刀镗的位置去压对方靠近刀尖的位置。如果能够再配合 Q20 中的招法，利用纵向发力配合有利位置将对方的刀横着压下去的话，这个重击技法的成功率会大大提高（图 3–28c）。

图 3–27　挡也挡不住的重击

在这种状态下，明明用竹刀格挡，却被对方砍翻在地……

图 3–28　用重击摧毁对方的防守

a

双方同时出刀的话，力量通常会互相抵消

b

将双臂及身体躯干部分的动能灌注在自己的竹刀上，压向对方的竹刀

c

使用竹刀靠近刀镗的位置将对方的竹刀横着向下压向一边

① 理论上来讲单手握刀是不可能实现这种“重击”技术的。

Q28

门类◎日本刀法

日本萨摩地区流传的药丸自显流刀法的威力之谜

药丸自显流（也称“野太刀自显流”）刀法与萨摩示现流为同一系刀法，是一种忽视防守、高度重视进攻的刀法。该刀法实战性极强，特别是双方交手之时的第一击极为厉害，药丸自显流剑士通常会拼尽全力舍身挥出第一刀，以求能够以势大力沉的第一击直接结束战斗（图 3–29）。自显流在战场上使用的野太刀刀身长、刀体重，其刀刃长度通常在 3 尺（90cm）以上，据说如果野太刀高速劈砍下来，仅凭普通的日本刀（长度约为 70cm）根本无法招架，如果用普通日本刀举刀硬架的话，不但刀会被反震回来，刀镡还会因为巨力反弹而直接砸回挡架者的额骨内，导致挡架者当场死亡。就连幕末时期的新选组局长近藤勇也曾告诫过自己的部下：“无论如何一定要躲开自显流的第一刀。”下面我就把自显流最具代表性的下劈招法“挂”从力学角度为各位读者做一个详细分析。

首先双手将刀朝上竖直举起，当与敌方相距几米时开始全力助跑，一旦进入合适的劈砍距离就突然右脚用力踏向地面，**通过右脚向地面的全力一踏为下劈的刀身加速**。

如图 3–30 所示，当向左移动的长条形物体下端像撞到墙壁一样受阻而突然停止移动时，该物体重心的移动速度虽然会随之下降，但是受惯性的影响，该物体上端反倒会以碰撞点为圆心突然向前加速转动。关于这一点，我在拙作《格斗技的科学》一书中解析过，利用该原理还可以人为**制造一堵“墙壁”**来增大力量，比如，在标枪运动中，向前奔跑的运动员通过向前大力踏步为即将出手的标枪加速。自显流也是通过人为制造这堵“墙壁”来给刀身突然加速，再加上助跑的惯性和身体下沉的力量，双手控刀向目标全力劈砍而去。

但要想在实战中熟练运用该招法操控野太刀，精准而有力地斩杀对手，还有诸多要领需要掌握，以下①②就是该招法下半身的动作要领，③ ~ ⑥为双臂的动作要领：

①腰胯始终要正面朝向前方，前脚大力踏步时要保证脚跟先着地并带动整

图 3-29 药丸自显流对敌第一击的挥刀劈砍方法

通过突然转体带动双臂向下挥动的力量如果能够顺利传导到野太刀上，就能够感觉到“刀锋其实是带着全身的重量劈砍而去的”

由于前脚踏地形成墙壁一样的阻挡，助跑的惯性瞬间转化为野太刀下劈的动能，再加上身体突然下沉的力量一同带动刀刃下劈，形成势大力沉的一记劈砍

刀刃要沿着我方的人体中心线竖直下劈

个脚掌全力踏实地面；

②要保证前脚踏步的着地点与后脚着地点在同一条直线上；

③双手要尽量将刀举高；

④持刀的两只手间距要尽量大；

⑤双手要同时同步挥刀，切忌左手先发力，使原本自上而下的大力劈砍变成拽着刀柄往前抡；

⑥在挥刀下劈的过程中，要始终保持左肘在我方人体中心线上，不可偏离。

关于①，如图 3–30 所示，前脚大踏步的目的是制造“墙壁”，为前冲的身体突然制动，因此强力坚实的踏步必不可少。如果右侧腰部向前探出，前脚踏步的力道就会变弱，弯曲的右膝会缓冲掉一部分助跑的惯性。再者，前脚踏步时如果脚尖先着地的话，脚踝会缓冲掉一部分助跑的惯性，同样无法形成一堵坚实有力的“墙壁”。

关于要领②，要想保证又长又重的野太刀在以肩关节为圆心向前转动下劈的过程中劈砍轨迹不产生偏斜，最理想的姿势就是右脚、身体重心和左脚在同一条直线上。受人类自然习惯影响，大力踏步的右脚着地点容易向右偏斜，一旦发生这种情况，则刀下劈的轨迹就会跟着一起向右偏斜（图 3–31），从而带动左肩向前探出，身体的朝向也会发生改变，这就无法保证刀竖直向下劈砍。

要领③的重要性如图 3–30 所示，点 A 的位置越高，离圆心 P 的距离（即转动半径）就越大，点 A 转动时的速度也就越大。

关于要领④，当突然转体，持刀向下劈砍的时候，右手向前推动刀柄，左手向后拉动刀柄，两只手的间距越大，左右手带动刀向前转动下劈的力矩差就越大。[①] 具体计算过程十分复杂，读者只要注意一点即可，即握刀的两只手的间距 b 越大，刀向前转动的力矩差就越大。如果力矩不足，不仅刀身不会向前转动下劈，而且双手会先拉扯刀柄向前伸出（图 3–32）。

要领⑤的目的是强调左手要保证将刀柄后拉以配合右手挥刀，而不是因被刀柄扯住而导致左手先发力拉动刀柄前伸，这一点在要领④中也提到过。只有保证了左手回拉刀柄的位置正确，才能保证有足够的力量回拉刀柄。

关于要领⑥，在自显流中有“**左肱切断**”的口诀，这里的“肱”与“肘”同义，内容大意是提醒门人弟子“在实战中如果不想被敌人砍断左手的话，左肘内侧要像长在肋骨上一样一动不动，并保持左肘始终不离人体中心线”。这样，**左前臂和野太刀就会保持在一条线上，从而保证刀竖直向下劈砍**，此外，还能使又长又重的野太刀像盾牌一样恰好遮挡住左前臂不被对方砍伤。

① Q44 中图 4–30 也是该原理一个应用实例的简化示意图。

图 3-30　“墙壁”的效果

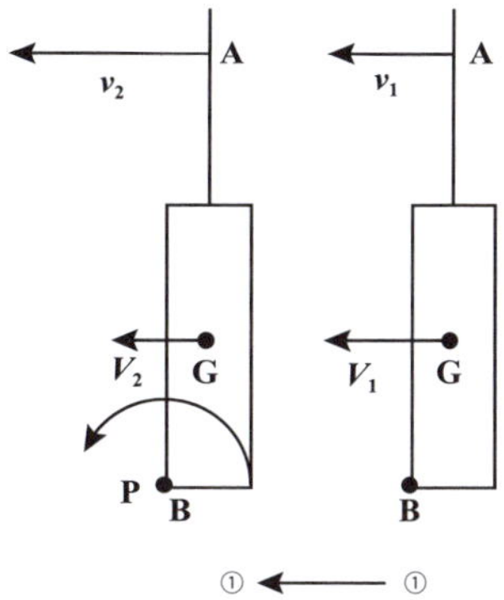

➲如果下部端点 B 被“墙壁”阻挡，在 P 点突然停止向前移动的话，重心 G 的速度虽然会随之下降，但物体会以 P 点为圆心逆时针转动，上部端点 A 则因为物体的转动而突然加速

图 3-31　右脚踏步的着地点

➲右脚要落在位于重心 G 正前方的 B 点上。如果右脚落在偏右的 B′ 点上，刀下劈的轨迹就会以 B′ 点为圆心产生偏转，身体朝向也会跟着向右偏

图 3-32　野太刀能够强力向下劈砍的原因

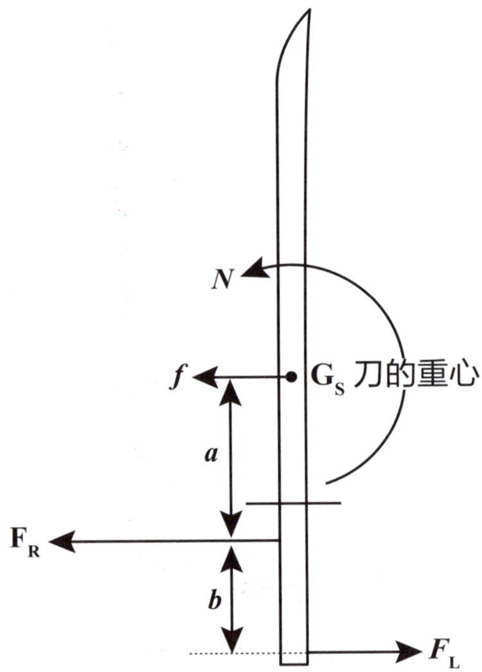

F_R：右手向前推动刀柄的力
F_L：左手向后拉动刀柄的力
右手与左手之间的力的差 $f=F_R-F_L$ 作用于刀的重心 G_s 上使其产生加速度
经过计算，右手与左手产生的力矩差

$$N=F_L(a+b)-F_Ra$$
$$=(F_L-F_R)a+F_Lb$$
$$=fa+F_Lb$$

左右手产生的力矩差使刀身以重心 G_s 为圆心开始转动
如果左右手握刀间隔 b 过小，力矩差 N 也会随之变小，严重的话刀身甚至无法向前转动下劈

Q29 门类◎日本刀法

能否再多介绍一些关于药丸自显流的内容

药丸自显流代表性的招法除了自上而下大力劈砍的“挂”之外，就是保持刀在刀鞘中，快速助跑，迅速拉近敌我距离，并突然自下而上拔刀斩切敌人股动脉及裆部的招法——“拔”（图 3–33）。在实战中自上而下的攻击通常意图明显，易于闪避，但**自下而上的逆斩要隐蔽得多，且不易躲闪**，“拔”就属于这种速度快、隐蔽性强、不易被觉察的逆斩招法。

招法“拔”和招法“挂”一样，也是将助跑的惯性转化为纵向转动斩切的力量。“拔”是自下而上逆斩的招法，所以要一边快速助跑以迅速拉近敌我距离，一边用左手将刀鞘反转，使刀刃朝下，并用右手握住刀柄准备出刀斩杀敌人。当进入适合攻击的距离时，立刻身体前倾，右脚踏步，右手沿人体中心线拔刀，自下而上斩切敌人。通过身体前倾拉开右手与左腰之间的距离，这样自然就能够顺利地将刀拔出刀鞘。

刀刃甫一离开鞘口，右脚马上大力踏向地面。依然要保证右脚、身体重心、左脚在同一条直线上，然后上身自下而上突然纵向转体并带动身体继续前倾。**纵向转体和身体继续前倾为右臂和右肩突然加速，带动刀身自下而上斩切对方**。招法“拔”的刀刃与招法“挂”一样，也是沿着对方的人体中心线斩切。

招法“拔”与“挂”在出招的时候都要通过一种名为“猿叫”的吼叫方法发声催力以震慑敌胆，助跑时要以尖利的嗓音高声咆哮：“剋——欸！”并以要把所有挡架来刀一并砸飞一般的雷霆之势力斩而去，一旦命中，对方登时毙命。

但在瞬息万变的实战中，紧张、恐惧等心理因素可能会导致大脑空白，将平时习练的招法要领忘得一干二净；也有可能在攻击运动中的敌人时，右脚踏地的时机捕捉失误导致全力挥出的第一刀落空。所以只有不断地刻苦修炼、精研技艺、磨炼意志才能在实战中发挥出这种刀法本来的威力。

图 3-33　药丸自显流自下而上逆斩的招法

一边快速助跑拉近敌我距离，一边拔刀

刀刃甫一出鞘右脚立刻大力踏地，图中表现的是右脚落地之前一瞬间的动作

通过突然转体带动右肩及拔刀的手臂为刀加速，自下而上斩切

刀自下而上竖直斩切

Q30 门类◎日本刀法

以“正眼”架式前进的时候，怎样在不摆臂的前提下保持身体平衡

普通人持刀以“正眼”架式前进的时候，刀尖会随左右脚交替进步而左右摇摆（进右脚时刀尖就会向右摆，反之就会向左摆），导致架式出现漏洞，为敌所乘。不过，武艺高强的剑术家或者武术家在前进的过程中却可以保持刀尖或者戒备的双手始终不左右摇摆。由此看来，应该有一种方法，即便不摆臂，也能够保证双脚的角动量不偏斜，从而保持身体平衡。实际上，**当脚踩在地面时，来自地面的反作用力（与脚蹬地的力方向相反）产生的力矩可以在无意识间自动调整上身摇摆时的角动量**。产生这种力矩需要满足以下3个条件：

①左右脚要保持横向间隔10cm左右前进；

②根据需要，着地脚在即将离地时要稍微向内蹬地；

③包括脚心、足弓在内的脚掌要尽量全部贴地，这样才能利用髋关节扭转着地脚产生力矩。

首先让我们一起看看①，为什么左右脚要间隔10cm左右前进？图3–34为在向前行进的过程中，右脚在水平方向（前后方向）上受到的来自地面的反作用力作用时间长短、加速及减速情况的记录图。在向前行进的过程中，右脚在着地的前半段时间内，人体一直像踩了刹车的汽车一样，是处于制动状态的，所以受到来自地面的反作用力方向朝后；直至进入后半段时间内，随着脚掌向后蹬地并抬脚向前迈步，人体才开始进入加速状态。图3–35是从俯视角度分析整个行进过程中产生的力矩的变化。[①]

图3–35a表示的是右脚着地的前半段时间的受力分析。因为右脚着地时会下意识地向前踩踏地面，所以此时右脚会受到来自地面的向后的反作用力 F_1。因为 F_1 与重心之间有一段距离为 l（如果左右脚着地点与重心能够保持在一条线上的话，那么 l=0），所以就会产生一个顺时针旋转的力矩 N_1=F_1l。同样如图3–35b所示，在右脚着地的后半段时间内，地面对右脚的反作用力的方向变为

① 由于角动量的变化与力矩之间的关系详细分析起来十分复杂，所以此处只讨论力矩问题。

向前，所以会产生一个逆时针旋转的力矩。

②中提出的着地脚即将离地时稍微向内蹬地的动作其实也是在无意识状态下完成的，① 如图 3-35c 所示，此时来自地面的反作用力与重心之间的距离 L 变得更大，所以其产生的力矩也随之变大了。

此外，③也会在无意识间完成，股关节的大肌群发力，扭转着地脚，来自地面的反作用力就会产生一个与着地脚扭转碾地方向相反的力矩（图 3-36）。

图 3-34　行走时双脚加速及减速情况记录图

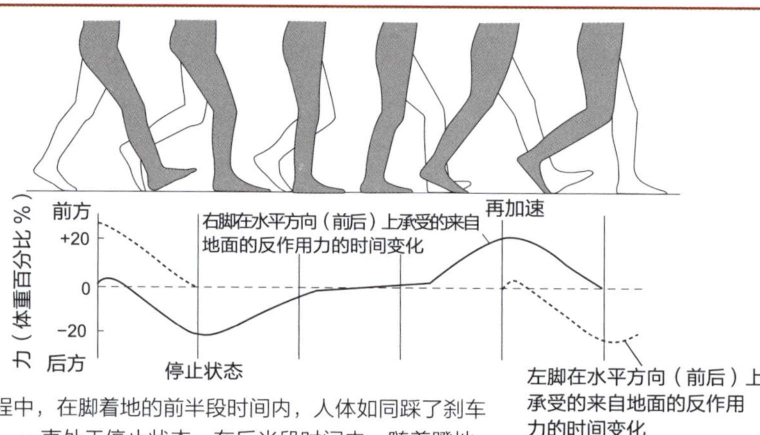

在行进过程中，在脚着地的前半段时间内，人体如同踩了刹车的汽车一样，一直处于停止状态，在后半段时间内，随着蹬地、抬脚、向前迈步，人体才开始进入加速状态

图 3-35　作用在右脚上的地面反作用力的力矩

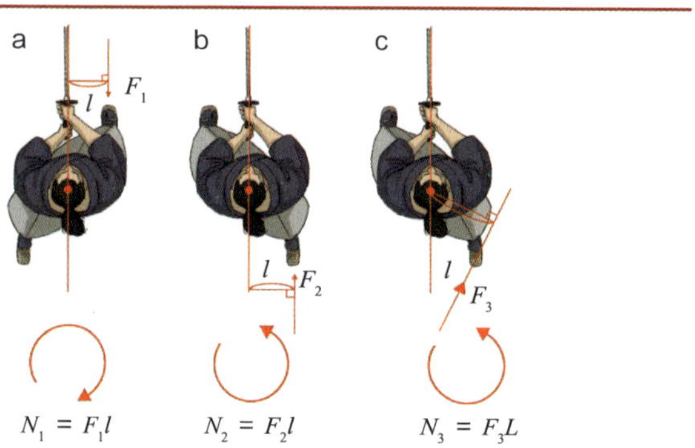

a. 右脚在着地的前半段时间内，力矩的方向是顺时针旋转
b. 右脚在着地的后半段时间内，力矩的方向是逆时针旋转
c. 只要在右脚即将离地的瞬间，稍微向内侧蹬地，就会产生一个较大的逆时针旋转的力矩

图 3-36　着地脚的扭转外旋

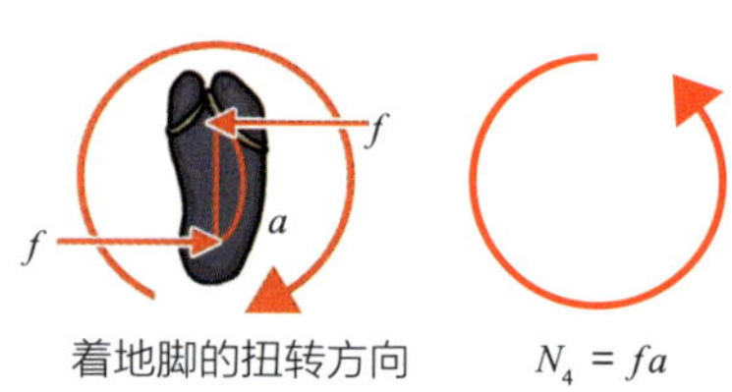

如果着地的右脚向外扭转碾地，脚尖和脚跟就会受到一对方向相反的力 f 的作用，并产生力矩 N_4，力矩 N_4 与图 3-35 中的 l 虽然没有关系，但要保证包括足弓在内的脚掌全部与地面贴合

① 一定要在无意识状态下自然而然地完成着地脚向内蹬地的动作。如果有意识地蹬地，动作反倒会变得僵硬而笨拙。

Q31

门类◎日本刀法

为什么居合拔刀术的出刀速度可以那么快

日本刀法中的“**居合**”是一种将插在鞘中的刀快速拔出，并沿着拔出的轨迹斩切目标的刀术。适度弯曲的刀身、构造独特的刀鞘以及插在腰间的佩戴方法，形成了日本刀法所独有的居合拔刀术。跟比谁枪拔得快的西部牛仔决斗不同，哪怕对方的刀已经摆好架式扑上来了，使用居合拔刀术也能瞬间出刀毙敌。已经拔出来的刀，其长度自然一目了然，然而收在鞘中的刀却很难从视觉上判断其真实长度，在变幻莫测的生死搏杀中这也不失为一个优势。

日本刀的刀鞘通常是插在腰带里的，因此刀鞘可以自由地抽出或插回，刀柄的朝向也可以以刀鞘与腰带的接触点为中心 360° 自由旋转。日本刀的刀身与刀镡的连接处包嵌有一层铜或者银制成的金属片，在日语中这个部件被称为“**鎺**”[①]，插入刀鞘的刀身通过鎺这个部件正好牢固紧密地塞住刀鞘，这样在跑动或者跳跃的时候刀身就不会从宽松的刀鞘中自己滑出来了。如图 3–37 所示，为了便于拔刀出鞘，通常先用左手拇指按刀镡，将刀身从鞘中推出 1~2cm，日语称这个动作为“**切鲤口**”。因为有部件鎺包嵌，所以不必担心“切鲤口”的时候拇指被刀刃割伤。要想完美地发挥出居合拔刀术的独特威力，斩敌于出鞘收刀之间，除了要最大限度地利用日本刀的这些独特构造之外，还要注意以下两点要素：

①尽量不要让对方觉察你的动作；

②要将拔刀的力量与斩切的力量合二为一。

●拔刀要比想象中难得多

为了便于发现错误并纠正错误，首先让我们一起分析一下对居合拔刀术一窍不通的门外汉拔刀时的动作细节（图 3–38）。他不仅根本没有满足上述两点要素，而且拔刀时站姿僵硬、握刀随意，左手拇指还没有推刀出鞘，右手就着

① 该部件日语读作“habaki”，用日语的汉字写作“鎺”。详细构造请参照 Q33 中图 4–2。

急拔刀，结果越急越拔不出（图 3–38a）。如果刀身稍长的话，以手臂这个长度恐怕连刀都拔不出来（图 3–38b）。

图 3–37　如何“切鲤口”

➲用左手拇指按刀镡，将刀身从鞘中推出，刀刃朝上，右手虎口自下而上握住刀柄，这样就可以沿着刀拔出的轨迹直接斩切敌人了。在整个右手拔刀的过程中，右肘始终朝下，这样可以避免割伤右手手腕

图 3–38　如果方法错误，刀就很难拔出

a

➲右手如果不辨位置从一侧乱抓刀柄的话，手握刀柄的方向和刀刃的朝向之间有偏差，挥刀时便无法保证刀刃沿着正确的劈砍轨迹运行。再加上右手拔刀时右肘朝上，所以一不小心就会砍到自己的右手手腕。

b

➲因为握刀方法出现了错误，所以单靠手臂的长度根本不足以将刀身完全拔出刀鞘，即使费尽九牛二虎之力将刀勉强从刀鞘中拔出来，拔刀的手臂因为已经完全伸展开来，所以无法对刀继续做功进行劈砍

即便将刀拔出刀鞘，由于握刀的位置不正确，导致挥刀时刀刃无法沿正确的劈砍轨迹运行。但此时刀已出鞘，要么就花时间重新调整握刀的位置，要么就干脆将错就错、抡刀胡剁。无论哪一条，都会影响拔刀斩击的速度，而且因为握刀角度的问题，右手手腕的动作还会变得非常明显，**如果是生死瞬间的话，估计刀还没有拔出一半，右手的手腕就被对方斩断了**。最后需要指出的是，出鞘的刀因为没能借助拔刀出鞘的力和惯性增加威力，所以无法形成有效的攻击。

造成这种结果最根本的原因是僵硬的身体没有发力，只是依靠右手在拔刀。而真正的居合拔刀术高手是在用身体把刀鞘和刀身“互相分开”，而不仅仅是“用右手去拔刀”，当然，实际上在拔刀的瞬间，右手的动作也极为重要，但**只要脑子里还有“用右手拔刀”这个意识在，你的居合拔刀术就还不合格**。

●要用左腰和右肩一起“拔刀”

接下来一起看看真正的居合拔刀术高手在刀法表演中是如何“不用双手”拔刀出鞘的（图 3–39）。表演者首先摆出如图 3–39a 中的架式，然后弯腰弓背（图 3–39b），左手顺势将刀连同刀鞘一起向前自然抽出，右手随着腰背下弯自然伸出，迎向刀柄，虎口自下而上握住刀柄。

然后上身挺胸直背，左腰后拉、右肩前送，这样不用双手也能将刀身拔出刀鞘一半以上（图 3–39c）。在整个过程中，由于**上身躯干与双手的相对位置基本没变，所以拔刀动作很难被对方察觉**。如图 3–39 所示，此时右臂还处于尚未伸展的弯曲状态，为接下来的发力拔刀提供了足够的空间。

实际上，居合拔刀术中的各个招法，从起手架式到图 3–39b 为止的基本动作都是一样的，[①] **只要注意拉近左腰与右肩之间的距离，都能流畅顺利地拔刀出鞘**。在这个阶段，因为刀身向前移动，所以实际上已经为接下来的斩击积蓄了一部分力量。

接下来如图 3–40，拉近距离的左腰与右肩伴随着挺胸直背突然向相反方

① 因为流派差异或者斩切角度、方向不同，虽然手法细节上多少有点变化，但是居合拔刀术全身整体发力的方法大同小异。

向展开发力，加上处于弯曲状态的右臂也突然伸展发力，并带动手腕向尺骨一侧（小指侧）弯曲发力，多股力量共同作用，挥刀横斩。

图 3-39　如果方法正确，双手不用力也能拔刀出鞘

a　起手架式

b　弯腰弓背，右手顺势自然伸出，迎向刀柄

c　挺胸的同时，左腰后拉、右肩前送，将大半刀身拔出刀鞘

图 3-40　拔刀出鞘之后的斩切方法

从图 3-39 开始，右臂一边将刀刃转到水平方向，一边发力伸展，并带动手腕也向尺骨一侧弯曲发力，刀随之横斩出去。挥刀横斩的力量主要来自肩部和背部的大肌群，而不仅仅是手臂

Q32

门类◎日本刀法

无论居合拔刀术多么厉害，一旦刀柄被对方按住的话不就拔不出刀了吗

这个问题提得非常好。其实在居合拔刀术的基本技术体系中，有专门的技术应对被对方按住刀柄这种情况。如 Q31 中图 3–38 所示，如果是粗通拔刀术的外行，刀柄或者握刀的右手被对方按住的话，恐怕难以拔刀出鞘，但精通居合拔刀术的人实际上都是在**用身体把刀鞘和刀身互相分开**，所以只要遵循这个原则就可以化解危机。

如图 3–41a 所示，在拔刀的瞬间，被对方（左）突然出手按住刀柄末端。从单凭右手的力量这个角度而言，是无法顶开对方的手将刀拔出的，如果勉强用力反倒会出现漏洞，为敌所乘。于是改变策略，不与对方的力对抗，而是保持刀柄及右手握刀的位置不变，左手随着左腰一同后拉，把刀鞘从刀身上抽离（图 3–41b）。

这里要注意的是，刀柄末端稍有动作，对方就会觉察到。与 Q58 原理一样，只要能**保持刀柄末端不动，以及右手握着刀柄的力度没有分毫变化，将刀鞘抽离的动作就不会被对方觉察到**。

这时虽然刀鞘已经抽离，但刀身依然处于静止状态，动量为零。如果对方只是按住了刀柄末端，我方就可以借助刀身的重量以及用手腕扭转刀身，以被按住的刀柄末端为圆心，转动刀刃朝下，与此同时再用左手托住刀背，辅助**右手自下而上旋转刀身，向对方两腿之间斩去**（图 3–41c）。

如果对方双手一起抓住刀柄的话，我方就要赶紧用左手帮忙抓住自己的刀柄或者刀镡，双手一起扭动刀柄，使扭转的力矩变大，一边挣脱对方抓住刀柄的双手，一边顺势拔刀，自下而上斩向对方。

也可以反过来变被动为主动，用自己的刀柄压住对方的刀镡，在阻止对方拔刀的同时，抢先一步拔刀斩击对方。

图 3-41　刀柄末端被按住时如何拔刀出鞘

a

➲对方出手按住我方刀柄末端

b

➲保持刀柄末端位置以及右手握刀力度不变，左脚后退，将刀鞘抽离刀身

c

➲翻转刀刃，自下而上向对方两腿之间斩去

第4章 武器的科学

Q33 日本刀是一种什么样的兵器

日本刀的刀身坚韧轻便，便于挥动；刀刃坚硬锋利，适合劈斩。刀身优美的弧度以及刃锋上熠熠生辉的花纹[①]，使其作为艺术收藏品在世界范围内久负盛名，为各国收藏家所青睐。

高品质的日本刀甚至连铁都能斩断。恐怕有人会吃惊地问："嗯？用铁还能斩断铁吗？"其实铁只是一个宽泛的概念，成分不同、分子构造排列不同，铁的特性也截然不同。在科学分析以及科学技术不发达的古代，刀匠们凭借代代相传的锻造知识、丰富的经验和敏锐的直觉打造出一把把精良的日本刀。

锻造一把精良的日本刀本身就是一项非常复杂的工作，如果将其工艺流程一一记录并仔细研究的话，恐怕几本书写不完，所以本文只介绍几个锻造日本刀的要点，供读者了解。

古代日本没有铁矿石和煤，所以只能在炼铁作坊中以"**踏鞴制铁法**"[②]用铁砂和木炭生产钢铁。由于木炭燃烧的温度远不及煤燃烧产生的温度高，因此铁砂无法被完全熔炼成液态铁，只能产生一个重 2T 以上、质地芜杂的海绵状粗钢块，日语称其为"鉧"[③]。将"鉧"再次粉碎之后，由经验丰富的鉴别师根据含碳量和杂质含量进行分拣，其中品质最高、可以被用来打造日本刀的钢料被称为"**玉鋼**"[④]。日语"鋼"的读音为"hagane"，其实就是把日语中读作"ha"的"刄"字和读作"kane"的"金"字合二为一的读法，意为"可以用来锻造利刃的金属"。

关于日本刀的锻造技术，最著名的当属"**折返鍛錬法**"[⑤]。刀匠把烧红的"玉鋼"用锤子锻打拉长，然后对折，锻打成钢锭，再烧红，锻打拉长，接着再对

① 译者注：日语称刀刃上的花纹为"刄文"，读作"hamon"。
② 译者注：日语读作"tataraseitetsu"，日语中的汉字写作"踏鞴製鉄"或"蹈鞴製鉄"。
③ 译者注：日语读作"kera"，日语中的汉字写作"鉧"。
④ 译者注：日语读作"tamahagane"，日语中的汉字写作"玉鋼"。
⑤ 译者注：日语读作"orikaeshitanren"，日语中的汉字写作"折返鍛錬"。

折，锻打成钢锭……如此反复经过 10~15 次折叠锻打，钢锭结构组织越来越趋于致密，最后形成 1024~32768 层不等的重叠构造。在这个反复折叠锻打的过程中，杂质变成不断飞溅的火花从钢锭中剔除，钢锭的材质越来越纯，金属性能不断提高。折叠锻打后的重叠构造就形成了日本刀刀刃上独有的花纹，日语中称其为“肌”①。

有趣的是，使用现代炼钢法炼成的钢料可能由于成分上的些许微妙差异，钢锭经锻打折叠之后的贴合面无法熔锻为一体，自然也就不能锻打成刀。另外，据说还有刀匠将陨铁（主要成分为铁和镍的陨石）和玉鋼混合锻打，此为不传之秘。

为了使刀刃锋利，打造刀刃的钢料当然越坚硬越好，可如果硬过了头，刀刃就会变得像玻璃一样硬脆。“**合锻法**”② 就是为了解决这个问题而产生的一种锻刀法。用含碳量高、质地坚硬的钢料做刀刃，将其与含碳量低、柔韧性好的钢料合在一起，锻打成刀（图 4–1）。

锻造日本刀最后一道重要的工序是**淬火**③。把烧红的钢料浸入水中，使其急速冷却，在钢表面形成结构稳定、质地坚硬的金属结晶（马氏体）。短时间内温度降得越低，刀刃表面就越坚硬，所以**较薄的刀刃硬度最高，而较厚的刀背仍旧保持一定的柔韧性**。淬火的时候要在刀身上涂上泥土，通过控制泥土的薄厚程度来控制热传导的速度，这种方法在日语中被称为“**土置**”④。涂在刀刃上的泥土虽然很薄，但如果不涂的话，淬火的时候升腾起来的水蒸气会妨碍热传导，导致刀刃各个部分淬火不均。

刀匠通过不断变化的复杂手法，像浪拍海岸一样把泥土一点一点拍在刀身上，并使其呈现出薄厚变化，这样淬火之后的刀身一经研磨就会呈现出美丽且富于变化的花纹。但是如果一味追求花纹的美丽而刻意将泥土涂得过厚或者面积过大，恐怕刀身会因为硬度不均而变得容易折断。

刀身涂抹泥土的工序完毕，就正式进入淬火环节。将刀身放入炭火中，小心翼翼地用“**风箱**”调整温度给刀身加热，刀匠通过肉眼观察刀身的颜色来判

① 译者注：日语读作“hada”，日语中的汉字写作“肌”。
② 译者注：日语读作“awasekitae”，日语中的汉字写作“合鍛”。
③ 译者注：日语称“淬火”为“焼き入れ”，读作“yakiire”，日语中的汉字写作“焼入”。
④ 译者注：日语读作“tsutioki”。

图 4-1　日本刀的结构与锻造方法

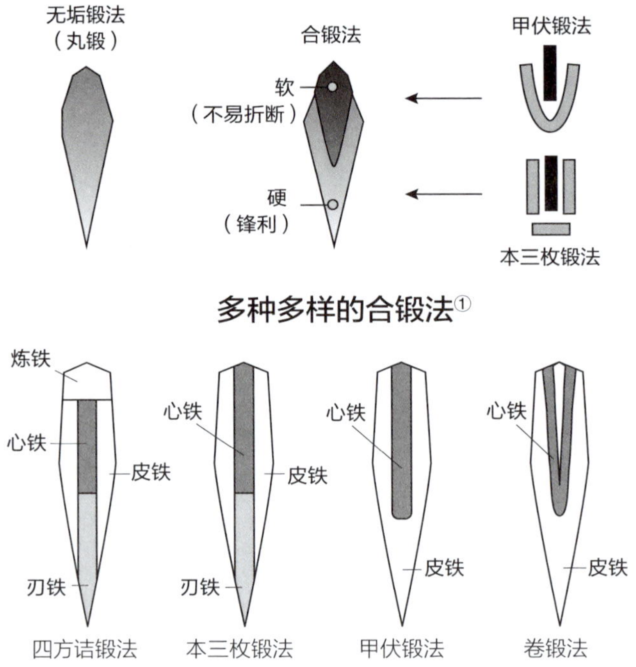

断温度，然后将烧红的刀浸入温度合适的水中。在这个过程中，加热不足当然不行，但如果过度加热使温度过高，刀的锋利程度反倒会下降，日语称这种现象为“**烧回**”。

到此，刀匠的工作圆满完成，接下来就是研磨师的工作了。

一把日本刀通常要经过**研磨师**十几道工序的研磨才算完成。研磨的时候，如果把刀刃的锋端研磨成细微的锯齿状，那么在拉动刀身切割的时候刀刃会异常锋利（但是相应的，如果把刀刃垂直顶在目标上却怎么也切不进去）。有人利用这个原理，将两把日本刀刀刃朝上固定在地上，赤脚踩在刀刃上而不受伤。其实很多锋利的菜刀的刀刃锋端也是锯齿状的。也有人认为菜刀和日本刀的研磨方式不同，所以赤脚踩在菜刀刀刃上可能要比踩在日本刀刀刃上

① 译者注：炼铁为含碳量低、柔韧的钢料，心铁为含碳量低、柔韧的钢料，刃铁为含碳量高、坚硬的钢料，皮铁为含碳量低、柔韧的钢料。

更加危险。

总而言之，日本刀是凝结了古代日本锻刀匠人的灵魂与技术的结晶（图4-2）。

图 4-2　日本刀的各部分名称

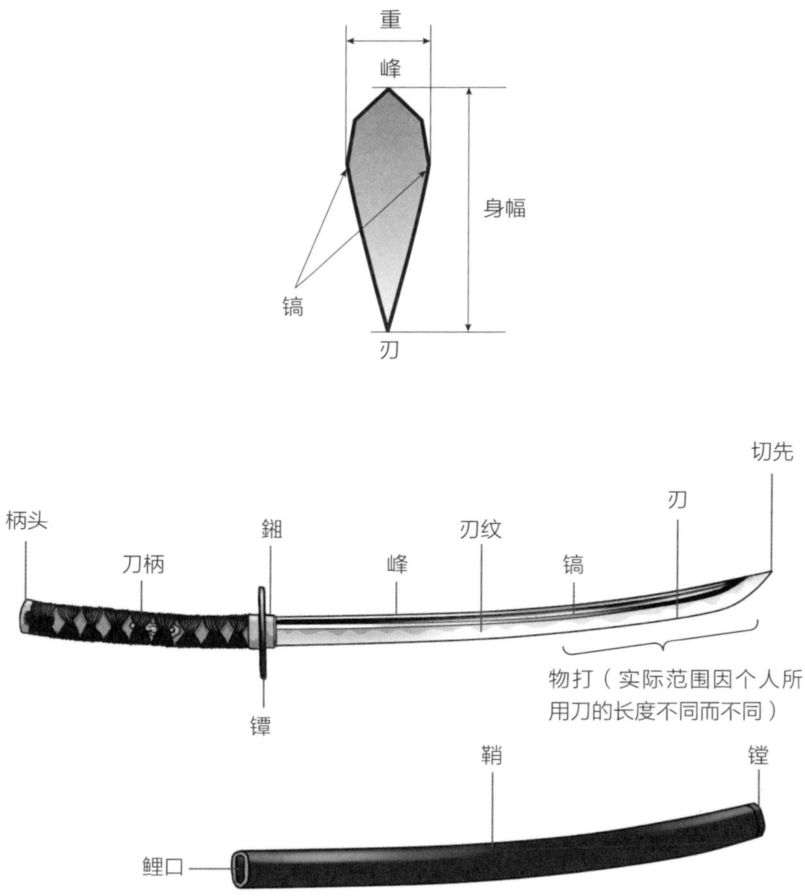

Q34

门类◎日本刀

日本刀的斩切原理是什么，如何打造一把斩切性能优秀的日本刀

刀刃在切割物体时所承受的来自物体的反作用力主要有以下 3 种（图 4–3a）：

①刀刃锋端正面切割物体的时候所承受的反作用力 F_C；

②刀刃侧面将物体向左右压开的时候所承受的反作用力 F_s；

③刀刃两侧与被切割物体之间的摩擦力 F_f。

如果能将以上 3 种反作用力最大限度降低，打造出来的刀性能一定不差。

①中的力 F_C 是由刀刃的锋利程度决定的，当刀刃的两个侧面沿着切入口将被切割物体向两侧压排分离的时候，如果被劈砍物体的材质非常容易开裂，那么 F_C 基本为零。举个极端点的例子，比如用柴刀或者斧头劈柴或者竹子时，最初刃锋砍入木头或者竹子的时候需要很大的力 F_C，而当木头或者竹子有了切口，基本不费什么力气就能沿切口将其一劈两半（F_C=0）。

因为刀在切割物体时，是一边用刀刃左右两个侧面将切割面向两侧压排分离，一边切割进入物体的，所以除了上文提到的力 F_C 之外，还要考虑刀刃受到的来自被切割物体两个切割面的反作用力。被切割物体被刀刃向两侧压排分离的速度 v' 是由刀劈砍的速度 v 和角 θ 决定的（图 4–3b），物体被完全斩开之后向着刀刃两侧飞出去的速度也是 v' 。如果把刀刃左右两个侧面将切割面向两侧压排分离的力设为 F_s，那么根据作用力与反作用力定律（牛顿第三定律），在刀刃切割物体的时候，刀刃的两侧也会受到来自被切割物体左右切割面上的大小相同、方向相反的两个反作用力（图 4–3a 中的 F_s）。

当刀刃将切割面向两侧压排分离并切入物体的时候，刀刃两侧承受的摩擦力也就是③中所提到的 F_f 和来自被切割面并垂直于刀刃的反作用力 F_s 是成正比的。如果是新鲜的竹子或者是湿的草席卷（其细胞间含有一定水分），切割所产生的摩擦力较小，但如果是由细密的纤维纵横交错而构成的材料，比如皮革，虽然看起来那么柔软，但实际上是非常难以切割的。

图 4–3　刀刃在切割物体时的受力情况及分析

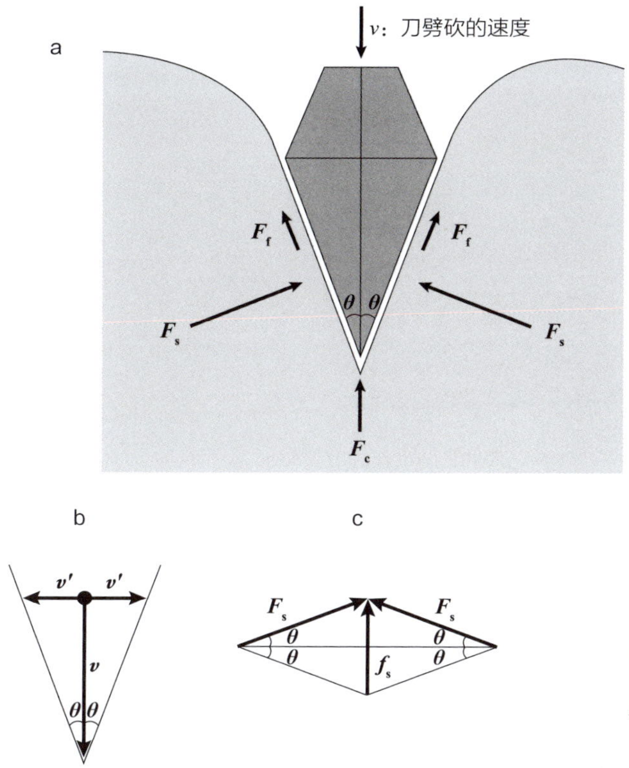

v' 为刀刃将被切割物体向两侧压排分离的速度

来自左右两个切割面上的反作用力 F_s 相加就能够得到阻止刀刃切入物体的阻力之一 f_s 了

刀刃两侧承受的摩擦力 F_f 之和为阻止刀刃切入物体的阻力之一 f_f

接下来一起看看刀刃侧面与刀刃中心线之间的夹角 θ 对于日本刀切割性能的影响。比如说，因为被切割物体的材料问题导致 F_s 很大，但如果角 θ 很小，刀刃切割物体时的阻力 f_s 也会变小（图 4–3c）。

这样我们就会发现，**刀刃两个侧面的夹角越小、刀刃越薄，来自被切割物体的阻力就会越小**。但刀刃过薄则会导致重量不足，从而降低刀劈砍的威力。为了弥补重量的不足，就要加宽刀身幅度（身幅），从而获得一把斩切性能优秀的刀。

●为什么日本刀的刀身要向后弯曲？

如上文所述，刀刃两个侧面的夹角越小，切割物体时所产生的阻力就越小，刀的斩切性能也就越好。实际上我们可以通过调整刀的整体构造让这个夹角变得更加小，那就是**让刀身向后弯曲**。

当刀砍中物体并继续向下切割的时候，如果刀身并不向后弯曲，而是平直的，那么刀身就会沿着 A 点到 B 点的轨迹运行下去，可刀身如果向后弯曲，那么刀身就会沿着 A 点到 C 点的轨迹运行（图 4–4a）。

让我们再仔细看一下图 4–4a 的扩大图 4–4b，随着刀身由直变弯，刀刃顶点到“镐”之间的距离也由 L_0 变长为 L，这样，**刀刃侧面与刀刃中心线之间的夹角由原先的角 θ_0 变成了更加小的角 θ**（图 4–4c）。刀刃上劈砍物体的位置（图 4–4a）的角 θ_0 原本就已经很小了，如果刀身向后弯曲，角 θ 就会变得更加小。

日本古装武侠剧中常出现这种场面：剑术高超的武士手持日本刀，寒锋闪过树枝或者花茎，已经被斩断的树枝或者花并未飞出去，而是在枝头稍微停顿一会儿，然后才缓缓掉落地面。这虽然有艺术夸张的成分，但也不是完全不可能。如果能像图 4–3b 中那样，保证角 θ 非常小，那么已经斩断的树枝或者花茎被刀刃两侧向外推压出去的速度 v' 就会很小，树枝和花也就不会向外飞出去了。

实际上我们在劈砍或者切东西的时候，都会做把刀向自己一侧回拉的动作。比如切生鱼片时，也是一边回拉切鱼刀，一边切割，鱼会切得更加顺利整齐。而这与日本刀刀身向后弯曲其实异曲同工，都是为了使刀刃刃锋与所切物体之间的夹角变得更小，更利于切割物体。

图 4-4 日本刀刀身向后弯曲的作用

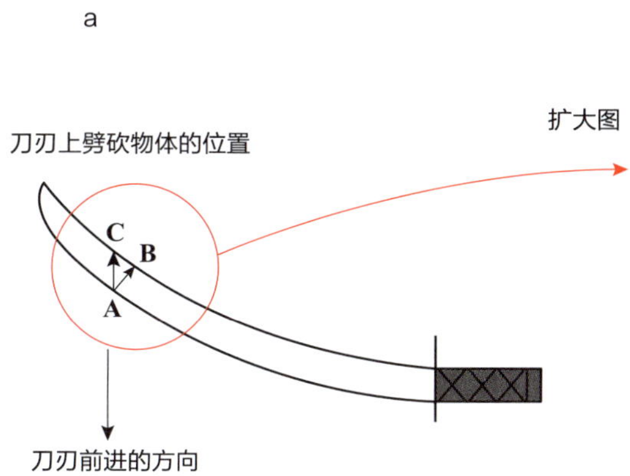

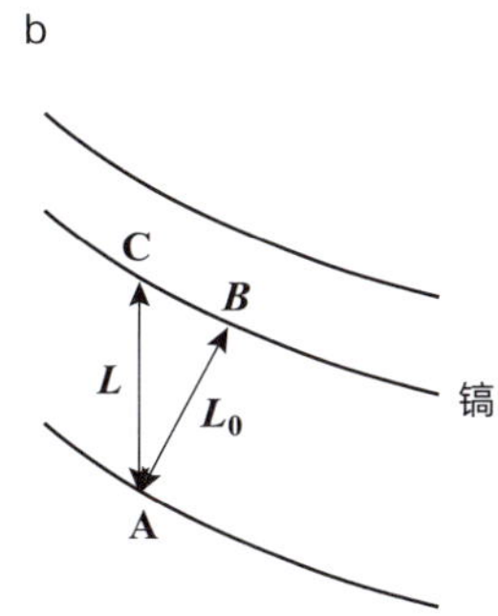

L_0：刀刃锋端到“镐”之间的距离

L：因为刀身向后弯曲，刀刃锋端到“镐”之间的距离变长了

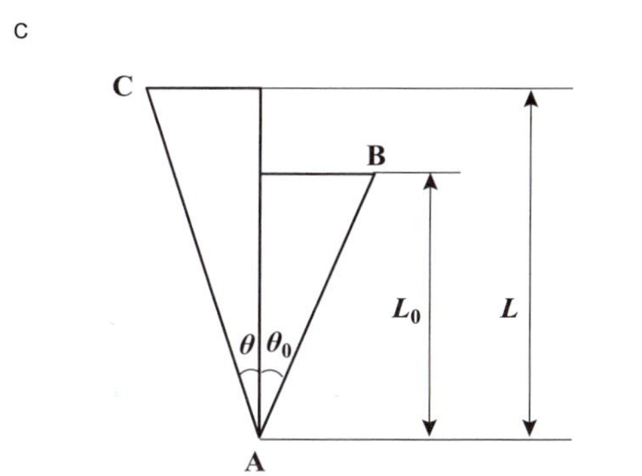

角 θ_0：刀刃侧面与刀刃中心线之间的实际夹角角度

角 θ：由于刀身向后弯曲，刀刃锋端到“镐”之间的连线与刀刃中心线之间的夹角变小之后的角度

刀身的横截面。为了方便各位读者进行比较，AB 与 AC 分别绘制在刀刃中心线的左右两侧

Q35

门类◎日本刀

日本刀法中所谓的“刃筋正直”是什么意思

日本刀虽然刀刃锋利、斩切性能极好，但有一个前提，那就是挥刀劈砍时一定要确保“**刃筋正直**”[①]，即挥刀劈砍的方向要和刀刃中心线的朝向完全重合。反之，则称为“刃筋不正”。

如前文 Q34 所述，刀刃轻薄、刀身弯曲的日本刀具备优异的斩切性能，但日本刀的优异性能仅在**“刃筋正直”的状态下才能够完全发挥**。如果劈砍时“刃筋不正”，轻薄的刀刃和弯曲的刀身就会立刻出现严重问题，本节先就刀刃出现的问题为读者进行剖析，关于刀身的问题后文还会细说。

请各位读者先看图 4–5，一旦“刃筋不正”（为了简明易懂，插图绘制得稍有夸张），仅刀刃的一个侧面同时承受的来自被劈砍物体的反作用力 F_s 与摩擦力 F_f（参考 Q34 中图 4–3）就会变得非常大。这两个力共同作用在刀身上的合力为 F，其作用方向是图 4–5 中刀刃横截面的左上方。如果我们把力 F 再进一步分解，可以得到一个方向向上并阻止刀向下行进的力 F_u 和一个将刀行进方向向左扭曲的力 F_l（图 4–6）。所以，一旦挥刀劈砍时“刃筋不正”，**劈砍到物体的刀就会突然受阻并开始向左扭曲**。

再加上劈砍物体所产生的反作用力 F_s，**刀身倾斜的角度就会变得更大**（图 4–5）。虽然摩擦力 F_f 对于刀身倾斜能起到一定的矫正作用，但由于力太小，并没有多少效果（原因可以参考图 4–5 中关于使刀身偏转的力矩的计算结果）。所以，在刀刃接触到物体的瞬间，**哪怕“刃筋”有丝毫不正，刀身的扭曲都会很大**。

这就跟用直尺敲击桌角一样，用直尺薄薄的侧面砍桌角的话，直尺不会弯曲，但是如果用直尺的宽面去拍击桌角，直尺就会弯曲。刀刃轻薄的日本刀也一样，如果在挥刀劈砍时“刃筋不正”，刀身就会扭曲，严重的话甚至会折断。

① 日语中的汉字写作“刄筋立”或者“刄筋通”。

图 4–5　当“刃筋不正”时刀的状态

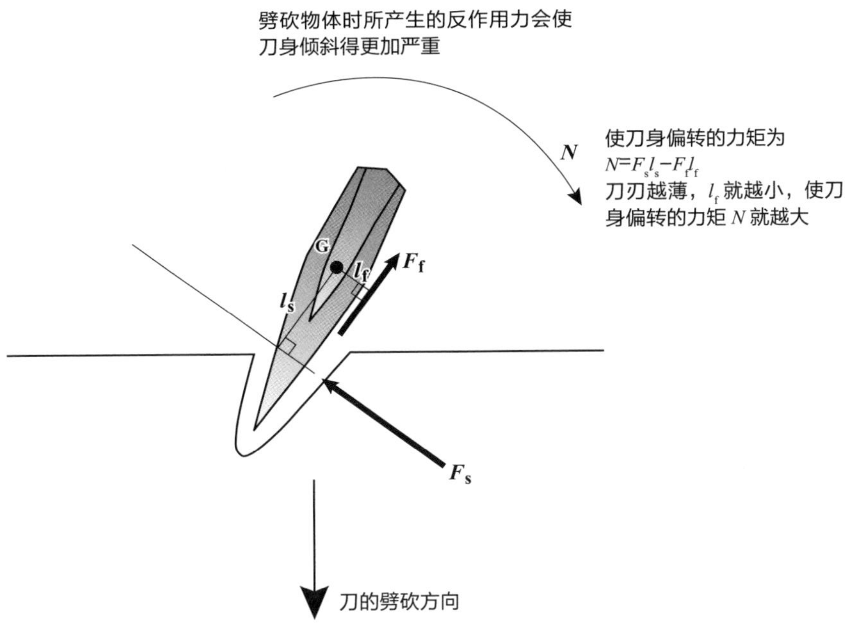

图 4–6　“刃筋不正”时刀身的受力分析

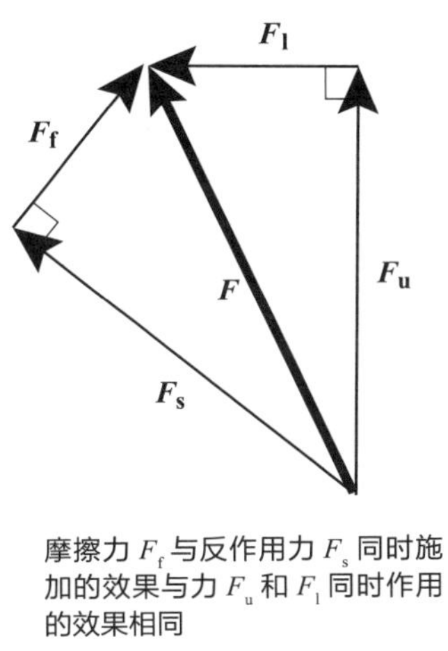

Q36 “刃筋不正”了会怎么样

如果挥刀劈砍的方向和刀刃中心线的朝向没有保持一致，而导致“刃筋”偏斜得厉害，那么刀身轻则扭曲，重则断裂（如果劈砍目标硬度很大的话）。我曾经观察过在战争中使用过的军刀，刀身多少都有一点扭曲。在劈砍中哪怕“刃筋”有丝毫不正，比如**刀刃在劈砍的过程中向右偏，那么刀刃的左侧面就会受到巨大的阻力，刀的劈砍速度会立刻下降，劈砍的方向也会向右偏斜而导致刀刃无法继续切入物体**。

图 4–7 是在一次试斩中，某居合道弟子未能成功劈开的一根青竹，当时该弟子是以袈裟斩自右上向左下劈砍这根处于直立状态的青竹。那么这根青竹的切口为什么这么奇怪呢？接下来让我们一同从力学角度分析一下。

如图 4–7 中的剖析图所示，如果**刀的劈砍方向与刀刃中心线（图中略偏向正下方）不一致，一旦砍到竹子的表面，就无法沿着劈砍方向继续切入**了。若刀刃的角度再竖直一点，那么刀刃可能只是擦着青竹表面滑下去。图 4–7 中，刀刃是以类似于剃须刀剃切的角度切入青竹的，由于刀身的推压，被劈开的青竹开始向左倾斜。随着青竹的倾斜程度越来越大，刀刃切割轨迹也由斜斩变为沿着青竹的中心线向下竖斩，最后随着青竹的切口越来越深，刀刃的切割也停止了。综上所述，青竹之所以没有被“一刀两断”，一是因为“刃筋不正”导致劈砍青竹时产生的阻力过大，二是因为斩切的断面过大导致刀刃劈砍的能量被逐渐耗尽。

而后，剑术老师亲自上场示范，随着剑术老师手中的刀寒锋一闪，这根青竹被齐刷刷地斩为两段，切口平整，手法干净利落。

实战中想以日本刀斩断高速刺来的长枪（或者是削尖的竹枪、木棍等）时，如果不能根据长枪刺击的速度而及时改变劈砍角度的话，“刃筋”恐怕是永远也不可能“正直”的，其原因剖析如图 4–8 所示。所以说，古装剧中连人带枪被“一刀两断”的技能，恐怕只有登峰造极的剑术高手才能实现。

图 4-7 如果“刃筋不正”，是无法干净利落地劈开物体的

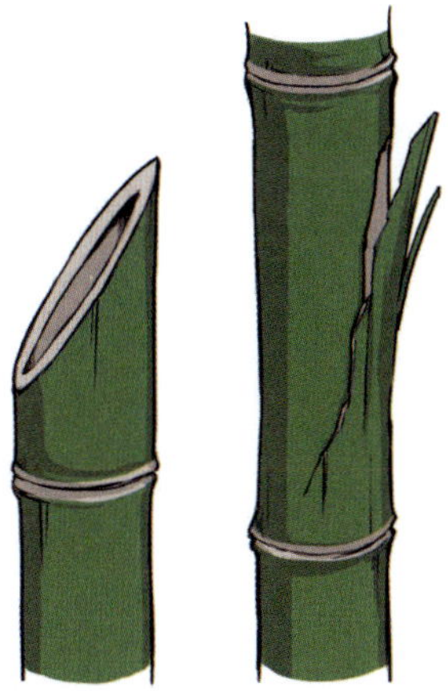

▲如果“刃筋正直”的话，那么切面会非常平整（左）。可如果“刃筋不正”，切面就会凹凸不平（右）

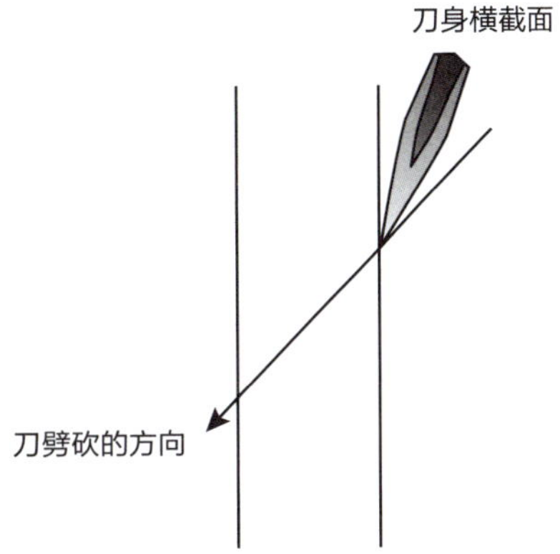

▲刃筋要保持与刀刃的劈砍方向一致，否则就无法干净利落地斩断青竹

图 4-8 为什么很难“刃筋正直”地劈中运动中的长枪

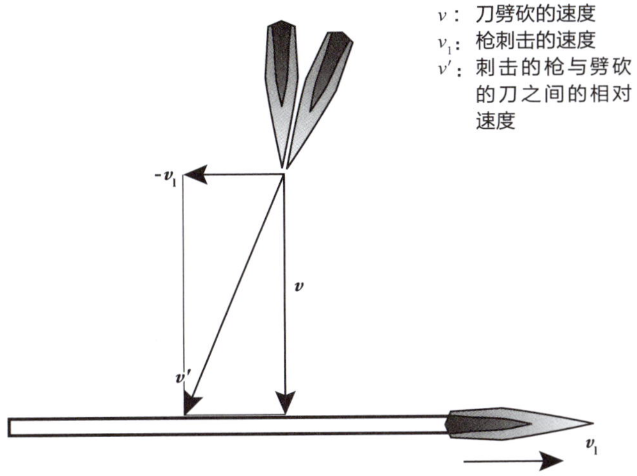

▲即便是想要从垂直于枪杆的角度去斩断高速刺来的长枪，实际上也很难“刃筋正直”地将其“一刀两断”

Q37 日本刀弯曲的刀身与“刃筋”之间是什么关系

图 4–9 为用刀身平直的刀自上而下劈斩物体时刀身的受力分析图，刀身的重心 G 位于刀身横截面的中央附近。来自被劈砍物体的反作用力 F 会产生一个使刀身围绕重心 G 顺时针旋转的力矩 $N=Fl$，在力矩 N 的作用下刀身会向右偏斜得更厉害，而本就不正的“刃筋”则会变得更加不正。如果保持“刃筋正直”劈砍物体的话，刀刃切入点与重心 G 之间的水平距离 $l=0$，使刀身偏斜的力矩 $N=0$，“刃筋”就会继续保持“正直”。反之，如果劈砍时“刃筋不正”（距离 l 很大），那么使刀身偏斜的力矩 N 也会随之变大，“刃筋不正”的程度会随之变得更加严重。

我们再分析一下刀身弯曲弧度大的弯刀劈砍物体时的情况。如图 4–10a 所示，重心 G 并不在刀身上，而是在刀身之外。如果用靠近重心位置的刀刃劈砍物体 A 的话（图 4–10b），弯刀的重心 G 要比图 4–9 中直刀的重心 G 高出很多，结果造成图 4–10b 中刀刃切入点与重心之间的水平距离 L 也要比图 4–9 中的 l 大得多，这样导致“刃筋不正”的力矩 $N=Fl$ 也变得更大。结论是，**刀身弯曲弧度大的弯刀，如果用靠近重心的刀刃部分劈砍物体的话，就非常容易导致“刃筋不正”**。

接下来我们进一步讨论一下，如果用同一把弯刀靠近刀尖的位置劈砍物体（图 4–10a 中的物体 B）的话，会发生什么样的变化。根据图 4–10b 所示，并结合图 4–10c 的结论来看，弯刀的重心 G 位于刀刃对物体 B 的切入点以下。如图 4–10c 所示，物体 B 与双手握刀的点 H 之间就会形成一个对刀身的支撑力。[①] 因为重心 G 在随着刀身的劈砍向下运动，所以，即使刀刃劈砍在物体 B 上的时候“刃筋不正”，但由于重心 G 一直在线 BH 以下运动，[②] **不正的“刃筋”**

① 关于在劈斩物体的瞬间双手对刀施加的力的分析，请参考 Q39。
② 哪怕重心 G 位于线 BH 之上，图 4–9 中所示的刀刃切入点与重心之间的水平距离 l 也要小得多，所以力矩 N 也会随之变小。

受双手支撑力及自身重力的共同作用，也会自动回到“正直”的位置上来。用弯刀劈砍物体的时候，用靠近刀尖的位置要比用刀身中央的位置更容易保持“刃筋正直”，也就更容易干净利落地将物体劈开。

图 4-9 刀身平直的刀“刃筋不正”时的情况

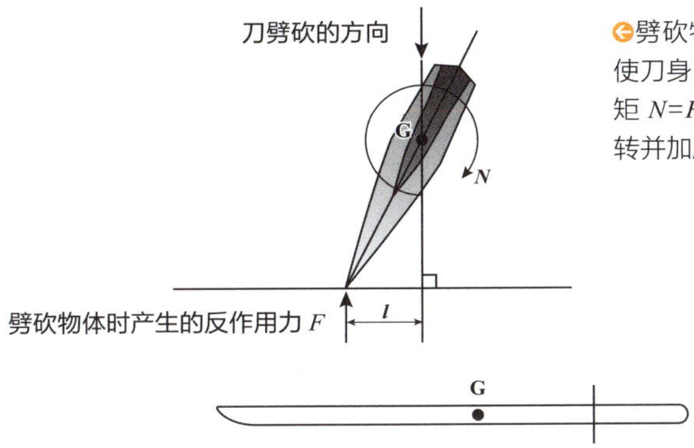

劈砍物体时产生的反作用力 F 会使刀身以重心 G 为圆心产生一个力矩 $N=Fl$，这个力矩会使刀向右旋转并加剧“刃筋不正”的程度

图 4-10 刀身弯曲弧度大的刀“刃筋不正”时的情况

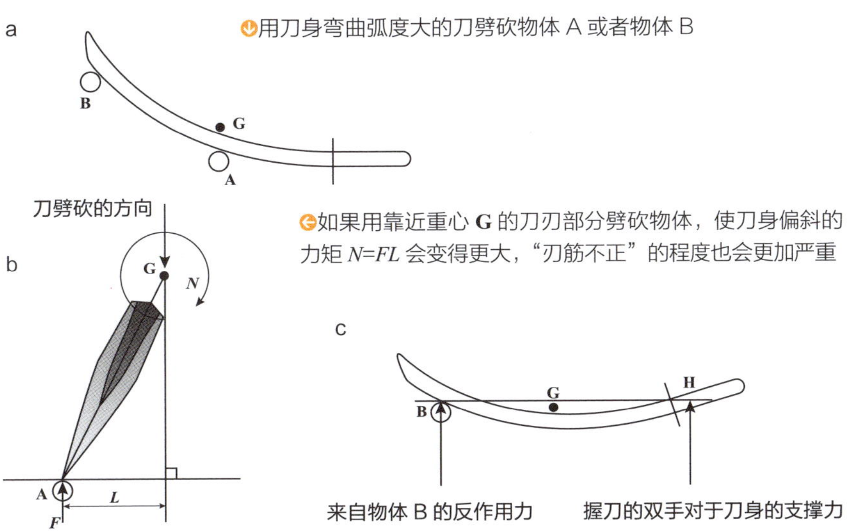

用刀身弯曲弧度大的刀劈砍物体 A 或者物体 B

如果用靠近重心 **G** 的刀刃部分劈砍物体，使刀身偏斜的力矩 $N=FL$ 会变得更大，“刃筋不正”的程度也会更加严重

距离 L 要比图 4-9 中的距离 l 更大

如果用靠近刀尖的位置劈砍物体的话，物体 B 与双手握刀的点 H 之间就会形成一个对刀身的支撑力

Q38

门类◎日本刀

为大家再详细剖析一下刀身弧度与“刃筋正直”之间的关系

不知道各位读者有没有注意到一个有趣的现象，这个现象是我在挥动居合道练习用的模拟刀时发现的，那就是：单手挥刀要比双手挥刀更容易发出“咻”的一声破风的声音。虽说居合刀刀身两侧各有一道名为“樋”的沟槽，开槽的目的本来是为了减轻重量、便于练习，不过也因为沟槽的存在，使得刀在挥动时更容易带动空气产生破风的声音。同一把居合刀，相较于双手握刀时全神贯注、小心翼翼地保持“刃筋正直”，一只手放松抡劈反倒更容易发出破风的声音，单手挥刀要比双手挥刀更容易保持“刃筋正直”。谁都知道，双手挥刀不太容易拿捏好平衡，容易导致“刃筋不正”，可为什么单手挥刀更容易保持“刃筋正直”呢？这与**刀身弯曲的弧度有关**。

首先我们做一个实验，如图 4–11 所示，我们将一把日本刀的刀柄插入一根可以自由滑动的管子中，刀刃朝下，水平放置。由于刀的重心 G 在刀柄的延长线以上的位置，受重力（地球引力）的作用，刀身会以刀柄为轴在管子中转动，直至刀的重心转到 G′ 的位置，刀刃也随之转动朝上，也可以说这时重心在向着重力的方向移动。

再举一个例子，如图 4–12 所示，当电车向右加速的时候，乘客的身体会向左倾斜。我们暂且可以把这个现象看作是突然出现了一个地球引力之外的虚假的引力把乘客向左拉。电车向右的加速度越大，这个虚假的引力就越大。

那么如图 4–13 所示，将一把日本刀垂直朝上竖起，刀背向右、刀刃向左，然后突然将其向右挥——也就是突然给刀一个向右的加速度。此时如果我们把握刀的手看作电车，刀身是电车上的乘客，这时作用在刀身上向左的虚假的引力要大于地球所产生的引力。那么其结果就会如图 4–13 所示的一样，**刀身突然旋转了 180°，变成刀背向左、刀刃向右**。

同样，比如，自右上向左下挥动日本刀或者同样有着弯曲刀身的薙刀，劈砍到底之后，可以立刻掉转刀刃自左下向右上反向劈砍回去（图 4–14），**向相反方向突然施加的加速度会使刀刃反转，并使刀能够“刃筋正直”地劈回去**。

图 4–11　因为重心位置的原因，插在管子中的刀的刀背会转向下方

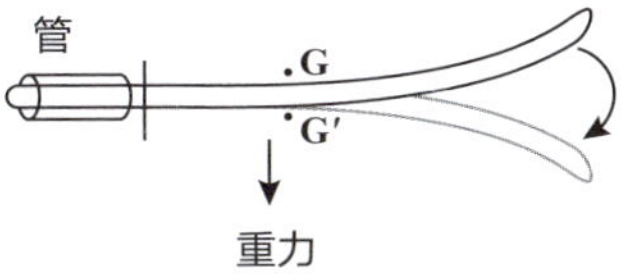

将刀刃朝下放置，由于重力及刀身重心位置的原因，刀背会自动转向下方

图 4–12　把乘客向左拉的虚假的引力

当电车向右加速的时候，乘客会向左倾斜

图 4–13　当这个虚假的引力作用在刀上时

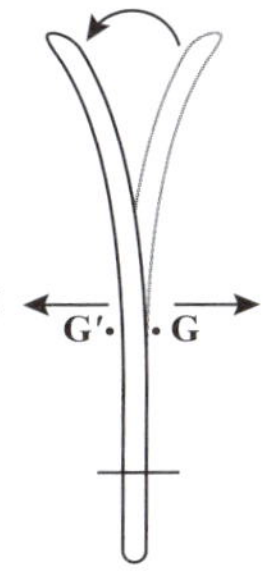

当刀背向右加速运动时，左侧会产生一个虚假的引力把刀背向左拉

图 4–14　实际劈砍时的动作分解图

自右上向左下斜向劈砍的袈裟斩

在底部掉转刀柄，使刀刃朝上

从底部自左下向右上反向劈砍回去的“逆袈裟”

Q39

门类◎日本刀

如何判断日本刀劈砍时的手感和刀刃的锋利程度

如图 4–15 中的第一张图所示，A → B → C 为空挥刀而不劈砍物体时刀的运行轨迹，在挥刀空劈的过程中，重心由 A 位置的点 G_0 移动到 B 位置的点 G，最后到达 C 位置的点 G_1。因为在挥刀空劈的过程中，刀身同时也在围绕重心 G_0 转动，所以刀身与刀尖的运动速度是基本相同的。我们可以将刀身挥动的速度看作是由固定不变的重心移动速度和刀身围绕重心转动的速度共同构成的。当然，刀柄中心点 Q 的移动速度 v_0 也是固定不变的。

图 4–15 中第二张图表示的是挥动同一把刀劈砍物体时刀身运动状态的变化。刀刃上劈砍物体的 P 点要承受来自被劈砍物体的反作用力 F（B 位置）。受力 F 作用，刀身重心的移动速度将会变小，刀身重心因受阻，并不会移动至 C 位置的 G_1 点，而仅能到达 C′ 位置的 G′ 点。因为力 F 产生的力矩 F_a 会使刀身围绕重心 G 向右转动，所以刀身向左转动的速度就会下降。当被劈砍物体的反作用力大到一定程度的时候，本来向左转动的刀身就开始反过来向右转动（C′ 位置）。

接下来我们看看刀柄中心点 Q 的移动速度是否有变化。如上文所述，在劈砍物体的瞬间，刀身重心移动速度变小，并且由于力矩 F_a 的作用，刀身开始围绕重心向右转动。假设刀刃碰到物体之后，刀柄中心点 Q 的移动速度从 v_0 变为 v'。设刀的质量为 m，重心周围的转动惯量[①]为 I_G，

$$当\ ab=\frac{I_G}{m}的时候，v'=v_0$$

因为计算过程十分复杂，所以此处将其省略，仅列出计算结果。也就是说，刀柄中心点（Q 与 Q′）的运动速度实际上并没有发生什么变化。这时，**刀劈砍到物体的时候，握刀的双手基本不会感到巨大的反震力，仅仅手上会传来轻微的抵抗感**。像这样在劈砍时几乎感觉不到来自物体反震力的劈砍点被称为**无反震力劈砍点**，写作 P_0。无反震力劈砍点的位置与刀身的结构（重心位置、惯

① 关于转动惯量的具体问题请参照 Q43。

性动量与质量比等要素）有关，与挥刀方式（重心移动速度和刀身围绕重心的旋转速度）无关。

比如一把居合道练习用的模拟刀（全长 102cm，质量 950g，重心距离刀尖 60cm），根据以上公式计算可以得知其无反震力劈砍点在刀身上距离刀尖 30cm 处。

图 4–15 挥刀时刀身的运动轨迹

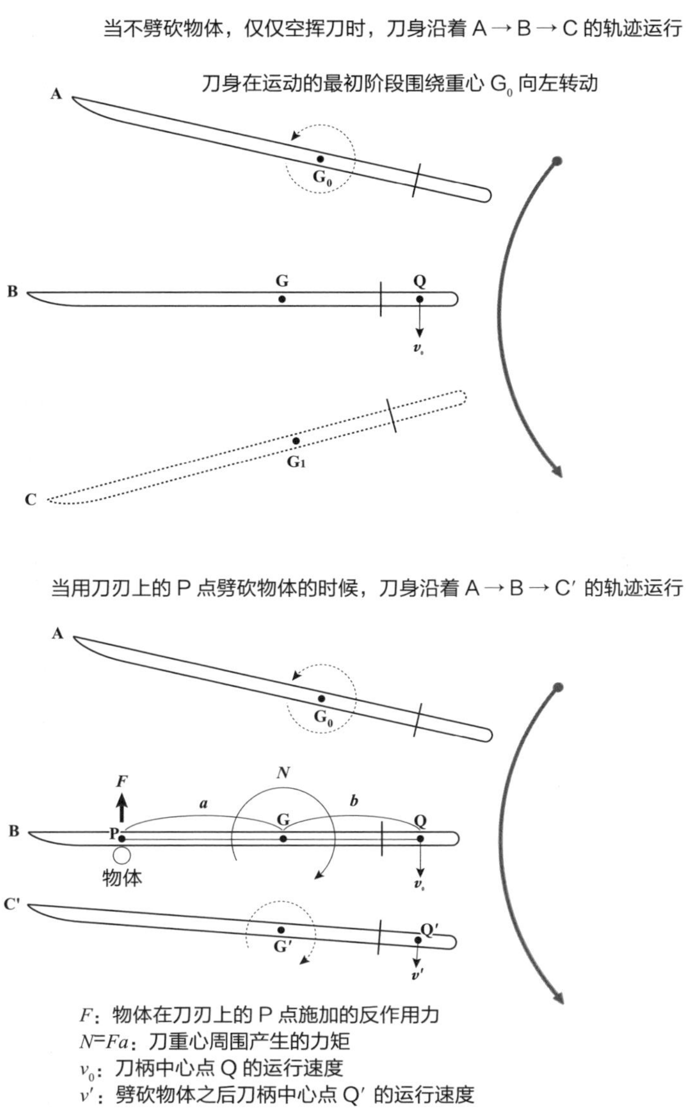

●如果我们用刀刃上无反震力劈砍点之外的位置劈砍物体会怎么样?

如图 4–16a 所示，当劈砍点到刀尖的距离远小于到无反震力劈砍点 P_0 的距离时，在刀碰到物体的瞬间，刀柄会突然向下加速运行，[①] 而握着刀柄的双手会受到一股向刀劈砍方向拉动的反震力，如果此时双手握刀不牢的话，刀甚至会被震至脱手。这就跟拿棍棒一端砸向坚硬的地面一个道理，结果就是握棍子的手被震得麻酥酥的。

再看图 4–16b，如果被劈砍物体质地异常坚硬，根本无法劈开的时候，被劈砍的物体和紧握刀柄的双手就会同时从刀身的首末两端一起阻挡刀下劈的势头。精通日本刀法的高手通常有将高速劈砍中的刀突然停住的技艺和功力，所以刀不至于因为反震力过大而脱手。此外，突然停止劈砍的双手在刀柄处会形成一堵阻止刀继续下劈的“墙壁”，而靠近刀尖部分的刀刃则会因为惯性向着被劈砍目标继续运动，刀刃劈砍的力量反而会变得更大。

日本刀刀身上自刀尖开始 3 寸（9cm）左右的这段刀刃，或者刀身前 1/3 的刀刃，被称为“**物打**”，日本刀主要就是靠这部分来劈砍物体的。在前文 Q38 中已经提到，日本刀弯曲的刀身本来就有助于用刀劈砍时物体保持“刃筋正直”，再配合双手以适当的力道突然定住运动中的刀身，以形成“墙壁”效果来为劈砍目标的“物打”增加力量，这样就能够完全发挥出日本刀优秀的劈砍性能了。

最后我们看图 4–16c，当劈砍点到刀镡的距离远小于到无反震力劈砍点 P_0 的距离时，本来向下挥动的刀柄就会突然向上弹起，这时如果双手紧握并硬生生压住刀柄的话，恐怕就会如前文所述，由于“刃筋不正”而导致刀身扭曲甚至折断，再加上刀镡附近的劈砍速度本身就小，所以说，这部分刀刃根本就不适合劈砍。

由此看来，日本刀法高手们常说的“**用刀就要用‘物打’**”“**刀镡附近不开刃也罢**”等还真的是非常合乎物理力学的。

① 被劈砍的物体成了阻止刀继续运动的“墙壁”。

图 4-16 用刀刃上无反震力劈砍点之外的位置劈砍物体

a

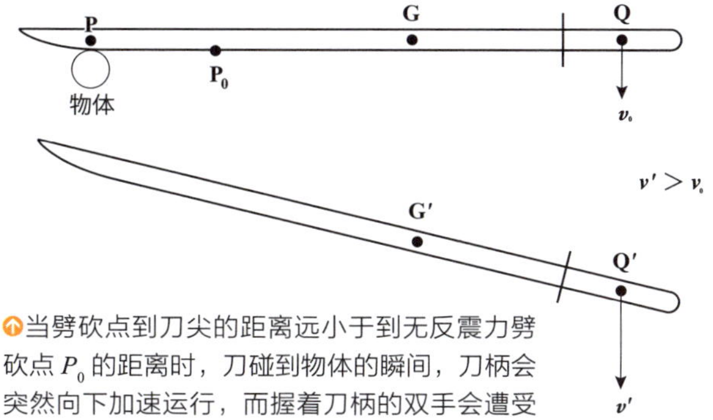

当劈砍点到刀尖的距离远小于到无反震力劈砍点 P_0 的距离时，刀碰到物体的瞬间，刀柄会突然向下加速运行，而握着刀柄的双手会遭受到一股向劈砍方向拉动的反震力

b

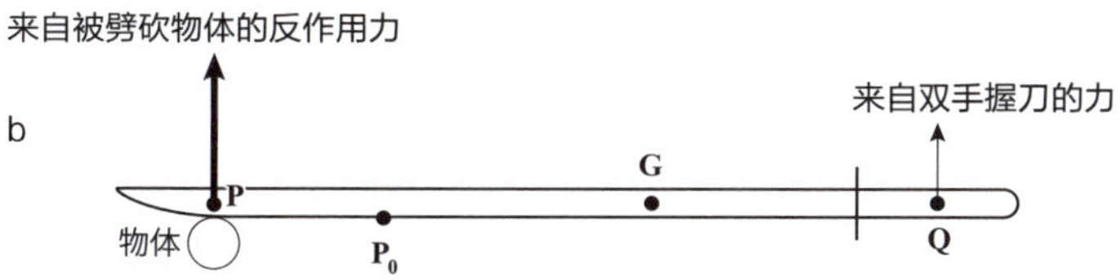

当物体质地过硬而难以劈砍的时候，被劈砍物体和握刀的双手就会在刀身两端分别形成两个阻止刀继续向下运动的力

c

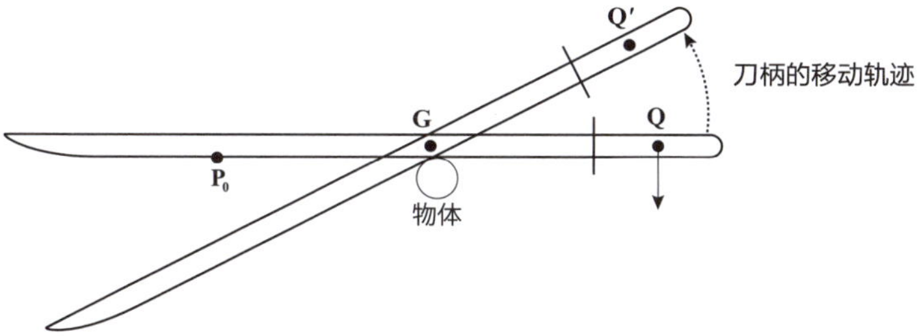

当用刀刃上距离 P_0 较远而离刀镡较近的位置去劈砍坚硬物体的时候，刀柄就会向反方向弹起

Q40

门类◎日本刀

斩切性能如此优异的日本刀为什么还会扭曲或者折断

日本刀素以锋利著称于世，但只有在会用刀的人手中，它才能完全发挥其优异的性能。用日本刀劈砍时一旦“刃筋不正”，就**会产生把刀身横向扭曲的力矩**，使刀身扭曲甚至断裂。极端情况下，比如说，用刀身侧面叩击或者被木刀横向击打在刀身侧面的话，刀恐怕会应声而断。甚至有些刀因为锻造粗劣、品质不佳，哪怕只是用力平拍在水面上也会断裂。

为了方便读者理解，我们用横截面为长方形的长条状物体（横截面长为 a、宽为 b）代替日本刀的刀身来分析这个问题。在劈砍中使刀身扭曲的力矩有很多种，力矩产生的条件也各式各样：有可能是刀柄位置固定不变，刀尖受力发生扭曲；也可能是将刀尖和刀柄两端固定，刀身中央受力发生扭曲。

本文选取其中一个比较容易理解的情况进行讨论。假设双手分别握住一根长条状物体的两端并用力将其向下弯折（图 4–17a）。此时长条状物体上的每一处都被施加了这个将其弯曲的力矩 N，并以同样的方式弯曲（之所以长条状物体上每一处被作用的力矩 N 都相同，是因为曲率半径 R 是固定不变的）。

如果我们将长条状物体中间的部分放大来看会发现，**方向朝上的 A 面被压缩，方向朝下的 B 面被拉伸**（图 4–17b），上下两个应力共同作用从而导致长条状物体弯曲。作用在长条状物体上的**压缩应力**（压力）和**拉伸应力**（两个应力的大小都用 p 来表示）与其被压缩和拉伸的程度是成正比的，但是长条状物体的中心位置 O 附近压缩和伸展程度都很小，自然其所承受的应力也更小，对于抵抗长条状物体弯曲起到的作用也最小。关于这个原理，最典型的应用实例就是中空的管子——既然圆柱体的中心部分对于抗弯曲并没有什么作用，那就把中心部分去掉吧。综合以上结论，长条状物体承受压缩应力和拉伸应力，并支撑其不发生弯曲变形的主要部分是物体上方的 A 面和下方的 B 面，因此当压缩和拉伸的应力达到极限时，最先发生断裂或者扭曲的也是 A 面和 B 面。

当力矩 N 施加在长条状物体的两端时，其上下面产生的应力 p 可以通过

图 4–17 对横截面为长方形的长条状物体两端施加力并使其弯曲

a

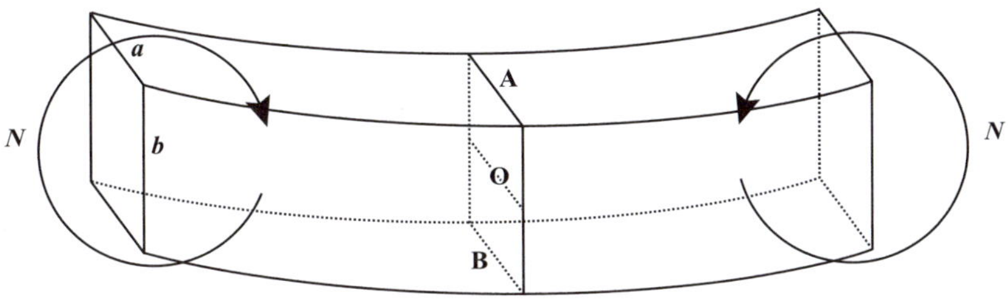

长为 b、宽为 a 的长条状物体以固定的曲率半径弯曲

b

压缩应力 p

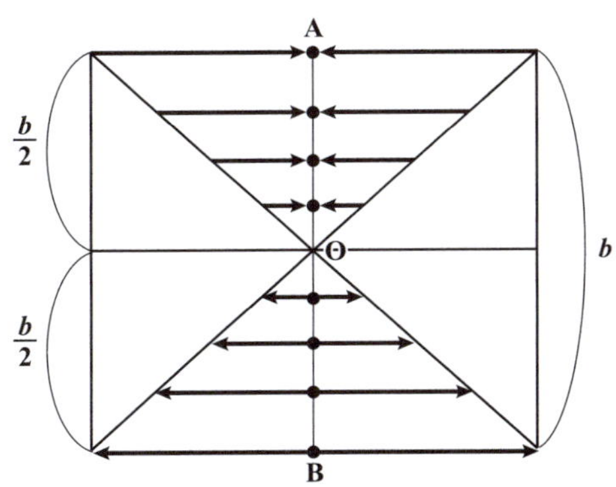

$$p=\frac{6}{ab^2}N\cdots\cdots(1)$$

p 为长条状物体各个部分横截面上所承受的应力

拉伸应力 p

长条状物体方向朝上的 A 面被压缩，方向朝下的 B 面被拉伸

→←表示的是压缩率和压缩应力的大小，←→表示的是拉伸率和拉伸应力的大小

图 4–17 的公式（1）来计算。随着力矩 N 的不断变大，当应力 p 达到物体所能承受的极限的时候，断裂就开始产生了。如果作用的力矩保持不变的话，自然 a 和 b 越大，应力 p 就越小，另外还要注意一点，b 是以平方来计算的。举个例子，如图 4–18a 所示，将长条状物体纵向弯曲，设长条状物体

$$a=1 \quad b=4$$

经由公式（1）计算得知，纵向作用在上下两面的应力

$$p_t=\frac{6}{16}N=\frac{3}{8}N$$

可是如果以相同的力矩将其**横向弯曲**的话（图 4–18b），则

$$a=4 \quad b=1$$

横向作用在左右两侧的应力

$$p_y=\frac{6}{4}N=\frac{3}{2}N$$

横向承受的**应力为纵向的 4 倍**（为了方便大家阅读，这里省略了计算单位）。这就是日本刀对于横向弯折抵抗力弱的原因。

接下来在保持横截面面积相同情况下，将这个长条状物体横截面的长变得更长、宽变得更窄（$a=\frac{2}{3}$、$b=6$），并用公式（1）再计算一次，其结果为刀身上产生的

$$\text{纵向应力 } P_t=\frac{1}{4}N$$

$$\text{横向应力 } P_y=\frac{9}{4}N$$

计算结果显示，纵向弯曲时刀身承受的应力变得更小，但是相应的，刀身横向弯曲时承受的应力居然变成纵向时的 9 倍之多。因此，日本刀在**“刃筋正直”时，刀身越宽、刀刃越薄，纵向斩切的力就越强，相应的对横向冲击的抵抗力也就越弱**。

明白了以上原理之后，我们再看看真刀是什么情况。日本刀的刀刃硬而脆，刀背相对软而有韧性。当刀劈砍在硬物上的时候，刀身会如图 4–19 一样发生弯曲（绘画效果稍有夸张）。其弯曲形态与图 4–17 正好相反，刀刃一侧收缩，刀背一侧伸展。硬而脆的刀刃能够承受很大的压缩力，相反，柔韧的刀背则能够承受很大的拉伸力。

但是如果用刀背一侧去劈砍，刀背就要承受很大的压缩力，刀刃则承受很大的拉伸力。然而，**硬脆的刀刃无法承受很大的拉伸力，特别是刀刃上布满了如锯齿一般细微的龟裂，如果拉伸力过大，刀身就会从这些细小的龟裂处断裂**（图 4–20）。更别提实战中由于刀剑碰撞，刀刃上还会产生新的、更大的豁口。这和撕开调料包是一个道理，将应力集中在调料包的豁口处就能够轻易地撕开一道口子。

图 4-18 纵向应力和横向应力

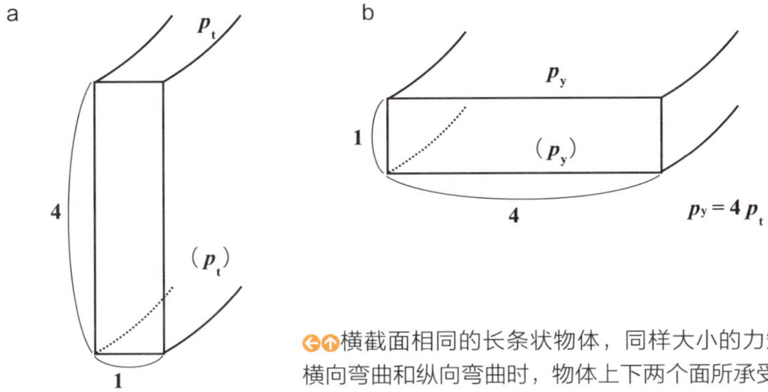

横截面相同的长条状物体，同样大小的力矩，横向弯曲和纵向弯曲时，物体上下两个面所承受的应力大小有天壤之别

图 4-19 刀在劈砍硬物时刀刃一侧会收缩，刀背一侧会拉伸

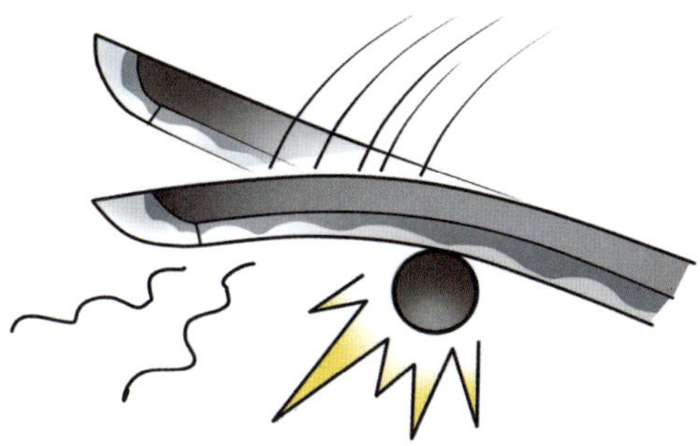

图 4-20 应力集中时，物品更容易裂开

调料包

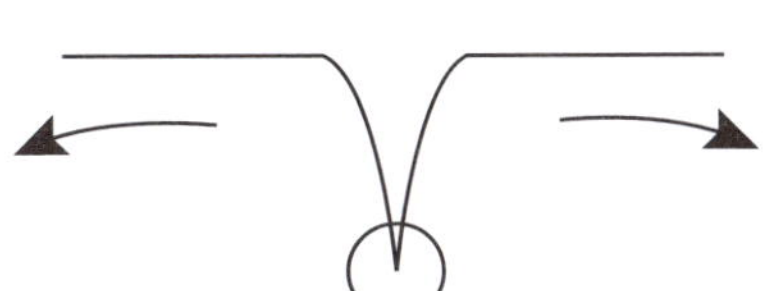

当应力集中的时候，物品就会沿着细小的豁口整个裂开

日本刀真的能把射来的子弹一劈两半吗

为了展示日本刀优越的性能，某个电视节目组做了一个测试，把一把可以击穿混凝土块的手枪固定住，向着一把被固定在对面的日本刀的刀刃射击。结果射出的子弹被日本刀一劈为二飞向两边，而刀刃没有丝毫损伤。

关于这个测试，我们可以从能量的角度去分析。假设子弹质量 m=0.01kg，飞行速度 v=350m/s，根据计算（图 4–21a），其动能

$$E=\frac{1}{2}mv^2=\frac{1}{2}\times0.01\text{kg}\times(350\text{m/s})^2=612.5\text{J}$$

为一流格斗家出拳击打动能的数倍。这个程度的动能可以轻易破坏掉混凝土块。

子弹是由铜合金包裹铅制成的，从材质和构造上来讲，其质地较软（图 4–21b）。如果子弹正面撞在日本刀的刀刃上，很容易就会被切成两半。这个测试实际上相当于用一把日本刀以子弹飞行的速度（当然没人能将刀挥得跟子弹飞行速度一样快）去劈砍一颗吊在半空中的子弹。

因为子弹被刀刃切割的时间非常短，所以被一劈为二的子弹并没有减速，而是分成两半分别向刀刃的左右两侧飞去。而且子弹速度并没有降低多少，所以劈开的两个半颗子弹的动能之和与最初相比并没有发生什么变化。也就是说，**跟射击混凝土块的时候不同，射击日本刀的时候，子弹没有多少动能传导到刀上**。但是如果用枪射击刀身侧面而不是刀刃，那恐怕子弹的动能会全部传导至刀身，从而导致刀身应声而断。

另外，如果用 12.7mm 口径的机关枪对着日本刀刀刃射击的话，刀刃上细微的缺口会随着子弹的射击而逐渐变大，几枪之后刀身就会断掉了。机关枪弹头材料中含有钢铁，所以不太容易被钢刃一劈两半，另外，机关枪发射出的子弹的动能是手枪子弹的 30 倍左右，如此巨大的动能以日本刀的强度是无论如何也无法抵抗的。

图 4-21　手枪子弹的动能

a

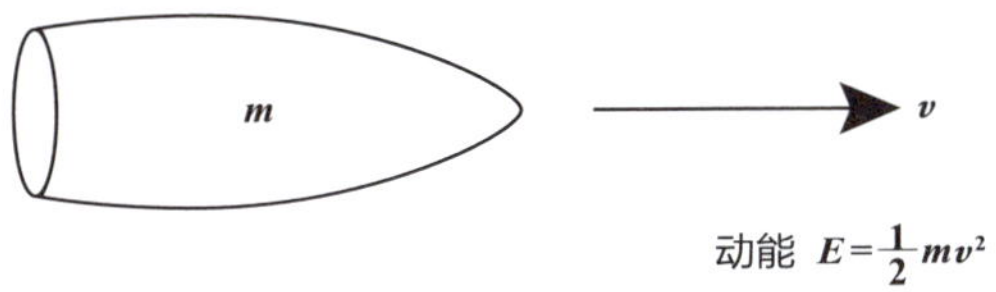

质量越大、飞行速度越快，子弹的动能就越大

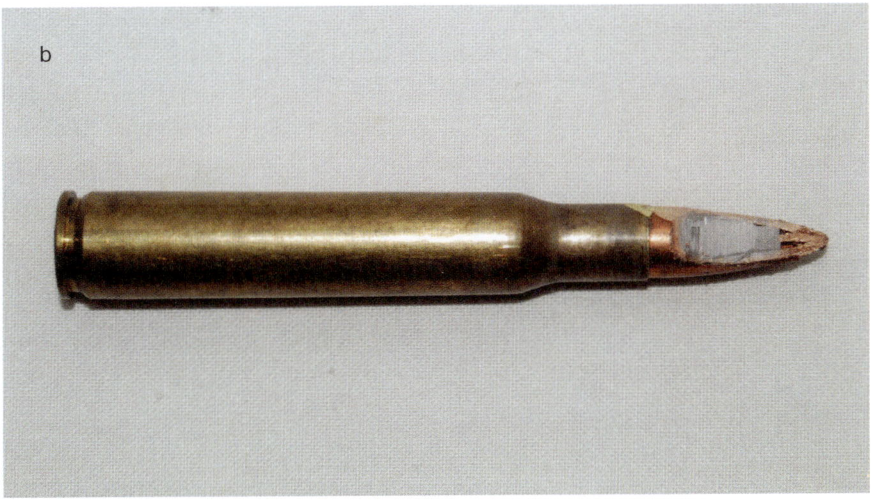

现代子弹的弹头是由铜合金包裹铅制成的
照片摄影：かのよしのり

Q42

门类◎日本刀

棍棒、日本刀和长枪的威力有什么不同

为了从本质上检测并验证不同兵器的威力，首先假定这些兵器的质量相同（1~2kg）。因为这些兵器构造不同，所以各自的主要攻击方式也是不同的。有的兵器适合刺击，有的适合叩打，也有的适合横斩。因为攻击方式不同，不同兵器的攻击力 F 在攻击的瞬间，其威力最大值或者释放的冲量也是不同的。本文为了方便验证，姑且假设这些兵器的攻击力 F 全部相同。

假设以上各要素均相同，**这些兵器之间最大的差异就在于兵器与攻击目标之间的接触面积 S 的大小**了（图 4–22）。通过比较这个要素，就很容易检测并验证不同兵器的威力。那么，首先我们依照兵器与攻击目标接触面积 S 的大小对兵器的各种攻击方式进行排序：

①用棍棒叩打；

②用棍棒戳击；

③用刀劈斩、用长枪的刃劈砍；

④用刀尖刺击；

⑤用长枪枪尖刺击。

以上兵器的攻击方式对于目标的杀伤力可以用压强（单位面积内的杀伤力）p 来表示，计算公式如下：

压强 p= 攻击力 F ÷ 接触面积 S

当用棍棒叩击腹部时，柔软的腹肌会随着棍棒的运动产生形变，使棍棒与腹部的接触面积 S 增大（压强 p 就会相应减小），即便攻击力会带来一定程度的损伤，也不会造成太大的人体伤害。但如果用棍棒叩击坚硬的头部，因为棍棒与呈球面的头骨的接触面积很小（压强 p 很大），所以会导致头骨开裂甚至凹陷。

当对方穿着结实的铠甲时，攻击方式①、②、③基本上不会对对方造成什么伤害，甚至在有些情况下就连④也不会穿透铠甲。因为攻击力 F 会被铠甲吸收并分散传导至人体表面，所以人体实际承受的压强会非常小，也就不会有什么损伤了。

综上所述，压强最大、破坏力最大的攻击方式是⑤。难怪在穿着铠甲战斗的日本古代战场上，主君身边武艺高强，有身份的武士常常被赞誉为“枪一筋之主”[①]。用长枪来比喻武艺高强、刚正不阿的武士，可以看出长枪在古代战场上的不二地位。**冷兵器中最具杀伤力的武器乃是连铠甲都能贯穿的长枪**。

图 4-22　兵器与攻击目标接触面积越小，其破坏力越大

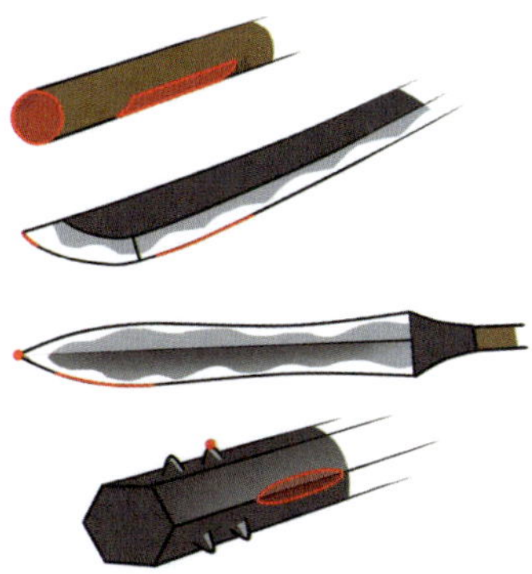

↑相较于圆柱形棍棒，有棱角或带钉子的棍棒与被攻击目标的接触面积 S 更小

↑同样道理，高跟鞋鞋跟踩踏的威力也着实不小

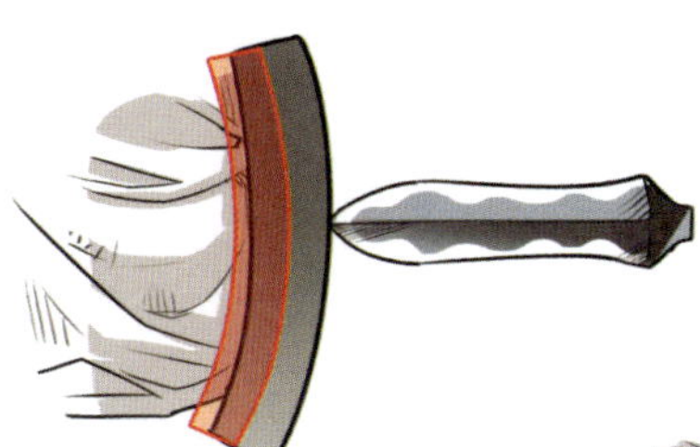

←铠甲如果足够结实而不变形的话，那么接触面积 S 就会很大，攻击就不会对人体造成太大的伤害

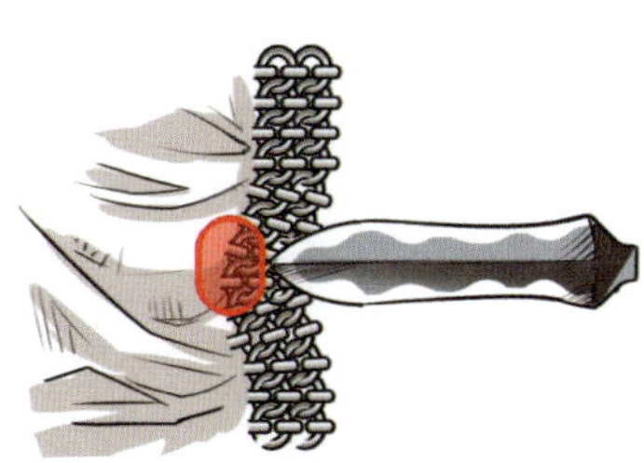

↑铠甲未被贯穿但有一定变形的话，接触面积变小，人体就会有一定程度的损伤

① 译者注：“枪一筋之主”意在用笔直的长枪比喻一生执着地精研枪术、像笔直的长枪一样刚正不阿、对主君忠贞不贰的武士。

Q43

门类◎刀、枪

刀、枪类冷兵器的质量和长度与其使用技巧之间有什么联系吗

众所周知，物体质量越大，越难以移动（因为难以施加加速度），**而同样质量的物体，长度越长就越难以转动**。比如，一根晾衣杆质量虽轻，可要想换个方向挂起来也挺费力的。挥动物体并使其运动，实际上是由物体围绕其重心旋转和平移（物体及其重心在保持自身不旋转的情况下进行的整体位移）共同构成的。

●何谓力矩？

首先一起来了解一下力学术语**力矩**。比如我们在某物体上施加力，如果作用的位置离物体重心 G 有一定距离的话，那么，在物体重心产生位移（平移）的同时，物体整体也将围绕重心 G 进行旋转。如图 4–23a 所示，力矩、力和旋转半径之间的关系可表示为：

力矩 = 力 × 旋转半径

对静止的物体不断施加该力的话，物体的重心 G 就会沿着力的方向向 G′ 移动，物体自身也开始围绕移动中的重心旋转。如果保持手腕不发力（通过甩动手腕产生的力矩为 0），只是单手轻轻握住刀柄挥动的话，刀就会发生如图 4–23b 所表示的运动。

双手握刀相当于对刀同时施加了两个以上的力，每个力产生的力矩之和为作用在重心周围的力矩（但是要注意，向左旋转的力矩和向右旋转的力矩是互为正负的）。再有，单手甩动手腕发力挥刀的话，如图 4–24 所示，在手掌的上下两点分别施加方向相反的两个力的话，就会产生向左转动的力矩。

●何谓转动惯量？

就像被施加了力的物体（的重心）会产生加速度一样，力矩也会提高物体

的转动速度[①]。质量越大的物体越难以加速（加速度较小），（重心周围的）**转动惯量越大，旋转的加速度**[②] **就越小**。转动惯量表示转动物体需要施加的力。

图 4-23 力矩 = 力 × 旋转半径

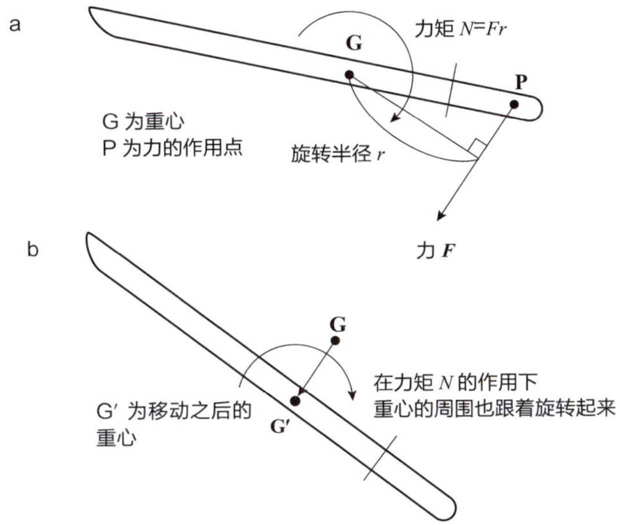

图 4-24 单手握刀依然会产生力矩

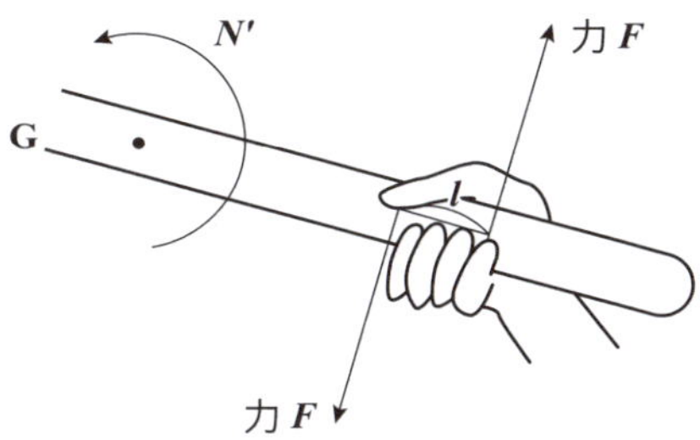

手对刀施加了方向相反的两个力 F，因此产生了力矩 $N' = FL$

① 力学中称之为“角速度”。
② 力学中称之为“角加速度”。

我们以木棒为例。木棒重心周围的转动惯量 I_G 如图 4–25a 所示，假设质量 m 不变，长度 l 变为原来的 2 倍。那么同样质量的木棒长度变为原来的 2 倍（木棒变细变长）的话，I_G 则变为原来的 4 倍。如图 4–25b 所示，质量和长度都变为原来的 2 倍的话，那么 I_G 则变为原来的 8 倍。也就是说，**2 根同样粗细的木棒，长度分别为 1m 和 2m，要想使它们以同等速度旋转，2m 长的木棒需要施加 1m 长木棒 8 倍的力矩**。如图 4–25c 所示，以木棒 B 端为中心挥动的话，B 点周围的转动惯量 I_B 是重心周围的转动惯量 I_G 的 4 倍。

●减轻阻碍兵器转动的负担

像长枪一样又长又重的武器，双手持握在靠近重心的位置挥舞就已经很吃力了，而要想双手持握在长枪的末端挥舞击刺的话，如果力矩不够大，是根本无法完成的。当旋转速度相同的时候，端点 A 的速度大小与端点 A 到旋转中心点（图 4–25a 与图 4–25b 的旋转中心点与重心 G 是重合的，而图 4–25c 中的旋转中心点为点 B）的距离是成正比的，图 4–25a 中端点 A 的旋转速度为 v，图 4–25b 中端点 A 的旋转速度变为 $2v$，图 4–25c 中端点 A 的旋转速度则增加到了 $4v$。速度越来越快，挥舞起来也会越来越费力气。

有一部电影中就有一个大力士使用图 4–26 中的大铁锤跟一群恶徒对战，结果因为大铁锤过于笨重，大力士挥舞不起来而被恶徒们一顿暴揍。因为大铁锤锤柄上点 B 周围的转动惯量非常大，所以抡动铁锤非常费劲。一位武术家看到这样的场面，立刻出言提醒：“长兵器要短着用啊！”大力士如梦方醒，马上把持握大铁锤的位置从点 B 转移到了大铁锤的重心 G 上，挥舞着“突然变轻了”的大铁锤制伏了那些恶徒。因为阻碍兵器转动的质量负担减轻了许多，所以大铁锤锤柄上重心 G 周围的转动惯量要比点 B 小得多，挥舞起来更容易。

同样道理，**对于薙刀或者长枪这样又长又重的兵器，双手要尽量持握在兵器的重心附近，加大持握手之间的距离及两脚之间的步幅（相当于图 4–24 中的 l），这样就能够增大施加到兵器上的力矩以及转身蹬地产生的力矩**（图 4–27）。反之，假如双手之间的握距或者两脚之间的步幅变为原来的一半的话，那么要想产生同样大的力矩，至少需要 2 倍大的力才行。

图 4-25　挥舞又长又重的兵器是非常辛苦的

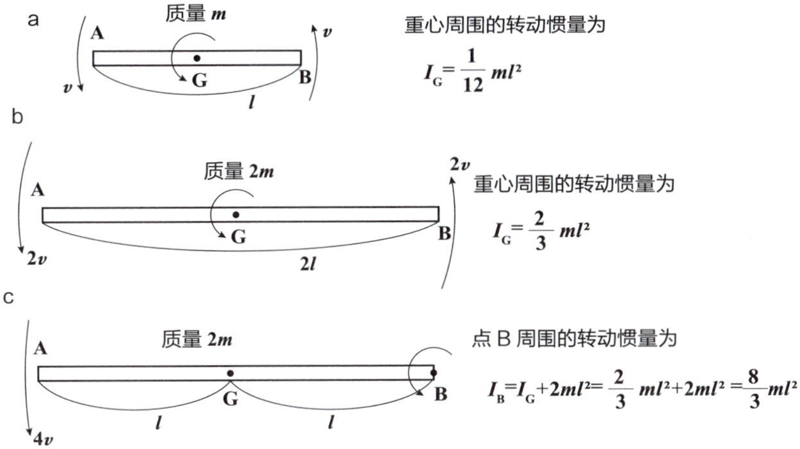

※ 图 b 中的木棒与图 c 中的木棒完全一样。

图 4-26　重武器的使用技巧

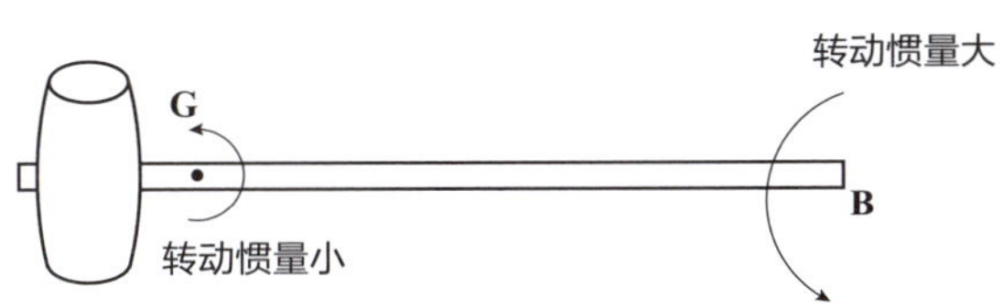

持握大铁锤重心附近的锤柄才能更加轻松地挥动大铁锤

图 4-27　增大双手握距及步幅的作用

对于又长又重的兵器，双手持握点要尽量靠近兵器的重心

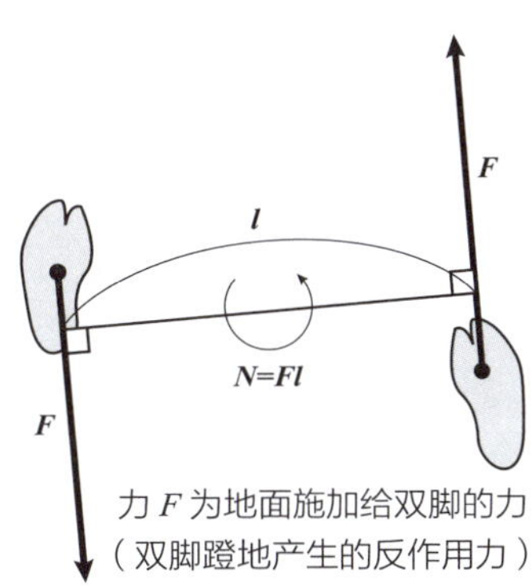

力 F 为地面施加给双脚的力（双脚蹬地产生的反作用力）

Q44 在实战中长枪比日本刀更加有优势吗

长枪比日本刀更有优势吗？先说结论：**相对于日本刀，长枪是有绝对优势的**。据统计，日本古代战场上士兵负伤的原因，箭矢伤害占40%、火枪伤害占20%、长枪刺击伤害占20%、日本刀刀伤仅占4.5%。由此可以看出，日本刀在古代战场上只是一种辅助性兵器。实际上，日本刀作为武士精神与地位的象征被奉为武士之魂是自江户时代才开始的，在江户时代，居于统治地位的幕府政权为了稳定社会治安，在日常生活中允许武士佩戴的兵器只有日本刀，因此伴随着德川幕府治下近300年的太平时代，日本刀也逐渐成为整个武士阶层身份与地位的象征。

通常情况下，长枪的长度为3.5m，但实际上4~6m的长枪在战场上也屡见不鲜。据说，过去的枪术教师用长枪刺击吊着的5日元硬币，一般每2次就有1次刺中。据我母亲说，她小时候，家附近住着一位精于长枪的高手，他能用长枪刺中落在柱子上的苍蝇而不伤到柱子。如果运用长枪的功力能达到这个程度，那么在实战中准确无误地刺入敌人铠甲的薄弱点或者铠甲的缝隙应该是不成问题的。

●要让敌人看不见你出枪的动作

使用长枪实战对敌时，通常双手握枪，左手在前、右手在后，枪置于身体的右侧，采取这样的架式虽然会使心脏部位距离敌人更近，但也使佩戴在左侧腰间的日本刀不会成为妨碍后手出枪刺击的累赘。Q43中已经说过，在使用长枪一类又长又重的兵器时，为了增强对兵器的控制力，要尽量增大双手之间的握距和双脚之间的步幅。用长枪戳刺目标的时候，前手要保持不动，后手握住枪杆向前推送枪身，使枪身从前手手中滑出，刺向目标点（图4-28）。双手持枪时要尽量保证**从对方视线角度看，只能看见枪尖一个小点，持枪的后手要隐藏在前手之后，这样对手就很难看见后手出枪戳刺的动作了**。

曾经有一位精通“**贯流**”枪术的老师说过这样一段话：“现代剑道在和其他兵器对阵的时候，只会前后移动而缺少左右横向移动，这对于我们用枪的人来说简直就是最好的活靶子。现代剑道的通常打法是拨挡开刺来的长枪之后马上跳进来近身劈砍，但实际上脚下移动的速度是无论如何也不可能快过用手抽回枪再刺出去的速度的，长枪对阵日本刀其实是很容易分出胜负的。”“贯流”枪术的特征就是持枪的后手能够将长约 2 间（约合 3.6m）的长枪快速地戳刺出去和抽回，[①] 为了保证出枪和收枪的速度，持枪的前手要像一根可以允许枪杆自由穿梭滑动的管子一样套在枪杆外面。

日本古代战场上使用的长枪枪头除了短剑形之外，还有枪头上带有金属钩的“**键（钩）枪**”，以及枪头上像树枝一样横支出一根“镰刃”的“**镰枪**”。镰枪的攻击方式十分多样，比如，如果敌人闪避开了枪头的戳刺攻击，那么我方可以马上回拉枪身，用枪头上横支出来的镰刃回斩敌人。还有，用镰枪扫击敌人的时候，除了可以用枪头两刃去斩切敌人之外，枪头上突出的镰刃还能够穿刺敌人。枪杆末端还包嵌着一种被称为“**石突**”的金属套头[②]（图 4–29），在实战中可以根据情况用石突来戳击或者叩击敌人。

那么古流剑术和古流枪术之间的刀枪对决又是什么样的呢？比如说，向右用刀拨挡直刺过来的长枪或者从右方横扫过来的镰枪。如 Q43 所述，长枪的转动惯量很大，所以很难突然掉转方向，但是可以利用对方挥刀拨挡枪头的力量，一边右脚上步（如果双方距离过近则向后撤回左脚）一边向左转体并将长枪调转 180°，用包嵌在枪尾上的石突戳击或者叩击对方。

另外，在日本刀和长枪绞在一起的时候，想用日本刀压倒或者拨开长枪其实也是不太现实的，因为**长枪的握距远大于日本刀的握距**，所以多数情况下，**转动力矩大的长枪会轻易压倒或者拨开日本刀，并顺势刺进来**（图 4–30）。如果是镰枪的话，更可以用镰刃钩挂或者回拉日本刀，**以长枪巨大的力矩恐怕会将日本刀直接打落或震脱手**。

---

① 把戳刺出去的长枪抽回来这个动作在日语中被称为“しごく”，并由此引申为“严格训练新人、晚辈”的意思。译者注：“しごく”这个动词近似于汉语中的动词“捋”，既可以“捋”东西，也可以“捋”人。

② 译者注：中国古代矛、枪、戈、戟一类有长杆的兵器末端都会有金属套头，末端为圆柱形平头的称为“镦”，圆锥形尖头的称为“鐏”，而日语将其统称为“石突”。

图 4-28 难以预测攻击轨迹的长枪

将负责戳刺的后手隐蔽在持枪不动的前手之后，这样对手就很难看见后手出枪戳刺的动作了

图 4-29 各种各样的枪头和石突

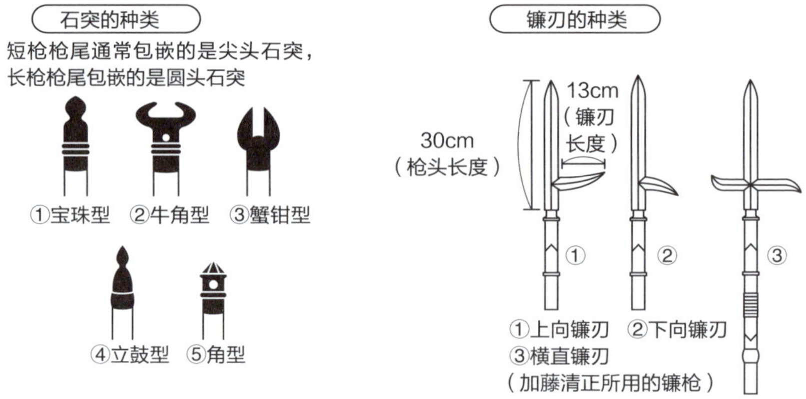

如果对方用刀向右拨挡刺来的长枪，可以顺着刀劈砍的方向上步转体，将长枪调转 180°，用石突戳击或者叩击对方

●日本刀对阵长枪的胜算在哪里？

当然日本刀也不是完全没有胜算的。当对方全力刺出一枪而非佯攻虚晃的时候，日本刀的机会就来了。如图 4-31 所示，这个时候握枪的双手间距会变得非常小。抓住这个瞬间，用刀身上靠近刀镡的位置将枪头压下，根据 Q18

中所述的原理，此时**使用长枪的一方相当于在用一把非常长的日本刀的刀尖拨挡我方的刀镡位置**，显然长枪在这个位置上的力矩要比日本刀小得多。如果此时我方能够抓住时机，一边贴紧并控制住长枪，一边进步欺身快速拉近与对方之间的距离，那么就胜券在握了。

然而，当数名长枪手用手中的长枪组成“**枪衾**”[①] 并排齐发的时候，恐怕什么样的剑豪名手都要陷入苦战。但是擅长枪术的高手却可以同时对阵多把日本刀而不落下风。

图 4-30 日本刀对阵长枪其实是非常不利的（俯视图）

注意：为了方便读者理解，设双手力的大小相同且用力方向相反

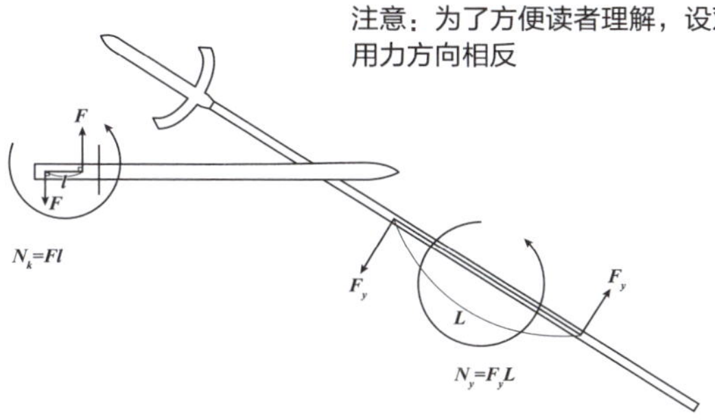

长枪的握距要比日本刀的握距大得多，所以力矩要大得多，长枪可以轻易拨开劈砍来的日本刀

图 4-31 如何用日本刀对抗长枪

当对方使出全身力气刺出长枪的时候，其双手持枪的间距就会变得很小。此时，日本刀的力矩要远大于长枪的力矩，抓住这个瞬间，用刀身上靠近刀镡的位置可以将枪头压下或拨挡开，然后进身取胜

① 译者注：日语对于长枪阵的称呼。

Q45

门类◎弓箭

弓射出的箭为什么能够高速飞行

高速飞行的箭矢是利用其飞行的动能来穿透目标的，从这一点来看，箭矢与投枪（标枪）或者投矢（脱手镖）其实是一样的。不过从力学角度来看，它们之间主要的不同之处在于，投枪（矢）通过一个投掷动作同时完成瞄准目标和为投枪（矢）施加动能这两件事。投掷时为了给投枪（矢）加速，需要全身（特别是手臂）高速运动发力，但全身肌肉共同发力释放出的能量，大部分要被身体运动所消耗掉，所以真正能够顺利传导到投枪的能量只是很少一部分而已。

而拉弓射箭则是通过肌肉释放出的力量来拉动弓弦、弯曲弓身，这样弯曲的弓身就会积蓄弹性势能。因为在整个拉弓射箭的过程中，身体的动作很慢，所以不会产生多余的能量损耗。当弓被拉满、弹性势能积蓄完毕之后，就可以从容瞄准目标了，最后则是由释放弓身形变而产生的弹性势能来给箭矢施加加速度。所以与投枪（矢）相比，弓箭在飞行速度、射程距离和命中率等方面都有飞跃性的提高。

这里用结构更加简单的弹簧来为各位读者仔细解释一下弹性势能。如图 4-32a 所示，弹性势能 E（阴影面积）与弹簧被拉伸长度 x 的平方成正比。在被拉长的弹簧一端连接一个质量为 m 的球，然后在保证球 m 不被施加任何其他外力的前提下突然放手，设弹簧带着球恢复至原来长度时的收缩速度为 v。此时，被拉伸弹簧的弹性势能则随着弹簧的收缩转化为球的动能。根据图 4-32b 中公式所示，球被弹簧拉回去的速度与距离 x 成正比。此外，弹簧越紧（系数 k 越大）、球越轻（质量 m 越小），速度 v 就越大。不过要说明的是，以上分析是在忽略了弹簧自身质量前提下所讨论得出的结果，实际上，弹簧的一部分弹性势能会因为弹簧自身质量的原因，转化成把弹簧拉回到原位时的动能，所以球被弹簧拉回原位的动能比上文计算结果要略小一些。

图 4-32　箭矢被施加的弹性势能

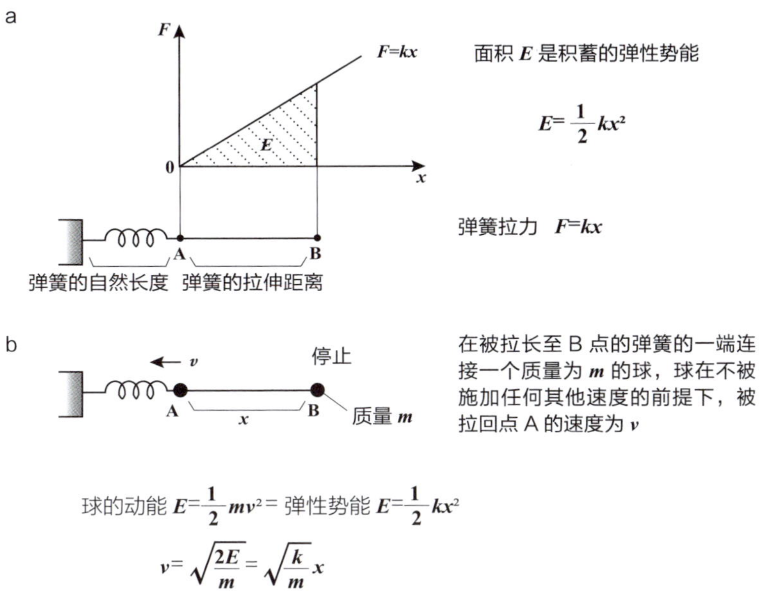

综上所述，弹簧质量越小，效率越高。弓和箭矢也是一样，**当箭矢质量保持不变的时候，弓的质量越轻、强度越大，射出去的箭矢的速度也就越快**。

●关于日本弓（和弓）

日本弓（和弓）的弓身并不是由一根竹片或者木棒构成的，而是由很多层材料重合构成的，如图 4–33a 所示，弓身向前弯曲的弓挂上弓弦之后，即便不拉开，弓弦上也作用着相当大的拉力 T。由于制作弓的材质及弓的构造不同，当搭箭上弦之后，不同的拉弓幅度与开弓拉力之间的比例关系也各不相同，我粗略地将拉弓幅度与开弓拉力之间的关系用图 4–33b 表示。图 4–33c 解释的是弓身向前弯曲的弓在刚开始拉弓（$x=0$）的时候拉力 F 很小的原因。

图 4–33b 中，直角三角形面积表示的是弓身向前弯曲的弓开弓时积蓄的弹性势能。图 4–34 是从理论上表示被拉开的弓通过弓弦向箭矢施加的力 F' 的情况（具体细节根据弓的构造及箭矢的质量不同会有所不同）。

力 F' 之所以小于力 F，主要是由于材质问题导致弓身恢复原位的力要比开

图 4-33　弓身向前弯曲的优势

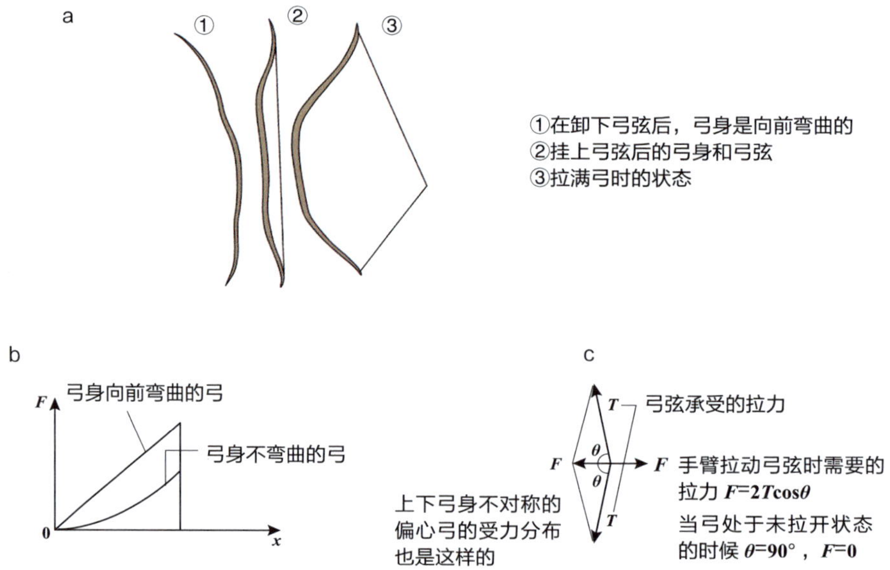

弓的力小一些。其实**哪怕是制作弓身的材质非常好，随着箭矢被发射出去，弯曲的弓身也会突然加速回归原位，这样本来应该全部施加在箭矢上的力会有一部分被分流，成为拉动弓身回归原位的加速度**。从能量转化的角度来看，就是弓身弯曲的弹性势能除了转化成箭矢飞行的动能之外，还有一部分转化成了弓身各部分回归原位所需要的动能，所以实际上箭矢飞行的弹性势能被弓身消耗掉了一部分。

最后我们看看图 4–34 中原点（x=0）附近的受力情况。在原点附近，作用于箭矢上的力之所以大于拉力，是因为弯曲的弓身各部分加速回归原位的力量把弓弦向弓身两端强力拉扯。弓弦被撒放之后残留在弓身上的能量会引发弓身的振动，并成为扰乱目标瞄准的要因之一。[①]

从日本弓搭箭开弓时弓身和箭矢的正面相对位置来看，箭矢是从弓身的右侧发射飞出的，所以为了防止箭矢向右偏斜，握弓的左手要向左翻腕扭转（图

① 日本弓持弓的位置之所以位于弓身中心的下段，也是因为这里的振动较小。

4–35)。当箭矢离弦之后，弓弦之所以会朝向前方，也是因为左手这个向外翻腕的动作。而完成这个翻腕动作所需的动能有一部分也应该是来自弯曲弓身所积蓄的弹性势能。

图 4–34　从开弓到将箭矢射出这个过程中能量的转化

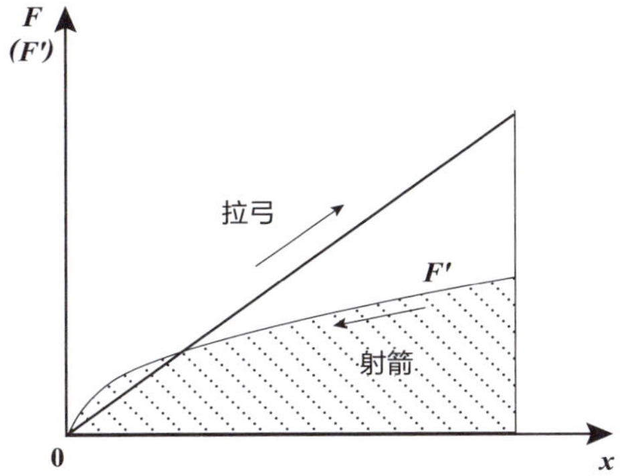

推动箭矢飞行的力 F' 要比开弓的力 F 小一些。F' 下方的阴影面积相当于传导到箭矢上的动能

图 4–35　为了保证箭矢沿直线飞向目标而使用的“弓返”技巧

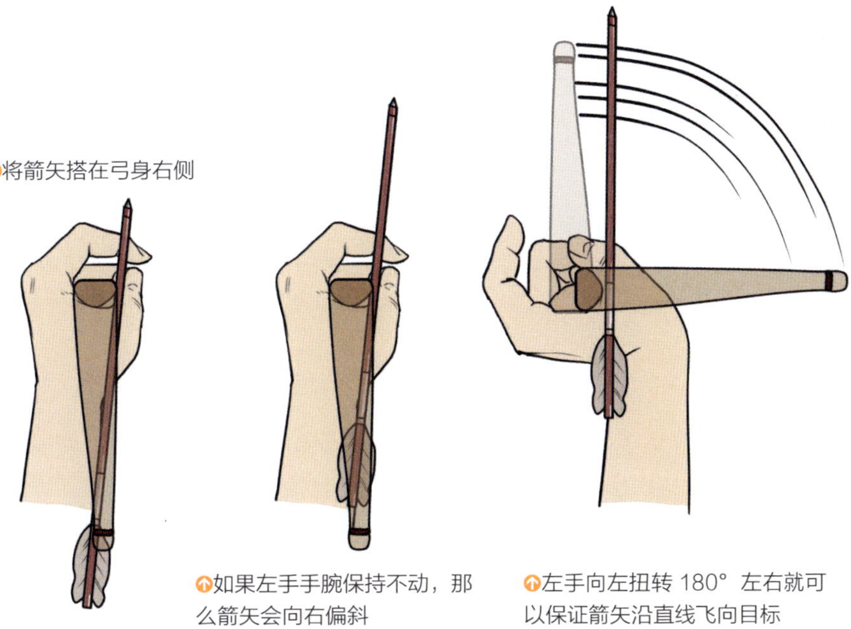

将箭矢搭在弓身右侧

如果左手手腕保持不动，那么箭矢会向右偏斜

左手向左扭转 180° 左右就可以保证箭矢沿直线飞向目标

箭矢的实际威力有多大

普通成年男性把弓拉满时的力为 14~18kgf，相传古代有些力气大的武士甚至能够拉动 50kgf（50kgf×9.8N=490N，牛顿是用来衡量力大小的国际单位制中的力的单位。1kgf≈9.8N）的强弓，那么 50kgf 的弓能够产生的弹性势能为

$$\frac{1}{2}\times 0.9\text{m}\times 490\text{N}=221\text{J}$$

但如前文所述，弓身所产生的弹性势能只有一部分能够顺利传导到箭矢身上，所以在这里，我们假设弓身弯曲时产生的弹性势能的 2/3（大约 150J）能够顺利地传导到箭矢上，相当于重量级拳击手出拳的动能，又或者是以 160km/h 的速度飞行的棒球的动能。实战用箭矢的质量为 60g 左右，根据前文公式 $v=\sqrt{\frac{2E}{m}}$ 计算可知，箭矢飞行速度为 86.7m/s（312km/h）。如果在没有空气阻力的真空条件下以 45° 仰角抛射的话，大约能够达到 510m 的射程；在**现实中因为有空气阻力，能够达到 300~400m**。

如图 4-36 所示，箭杆前端连接的形如长枪枪头一样的**箭簇**（竞技用）是用来提高箭矢穿透力的，动能 40kgf 的箭矢射入箭靶的深度为 38cm 左右，动能 400kgf 的箭矢能射入箭靶 3.8cm 左右，相当于在重量级拳击手的拳锋上安了一颗尖锐的铁箭头。

实际上，箭矢在飞行过程中会因为空气阻力而消耗掉一部分动能，再加上命中目标的时候箭矢的振动也会分散一部分动能，所以箭矢的实际穿透力比理论计算结果要小。即便如此，**箭矢虽然比长枪轻很多，但威力巨大**。

图 4-36 箭矢的威力

威力巨大的箭矢居然可以穿透箭靶并深深刺入箭靶背后的背板

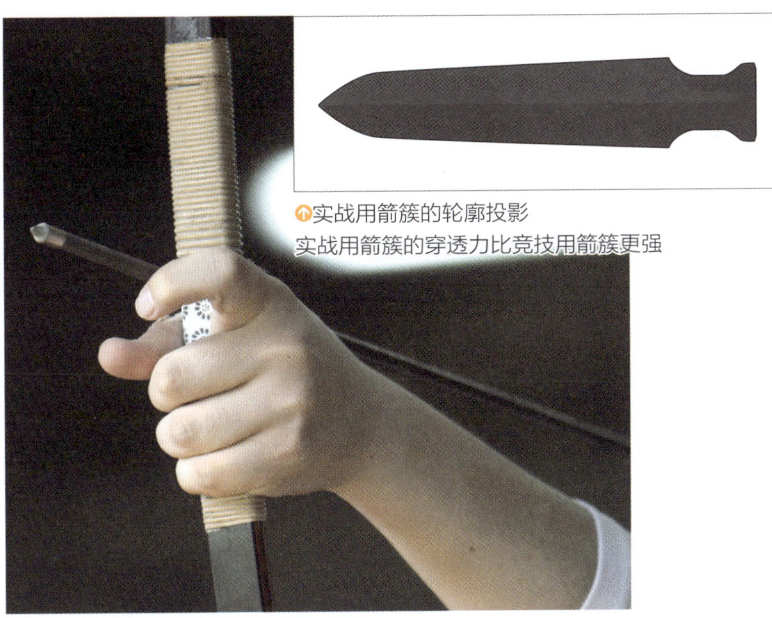

实战用箭簇的轮廓投影
实战用箭簇的穿透力比竞技用箭簇更强

箭杆前端的箭簇（竞技用）可以提高箭矢的穿透力

Q47

门类◎弓箭

射出去的箭矢会按照理论计算的轨迹飞行吗

弓箭的原理在 Q45 与 Q46 中已经详细解释过了，但是如果我们仔细往更深一层去思考的话，就会发现很多没考虑周全的问题。比如说，箭矢在离弦瞬间产生的振动问题、箭头朝向与箭矢行进方向（箭矢重心的行进方向）之间的偏离问题，等等。日本弓开弓时是用拇指扣住弓弦，然后再把中指和食指压在拇指上，西洋弓则是用食指、中指和无名指扣在弓弦上开弓的。因为在手指放开弓弦的瞬间，弓弦是从呈球面的指腹滑过并弹射出去的，所以，这一瞬间，日本弓弓弦是向右偏的（图 4–37），而西洋弓弓弦则是向左偏的。

因此，箭矢实际上并不是被弓弦笔直地推向目标的，而是稍有偏斜的。箭身则会因为推力的偏斜而产生振动，一边左右蜿蜒扭曲，一边飞向目标（图 4–38）。再加上弓身恢复原状产生的力量推动弯曲的箭矢向前飞行，在这两个力量的共同作用下，箭头的朝向与箭矢行进方向之间就会产生偏离。

箭矢的振动会逐渐衰减，当目标过近时，如果箭矢恰巧在弯曲幅度最大的时候射中目标，箭杆的弯曲幅度会变得更大并削减掉箭矢的部分威力，所以有些研究者主张射箭的时候，弓箭和目标之间要有一定的射距（日语称之为“矢顷”）。此外，为了抑制箭矢的振幅，还需要用各种技法来弥补，比如撒放弓弦的手法及日本弓的翻腕甩弓等技法。此外，决定箭矢加速时间（撒放弓弦后弓的各个部分回归原位的时间）的弓身强度和箭矢自身的质量、决定箭矢振动频率的箭杆强度（箭杆越硬振动频率越小）等这些要素都要考虑进去并做出最佳调整。

如果放任箭头朝向与箭矢行进方向之间的偏离不管的话，会加大箭矢飞行时的空气阻力并最终影响射程。为了克服这个问题，通常要在箭矢尾端增加 3~4 片箭羽，就如同飞机尾翼的原理一样，箭羽起到保证箭头朝着箭矢行进方向稳定飞行的作用（图 4–39）。采用同样原理的还有可以贯穿坦克装甲的 APFSDS 穿甲弹①。为了保证穿甲弹点火之后还能够继续高速射向目标，APFSDS 穿甲弹跟弓箭一样使用飞翼**而非螺旋膛线**来稳定飞行方向。

图 4-37 箭矢离弦的瞬间，弓弦会把箭矢的尾端向右压

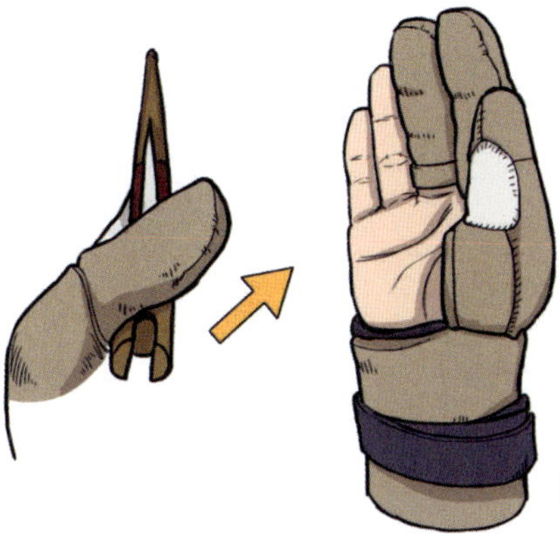

使用日本弓时佩戴的三指护手是用鹿皮缝制的，可以缓解射箭时手指受到的冲击力。日本不同的弓术流派所使用的三指护手形制也各不相同，不过通常都会护住右手的拇指、食指和中指

图 4-38 箭矢实际上是一边左右蜿蜒扭曲一边飞向目标的

图 4-39 箭羽的作用

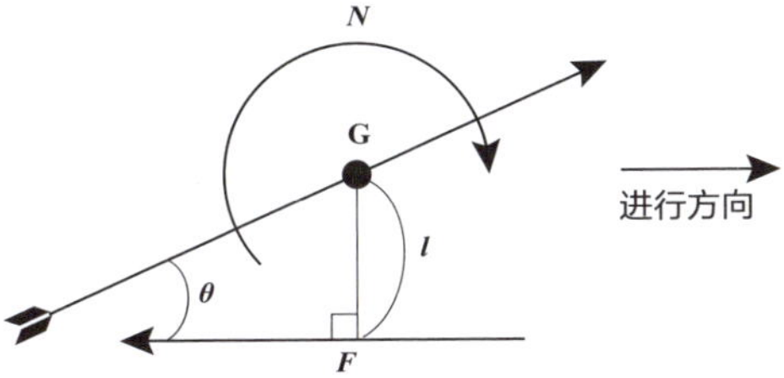

G：重心

F：作用在箭羽上的空气阻力（严格来说，空气阻力并不一定与箭矢的行进方向正相反）

N=Fl：将箭头的朝向转向箭矢行进方向的力矩（偏离角度 θ 越大，力 F 与 l 就会越大）

---

① 即尾翼稳定脱壳穿甲弹，英文全称为 Armor Piercing Fin Stabilized Discarding Sabot。

② 译者注：日语读作“yugake”。

锁镰这种兵器的威力如何

锁镰这种兵器因为宍（音 ròu）户梅轩和宫本武藏比武而名扬天下。锁镰是一把柄长 50cm 左右的镰刀，一个金属秤砣，中间以一根铁锁链相连接制成的。铁锁链长度从 60cm 到 300cm 不等，可连接镰刀的顶端，也可连接其尾端（图 4-40）。锁镰主要有以下 2 个特征：

①金属秤砣的飞行速度快且杀伤力惊人；

②铁锁链可以缠绕对方的武器、四肢或者脖颈。

关于①，**旋转的物体末端的线速度通常会非常快**，例如咏春拳翻捶或者空手道里拳的拳锋、回旋踢的脚尖，等等，它们的速度可要比直拳或者前踢腿的速度快得多。如果我们把手臂或者腿看作是铁锁链，将拳头或者脚看作是铁锁链末端的金属秤砣，就会很容易理解**金属秤砣能高速飞行**的原因了。

锁镰的金属秤砣在击打头骨、膝盖或者肘关节等坚硬的部位时，其冲击力最大，很容易造成骨折。如果用日本刀正面拨挡被金属秤砣带动着一起飞来的铁锁链，那么日本刀就会如②所述被铁锁链缠住。

为了方便读者理解，我们先假设铁锁链的质量比金属秤砣小很多。如果横扫而来的金属秤砣直接击中刀身，那么可能会直接将刀打断。但如果扫中刀身的是连接在金属秤砣后面的铁锁链，那么金属秤砣就会以刀与铁锁链的接触点为圆心开始旋转并牵引铁锁链缠住刀身，而且其缠绕速度并不会减弱（图 4-41）。人被金属秤砣打中则后果严重、性命堪忧，如果是脚被缠住，则会被对方拉倒并拖至跟前，再遭镰刀击杀。

针对攻击方式如此特殊的锁镰，可以采取这样的对策：当金属秤砣冲着头部横扫而来的时候，用刀顺着金属秤砣扫来的方向向上拨挡金属秤砣附近的铁锁链，当金属秤砣向头部上方飞去时迅速收刀，这样刀身就不会被铁锁链缠住了（图 4-42）；此外，逃入密林，让对方没有足够大的空间抡动铁锁链和金属秤砣也不失为一个好办法。

图 4-40 锁镰

➲锁镰上的金属秤砣飞行速度快且杀伤力惊人，铁锁链则可以用来缠绕对方的武器、四肢或者脖颈

图 4-41 锁镰上铁锁链与金属秤砣的用法

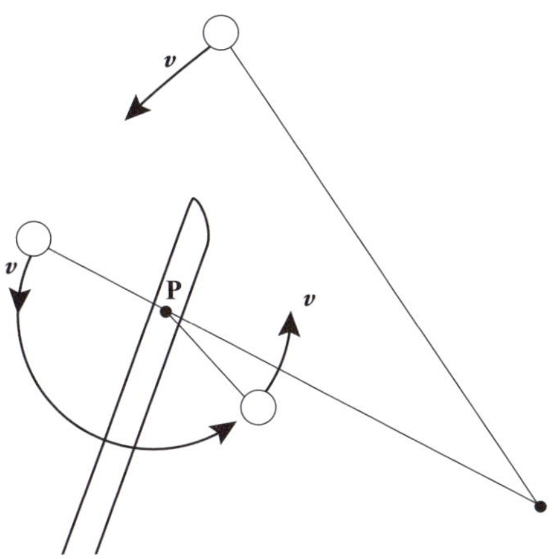

➲如果用刀在点 P 位置格挡铁锁链的话，金属秤砣会保持速度不变并以点 P 为圆心继续旋转，牵引铁锁链缠绕住刀身

图 4-42 既能保证刀身不被铁锁链缠住，又能拨挡开金属秤砣的方法

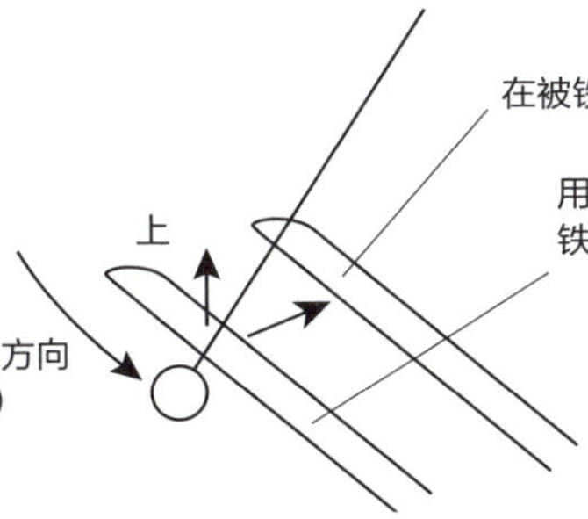

双节棍是一种什么样的冷兵器

双节棍多为中国少林拳和冲绳古流空手道的武器，相传它起源于中国古代的一种马具或者农具，是用一段长 10cm 左右的绳索或者铁链将 2 根木棒（每根长 30cm 左右、直径 3cm 左右）连接而成的，总质量在 0.4kg 左右。

功夫巨星李小龙先生在他主演的电影中曾经多次展现变化多端、精彩华丽的双节棍技艺，使得双节棍一时间风靡全球。双节棍除了在力学特征上有别于其他冷兵器之外，其本身作为一种奇门兵器也具有很高的研究价值。从物理学角度来看，双节棍主要有以下两个力学特征：

①高速挥动的双节棍具有非常猛烈的冲击力，对于硬度高的目标也有很强的破坏力；

②难以操控，很容易伤到自己。

关于①，双节棍构造特殊，能够高速挥动（原因解释详见图 4–43）。但双节棍击打端木棍的质量只有 0.2kg 左右（约为木刀质量的$\frac{1}{3}$），其瞬间冲击力可能会很大，但是缺乏将目标打飞或者深入切割进人体所需要的质量（冲量 = 棍棒动量 = 棍棒质量 × 速度）。此外，手持端木棍的势能以及手腕甩动的势能（动量）难以通过绳索或者铁链的传导而作用到打击目标上，[①] 这也是问题之一。

因此，双节棍锁定的打击目标点应该为头部、锁骨、肘关节、手等相对坚硬的部位。我曾经在武术表演中见过有人使用大号双节棍将水泥块一击两断，这个力道要是打到头上，中招的人恐怕会当场毙命。再者，如图 4–44 所示，上身侧面及肋腹部姑且不论，就人体中线附近的柔软部位来说，用双节棍击打该部位的时候，由于作用时间变长导致冲击力带来的伤害程度也随之降低，杀伤效果实际上并没有想象中那么理想。

至于②，首先我们考虑一下两根木棍通过一根绳索连接之后的挥动效果。如

① 详细解释请参考 Q27。

图 4–43 所示，左下角表示的是处于停止状态的双节棍，当握住手持端木棍（以下简称“根节”）的中心点 A 并以圆形轨迹挥动时，绳索与双节棍击打端的木棍（以下简称“梢节”，其重心位置为 G_0）基本一直处于同一条直线上，绳索一直处于被梢节拉扯伸直的状态。自左侧的停止点开始到图中央表示的是双节棍在加速期的运动轨迹，之后（图中右半部分）为双节棍减速期的运动轨迹。

当根节被挥动至 45° 时，梢节的重心依然滞留在 G_1 的位置。在这个位置梢节的旋转速度尚未达到最大，再加上梢节加速的方向与梢节并未完全垂直，而是成一定夹角，所以就算击中目标也没什么杀伤力。

当根节继续旋转，梢节就开始受离心力的作用围绕圆心依次经过 G_2、G_3 并突然加速追上根节到达 G_4 的位置，与根节处于同一条直线上。此时梢节的速度达到顶点，且加速方向与梢节垂直。**这个瞬间就是最佳的击打时间**。此时如果以 G_4 稍微靠近梢节端点的位置（精确位置是由挥动方式决定的）去击打目标的话，将会获得更大的打击力，因为具体计算过程比较复杂难懂，所以此处将其略去。

当我们用双节棍在 G_4 的位置上准确击中目标后，梢节会因为目标的反作用力而弹回来击中自己（图 4–45），所以在打中目标之后要**继续挥动双节棍的根节**。这样梢节就会受离心力的作用重新回到挥动轨迹上，并沿着挥动轨迹持续行进下去而不会反弹击中自己。此外，当挥棍方式不正确导致梢节失控的时候，也可以**通过挥动双节棍根节产生离心力以恢复对梢节的控制**。

图 4–43 左半部分为双节棍梢节的加速期，通过手臂抡动根节及与根节相连的绳索，绳索再带动梢节并为梢节提供旋转的动能。图 4–43 右半部分表示的是双节棍梢节的减速过程，在梢节击中目标后，手臂持续拉动根节沿着挥动轨迹继续行进，根节再通过绳索继续牵引梢节行进，在行进过程中逐渐消解掉梢节的动能并最终使其安全停止移动。如果突然停住双节棍的根节，就会像图 4–46 一样，梢节上没有消解掉的动能会对梢节持续产生作用并使其继续转动，最终伤到自己（图 4–47、图 4–48）。[①]

① 请参照 Q48 中图 4–41。

图 4-43 双节棍的击打过程

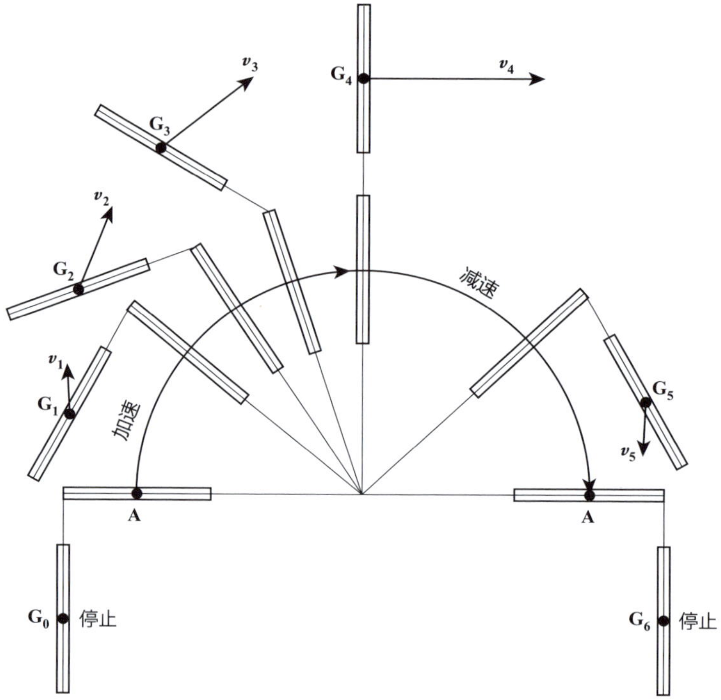

当手持双节棍根节中心点 A 以圆形轨迹挥动时，双节棍梢节呈现的运动轨迹

图 4-44 双节棍击打坚硬目标与柔软目标时

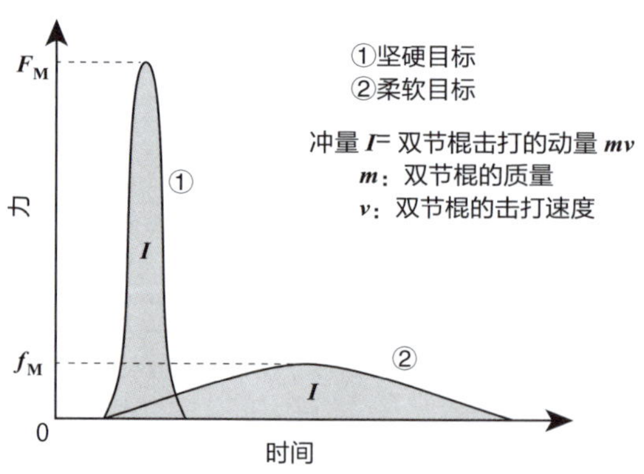

当双节棍击打到坚硬目标时，其瞬间冲击力为 F_M；击打到柔软目标时，由于目标发生形变，导致双节棍带来的瞬间冲击力 f_M 变小

图 4-45 双节棍击中目标后的运动轨迹

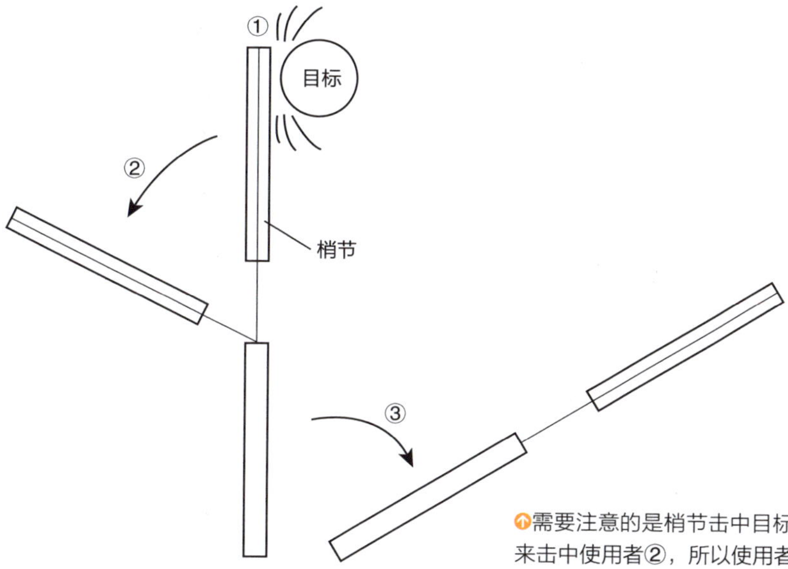

需要注意的是梢节击中目标之后①会弹回来击中使用者②，所以使用者要在击中目标之后继续挥动根节，使梢节沿着击打轨迹持续行进下去③，以避免其弹回击到自己

图 4-46 挥动中的双节棍如果根节突然停止，可能会打到使用者

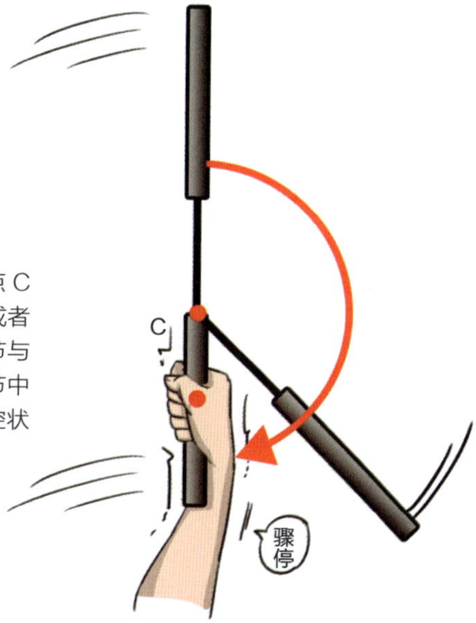

如果根节突然停止的话，梢节就会以点 C 为圆心继续旋转，并击中使用者的手腕或者身体。挥动双节棍击打目标的时候，梢节与根节基本处于同一个平面。但是如果根节中途偏离这个平面的话，梢节就会处于失控状态，而这对于使用者来说是相当危险的

图 4-47　因操作不当被双节棍打到后背的例子

如图所示，右手持双节棍水平向左横抡时，由于右肘僵直地夹在体侧导致持棍手急停，双节棍的梢节也随之打到后背上。正确的使用方法请参看 Q51 中图 4-53

图 4-48　双节棍的实战架式之一

这种持双节棍的架式，便于根据情况自上而下或者自下而上任意出棍攻击。和正蹬腿或者持刀劈砍一样，双节棍的实战攻防也需要步法配合。在实战中，如果只注重把手上的棍子抡得呼呼生风，双脚却待在原地不会灵活移动的话，那可就离遭殃不远了。有的流派甚至会把截拳道的架式和步法拿来配合双节棍

Q50 门类◎其他冷兵器

双节棍除了挥动抡击之外还有什么别的使用方法

双节棍的基本攻击技巧为挥动抡击，其攻击范围要优于短刀或者徒手，但面对长棍或者搂抱、摔、投等招数，双节棍则难以发挥威力。

如前所述，挥臂抡动根节的力量难以完全传导到双节棍的梢节，所以双节棍的抡击是无法截停戳来的长棍或者改变长棍的攻击方向的。此外，如图 4–49 所示，左右手抓紧双节棍的两头，用连接棍身的绳索或者铁链挡架时，即便向左右拉抻双节棍的力 f 与长棍打来的力 F 一样大，以双节棍构筑的防线依然会被长棍砸出 30° 左右的凹陷。

那么该如何用双节棍挡架呢？如图 4–50 所示，面对正面打来的长棍，并不用双节棍向上硬架，而是通过身法的主动移动避其锋芒，再抓住长棍攻势停顿的瞬间迅速欺身上前，截停长棍，然后一边**用双节棍将长棍卸向一旁，一边快速拉近敌我距离**。虽然我们还可以将双节棍折叠合拢为一根短棍来挡架，但这相当于手持短棍对阵长棍，在攻击范围上是非常不利的。另外，当对方徒手冲上来企图搂抱摔倒我们的时候，还可以如图 4–51 一样**用双节棍的棍头凿击对方的头部**。

虽然双节棍不利于近距离战斗，可一旦用双节棍的绳索顺利缠住对方的手腕或者脖颈，那么双节棍就能够爆发出十分惊人的杀伤力（图 4–51）。仅仅用一根绳索勒住对方脖颈的时候，绳索上的张力就相当于双手拉力之和。而双节棍勒绞的力量除了受绳索长度影响之外，**绳索两头的棍子还构成了两根杠杆并共同作用在绳索上，所以双节棍的勒绞力量实际上要比单独一根绳子的力量大好几倍（图 4–52）**。

无论如何，双节棍作为一种杀伤力惊人的兵器，携带出行的时候最好将其放于袋子中，以免招惹是非。

图 4-49　错误的双节棍挡架方法

a. 左右手抓紧双节棍的两头挡架长棍

b. 长棍轻而易举就将双节棍中间的绳索打变了形，并势如破竹地砸到双节棍使用者头上

c. 即便向左右拉抻双节棍的力 f 很大，受长棍打来的力 F 作用，挡架的双节棍依然会产生一定的弯折角度 θ

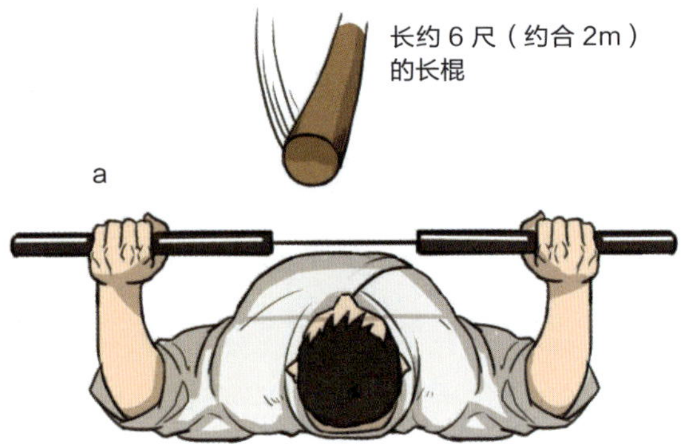

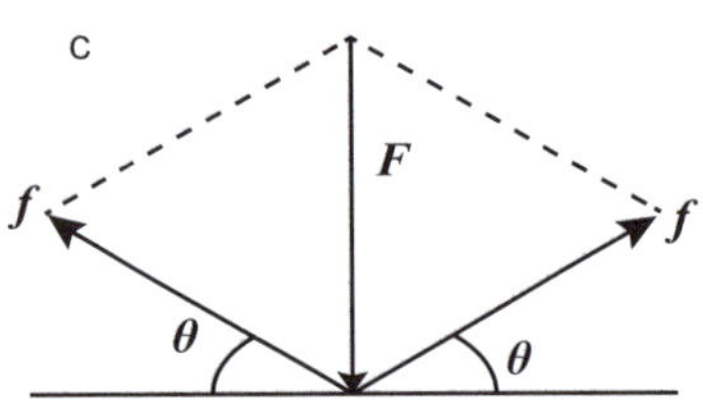

$$f=\frac{F}{2\sin\theta}$$

当 $f=F$ 的时候

$\theta=30°$

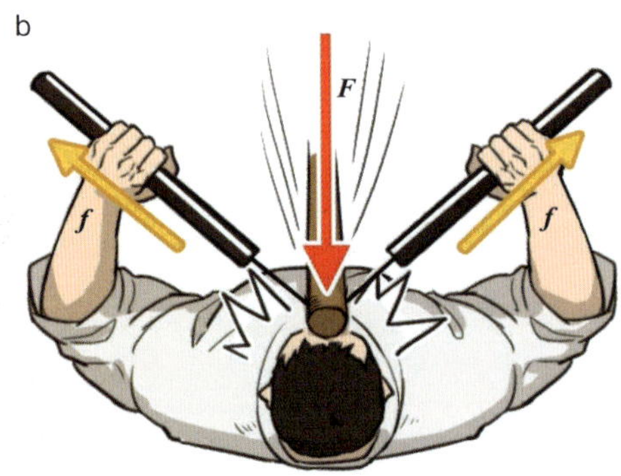

图 4-50　正确的双节棍挡架方法

不要正面硬挡硬架打来的长棍，而要用双节棍将长棍卸向一旁，并同时快速近身

图 4–51　挥动抡击之外的双节棍攻击方法

对方如果快速近身并上前搂抱的话，可以用双节棍的棍头凿击对方的头部

双节棍的勒绞很有杀伤力

图 4–52　为什么双节棍的勒绞威力巨大

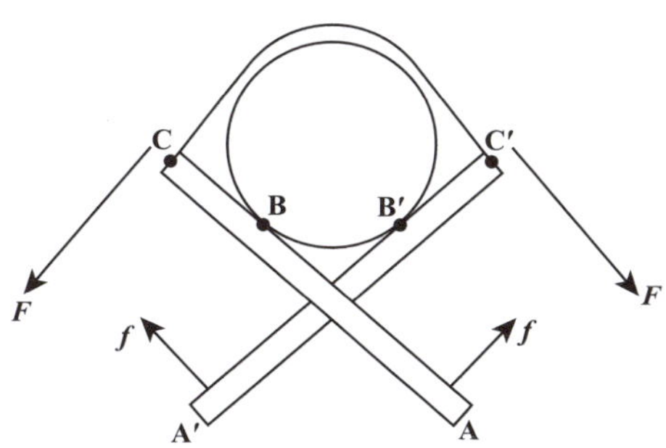

当在双节棍的端点 A（A′）施加力 f 时，点 B（B′）就会成为一个支点，而连接双节棍的绳索 C（C′）就会在力 F 的作用下收紧勒绞，据图中位置关系可以计算得出，力

$$F=\frac{\overline{AB}}{\overline{BC}}\times f=2.5f$$

怎样才能华丽帅气地挥舞双节棍

想必很多读者和我一样，至今仍然对国际功夫巨星李小龙先生在电影《龙争虎斗》中那华丽帅气、出神入化的双节棍技艺印象深刻吧！还记得第一次看完电影之后，我就花费心思全手工打造了一副一模一样的双节棍，可当我真的把它拿在手里挥动的时候，不是打到手就是打到头，尝尽了苦头。

以下我将为各位读者介绍几种用于表演的双节棍的安全招法。不过也请各位读者注意，很多武术家都提出过忠告："双节棍在实战中可不能胡抡乱挥。"毕竟表演和实战可是有天壤之别的。

双节棍的基本挥动方式有两种：一是使梢节上靠近绳索的根部缠在躯干或者手臂上，并通过该部位的阻挡使梢节停下来，然后再反方向抡回去，日语称这种技法为"返"；二是用另一只手抓住被阻停的梢节并沿着梢节运动的方向继续抡动，日语称这种技法为"回"（图 4–53）。[①] 以上 2 种技法都要注意以下 3 点：

①注意减速；

②注意另一只手抓取的是梢节上绳索到梢节中点之间的位置，而非破坏力最大的端点附近；

③用躯干或者手臂阻停的是梢节上靠近绳索的位置。

关于①，在 Q49 中的图 4–43 已有说明，挥动中的双节棍如果根节突然被阻停的话，梢节上残余的动能会带动梢节继续运动，可能会伤到使用者，所以需要握着根节的手能够灵活自如地给挥动中的双节棍减速。当持握双节棍根节的手上传来被梢节拉动的手感时，就说明减速成功了。至于②，是因为越靠近绳索，就越靠近双节棍旋转的中心位置，所以棍身的运动速度也就越低。曾经有人用手去抓取双节棍梢节上速度及破坏力最大的端点部分，结果导致手指甲被梢节打裂。③与②同理，之所以用躯干或者手臂阻挡双节棍梢节上靠近绳索

---

① 以上两种命名方法来自日本双节棍表演艺术家宏树先生。

的位置，也是因为这里的运动速度较慢，而且在绳索缠上并围绕躯干或者手臂旋转的过程中，双节棍的梢节受到绳索（以及根节和抓握根节的手）的回拉牵引会不断丧失动能并最终停下来，这样就可以避免伤及身体了（图 4–54）。

不过对于初学者来说，还是用软橡胶制成的双节棍练习比较安全。

图 4–53　双节棍的基本挥动方式

将挥动中的双节棍减速之后，使梢节上靠近绳索的根部缠在躯干上，通过身体阻挡使梢节停下来，然后再反方向抢回去，日语称其为“返”

右手持双节棍根节自下而上朝前挥动，使双节棍的绳索和梢节越过肩膀缠在上臂，左手配合抡棍从正面接住梢节的中间部分，然后右手放开根节，左手位于右肋旁自下而上继续朝前挥动双节棍，日语称其为“回”

图 4-54 双节棍失去动能并停下来的原因

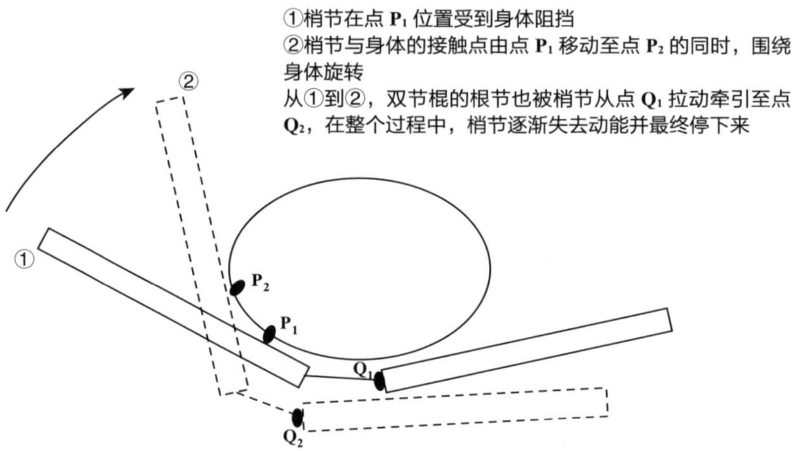

第5章 武术中的步法、身法及身体感知欺骗法（障眼法）的科学

Q52

门类◎步法

“顺拐式行进方法”真的更加适合实战吗

所谓“**顺拐式行进方法**”就是迈右脚时向前伸右手、迈左脚时伸左手的走路方式，也就是俗称的“顺拐”。以前我去欧洲旅行的时候，印象最深的是欧洲人走路时那非常夸张的扭腰和摆臂幅度，当然他们的走路方式不是“顺拐”，而是摆臂和迈步方向相反的普通方式。今天日本人的走路动作虽然没那么夸张，但摆臂和迈步的方向也一样是相反的。

古代日本人日常生活中穿的和服是用带子束在腰间的，所以为了保持衣着整齐，行走时要刻意减小扭腰摆臂的幅度。特别是武士们，据说是以近似“顺拐”的方式走路的，而且基本不会摆臂，因为右手在向后摆动的瞬间会远离插在腰间的刀，而此时一旦有敌人偷袭，就来不及回手拔刀了。

不过近年来随着日本短跑名将末续慎吾在世界级短跑比赛中一路高歌猛进，其独特的“顺拐式奔跑法”也开始进入人们的视野。但也不乏有好事者对其过度神化，甚至提出了“走路就应该不摆臂”“顺拐式走路会效率更高”等主张。

本节将会就“通常人们在走路时为什么摆臂和迈步方向正好相反”“走路时有必要摆臂吗”两个问题进行探讨。

搞清楚这些问题的关键在于**角动量**（**旋转时的动量**）。如图 5–1 所示，质量为 m 的物体 A 以大小固定的速度 v 围绕圆心 O 做半径为 r 的旋转运动，其

角动量 L= 质量 m× 速度 v× 旋转半径 r

当另一个与 A 质量相同的物体同样以大小相等的固定速度 v 沿着位置 B、C、D 的直线轨迹运动时，该物体经过点 C 的动量与物体 A 旋转时的角动量的大小是相同的，由此可以得知，该物体在直线 B → C → D 上的任意一点的动量的大小都等于物体 A 旋转时的角动量的大小。

图 5–2 为跑动中的人体俯视图。由于髋关节位于骨盆的左右两侧，所以通常情况下，行走时左脚与右脚并不是踩在一条直线上的，所以要想保持身体平稳，可以试试像迈过地上的跑道线一样抬脚落步。从便于看到身体重心 G 和双

图 5-1 角动量（旋转时的动量）

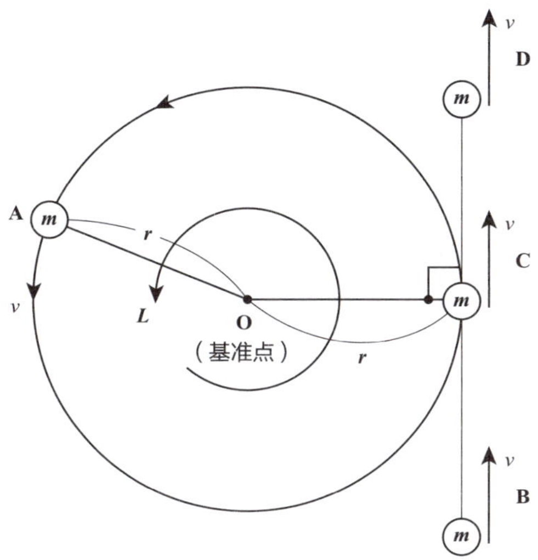

质量为 m 的物体运动至点 C 的瞬间，其动量的大小与以 r 为半径绕圆心 O 旋转的物体 A 的角动量的大小是相同的

物体 A 以 r 为半径绕点 O 旋转，其角动量 $L=mvr$，与质量相同并以大小相等的速度 v 沿着位置 B→C→D 的直线轨迹运动的物体的动量的大小相等

图 5-2 跑动中的人体俯视图

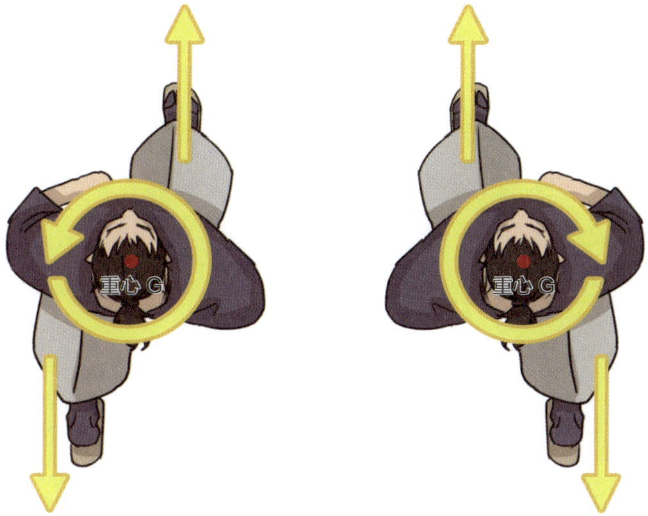

在跑动中，每跑一步，双脚的角动量 L 的方向就会发生一次逆转

脚关系的上方俯视图来看，左脚着地的瞬间，右脚在向前迈，而左脚在向后蹬地。也就是说，此时双脚上具有以身体重心 G 为圆心向左旋转的角动量，所以此时的双脚可以近似看作图 5–1 中质量为 m 并沿着位置 B → C → D 运动的物体，并且跟该物体一样也具有角动量。

人体在跑动时，每跑一步，双脚的角动量 L 的方向就会发生一次逆转，并且会一直持续下去，直到跑动停止。如果想改变角动量的方向，就需要有与该角动量方向正相反的力矩（旋转的力量）。虽然在着地时，脚会受到来自地面的与该角动量方向相反的反作用力，但并不足以逆转角动量的方向。[①] 于是，再通过**向双脚运动的反方向摆动双手，使双手具有与双脚运动方向相反的角动量，**[②] **这样全身整体的角动量就会减弱，我们也就不需要那么大的力矩来逆转双脚的角动量方向了**。

在短跑比赛中，高速运动的双腿具有很大的角动量，再加上迈步频率极高，就需要运动员能够快速、反复逆转角动量的方向，所以为了能用双手抵消一部分双脚的角动量，需要大幅度地摆动双臂（图 5–3a、图 5–4），而手臂质量相对较小的女性选手则需要通过加大摆臂幅度来增大手上的角动量（图 5–3b）。

步行时双脚的角动量较小，所需要的双手的角动量也就没那么大，所以大幅度摆动双臂除非是想减肥，否则就是在浪费体力。就像提着重物的双手质量会突然增大好几倍一样，人体会根据需要抵消的角动量大小自然调整手臂摆动的幅度。

爬楼梯或者登山时，动作要比走平地慢得多，而且双脚更多地要上下移动而非前后移动，双脚基本不产生如图 5–2 中所示的角动量，所以也就没必要摆动双臂，即使摆臂也没什么大用，反倒是“顺拐”走路恐怕更加高效合理。

---

① 请参照 Q30。

② 虽然手臂质量远小于腿的质量，但是因为手臂重心高于双腿，其相对运动半径其实很大，所以手臂实际上可以产生相当程度的角动量。

图 5-3　短跑姿势

图 5-4　图 5-3a 中短跑姿势俯视图

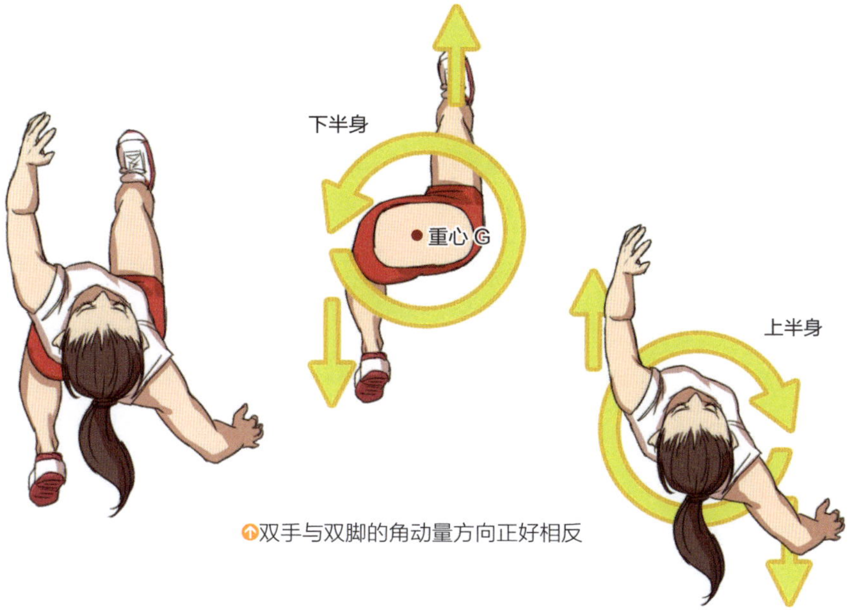

Q53

门类◎步法

武术中有很多全脚掌着地的步法，这种步法有什么优势吗

现代剑道采用的是脚掌着地、脚跟离地的步法，而**日本的古代刀法（古流剑术）中，脚跟通常是不离地的**。宫本武藏在《五轮书》中曾经写道："脚跟要用力踏地。"此外，在徒手格斗中，击打类的竞技型格斗术脚跟也是离地的。与此相对，相扑的步法则是脚掌贴地行进，双脚脚趾弯曲，紧紧抠住土俵①的沙土地以保证脚跟能够稳稳地踩实地面，中国武术中的"力从地出"也是这个道理。相扑力士一旦脚跟离地就很难保证身体稳定，特别是当打算一口气将对方推下土俵的时候，如果脚跟虚浮，恐怕会被对方借力顺势扔出土俵。对身体稳定性有极高要求的综合性武术如合气道、柔道以及中国武术，其步法都要求脚跟着地。

●脚跟离地步法的优势

脚跟离地步法的优势在于移动或者发力时能够利用踝关节的弹力，也就是利用与小腿腿肚上的腓肠肌和比目鱼肌相连的跟腱的反弹力（图 5-5）。当然，脚跟离地的步法也能够有效缓冲双脚着地时的反震力。肯尼亚、埃塞俄比亚的马拉松选手之所以能够不断刷新世界纪录，一个主要原因就是，他们在奔跑时脚掌先轻轻着地，这样就会减轻大腿肌群的负担，脚掌着地之后再伸展跟腱，并将其积累的肌肉弹性能量在下次收缩的时候释放出来。此外，利用跟腱弹性进行移动的还有拳击手那灵活迅捷、极富节奏性的步法。

其实与普通人相比，能够最大限度利用踝关节弹力的，反倒是残运会上双腿不健全的径赛项目选手们。这些选手用碳素纤维义肢产生的弹性势能代替小腿肌肉产生的弹力，创造了不输一般人的纪录。但是，碳素纤维制成的弹片也会缓冲大腿蹬地的部分力量，减弱蹬地效果，所以使用弹片义肢的运动员起跑

① 译者注：日语称相扑比赛的场地为"土俵"。

图 5-5　人体小腿及膝盖解剖图

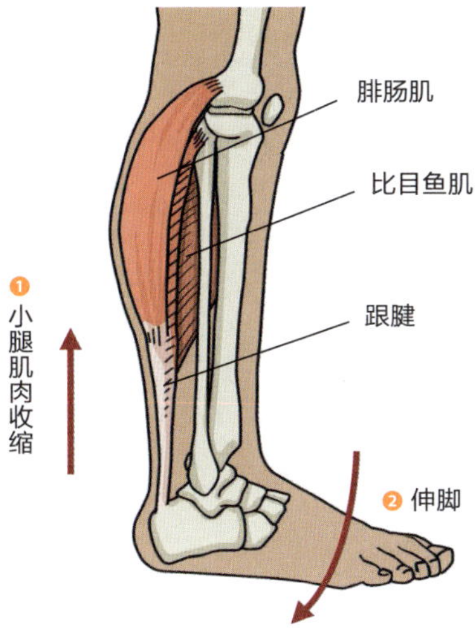

小腿上的腓肠肌和深层的比目鱼肌收缩，牵引跟腱，为踝关节弹力的根源

之后很难在短时间内加速。① 从这些残疾运动员在赛场上奔跑时的姿态就可以想象到利用脚踝的弹力移动的优势与劣势了。

●脚跟着地步法的优势

评价一种武术步法的优势和劣势，还要考虑打斗环境是否能让其优势完全发挥。脚跟离地、脚掌着地的步法，脚掌与地面接触面积小，所以对地面施加的压强就大。在地面坚硬的环境下还好，可如果是在沙地或者盖满落叶的林地上，前脚掌就会陷入地面，导致踝关节的弹力优势无法发挥出来。再比如在沙漠中，蹄子小、弹跳力强的鹿远没有蹄掌宽厚的骆驼跑得快。而冲绳地区多沙滩，为了适应在沙滩上打斗，流传于此地的古流空手道就发展出了脚掌完全贴地、十趾牢牢抓住地面的步法。

相较于脚跟离地的步法，脚跟着地的步法虽然无法利用踝关节的弹力快速移动，但却能**突然蹬地发力**。接下来我们看 2 个例子。

如图 5-6，A 将双手重叠置于 B 胸前，后脚脚跟翘起，重心上提。接下来，后脚突然松劲，② 使身体重心突然下坠，跟着立刻用踩实的后脚脚跟撑住身体下

① 同时也是因为缺乏小腿肌肉蹬地的力量。
② 实际上由于人体的自然反应，前脚也有一定程度的松劲，关于这一点，详情请参照 Q55~Q56。

坠的惯性，后脚脚跟在撑地的同时，前腿突然完全放松，这样**全身就会突然向前加速运动**（感觉就像身体因为突然失去前脚的支撑而向前倒下去一样）。最后这股来自全身的力量通过双手瞬间作用到对方身上，并将对方向后推出。

如果脚跟不着地而仅仅靠踝关节蹬地，产生的力量则要小得多，因为踝关节及肌腱会将蹬地的力量缓冲掉一部分。即便双手可以如棍棒一样猛戳出去，也只不过将踝关节蹬地的力量传导到对方身上，特别是当意念中有“用手推”的意识时，手肘就会自然弯曲，这样反倒会再缓冲掉脚踝的一部分蹬力。

在图 5–7 中，A 双手抓住木刀，双脚前后分开脚跟着地站立。B 在 A 身后，双手向后用力拽住木刀的另一端，并尽量阻止 A 前进。通常情况下，A 是一步也无法前进的。但是**当 A 在前脚瞬间松掉支撑身体的力量的同时，后脚脚跟突然蹬地，B 就会被向前拖动**。此时如果 A 后脚跟离地的话，向前拉动的力量就会被踝关节缓冲掉一部分，也更容易被 B 事先觉察并发力反制，导致无法拉动 B。

图 5–6　来自脚跟的力量①

A 将后脚脚跟提起并提高重心

A 后脚突然松劲，并用着地的后脚脚跟撑住身体下坠的惯性，与此同时，前脚也突然松劲，使身体在下坠的惯性及后脚脚跟支撑力的共同作用下突然朝前加速，这股力量通过双手作用到 B 身上，并将 B 向后推出

图 5-7　来自脚跟的力量②

A 后脚脚跟着地并踩实，前脚突然松劲，从力学角度来看，A 的身体应该瞬间成为前倾姿势并将 B 拽起身来

Q54

门类◎步法

太极拳的步法是全脚掌着地，其威力如何

想必很多人会认为，如果不考虑稳定性的问题，能够最大限度利用踝关节的弹跳力迅捷快速移动的步法非拳击的步法莫属了，但是实际情况可能并非如此。

我也是对自己的速度和敏捷性很有自信的一类人，但与太极拳无形塾的池田秀幸老师在停车场玩过一次抓人游戏之后，我彻底改变了观念。池田老师当时采用的是步幅很大、双脚脚掌全部着地的姿势，人就在我面前，可每次当我伸手去抓他的时候他都会“嗖”地一下闪过，到最后我连摸都没摸到过他一次。实际上，池田老师就是“**在双腿突然放松的瞬间给身体加速的**”，通过这种方法就可以获得比击打类的竞技型格斗选手更快的步法和身法。

池田老师的步法不仅快，而且威力十足。

如图 5–8a 所示，体格强健的弟子[①]（右）上步出拳击打池田老师（左）的面门，池田老师闪过来拳拳锋的同时，前脚已经开始往弟子的双脚之间移动。池田老师的前脚虽然在移动，但从力学角度来看，这里的快速移动与 Q53 中图 5–7 一样是通过双脚松劲来实现的。

接下来如图 5–8b 所示，池田老师身体下沉，前脚踏入弟子的双脚之间，并**利用身体的重力势能以及后脚脚跟的支撑力产生的合力为自己的身体向前加速**。撞击时要保证后脚脚跟、身体重心以及肩膀撞击点这三点连成的直线与撞击方向重合在同一个平面内，这样由身体重力势能产生的巨大动能就可以通过肩撞（靠）作用到对方的胸肋部，并造成巨大的杀伤力。

图 5–8c，为了保证安全，实际上池田老师并未尽全力发劲撞击，但该弟子也被池田老师撞得向后飞了出去。

---

① 该名弟子长期修炼空手道。

图 5-8　全脚掌着地步法的威力

a

池田老师（左）突然放松后脚，闪过弟子（右）的上步冲拳

b

池田老师利用身体的重力势能以及后脚脚跟的支撑力，突然用肩膀向前加速撞击对方的胸肋部

c

体格强健的弟子被撞得向后飞出去。在整个发力过程中，池田老师完全没有借助踝关节的弹力

Q55

门类◎身法

如何利用身体的自身重力快速移动

前文多次提到让支撑身体的双腿（包括髋关节、膝关节、踝关节在内）突然松劲或者放松使身体下沉的方法，我称其为“**拔重**”。拔重对提高移动速度的效果可以通过以下这个实验来求证。

实验随机选择了 15 名大学生，让他们以指示灯为发令信号快速横向移动 60cm，并测量学生们身上的动作捕捉点（双肩、腰左右两侧共计 4 个动作捕捉点）完成移动所需的时间（除去从看到发令信号到身体开始运动之间的反应时间）。

之所以选择横向移动，是因为当正前方突然出现危险（比如来了一辆自行车或者是一个彪形大汉撞过来）的时候，最基本的规避方式就是横向快速移动。[①]

首先让学生们按照各自的方法自由移动，接下来让学生们按照指导方法学习突然放松支撑腿使身体整体下沉的拔重方法。拔重方法的指导内容包括口头讲解、观看与熟练者的动作演示对比的录像、系统练习。

图 5–9 为最初与最终测试结果的比较。横向移动的平均时间从接受指导前的 0.64 秒缩短到接受指导之后的 0.56 秒，**所有人的移动速度都变快了**。另外如图 5–10 所示，学生们身上的动作捕捉点在垂直方向上的下降幅度由接受指导前的 9cm 增加到接受指导后的 17cm。测试结果从表面上来看是身体的下降幅度增加从而缩短了横向移动的时间，实际上是**身体的重力势能转化成了横向移动的动能**。

但在实验中还是出现了很多影响移动速度的问题，比如，放松双腿使身体下沉的速度太慢，或者身体下沉幅度过大导致整体移动时间变长，等等。拔重的前提条件是整个身体要处于放松状态，然后抓住恰到好处的时间点立刻结束身体放松的状态，这样才能够达到利用拔重技术迅速移动的效果，所以利用拔重技术迅速移动的另一个难点就是要根据移动距离的长短调整身体放松的时间。

① 虽然通过转身也能在一定程度上起到规避作用，但是实际上可以通过距离更短的横向移动解决这个问题。

图 5-9　完成 60cm 横向移动所需时间（单位：s）

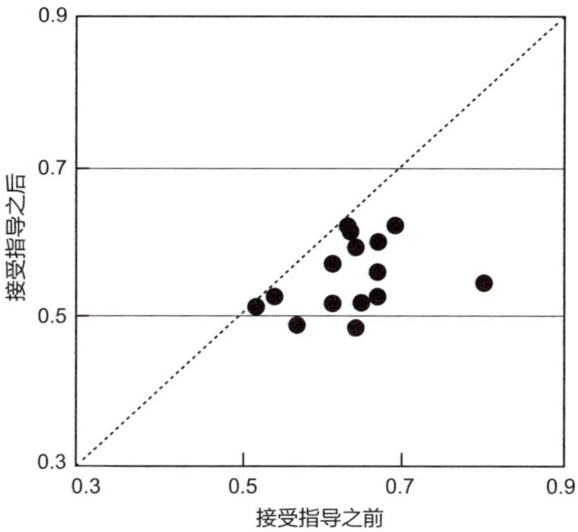

接受指导之后，所有人的移动速度都变快了（图 5-9、图 5-10 都是根据石锅先生等人 2011 年出版的著作改编绘制而成的）

图 5-10　身体垂直方向上的下降幅度（m）与横向移动时间（s）之间的关系图

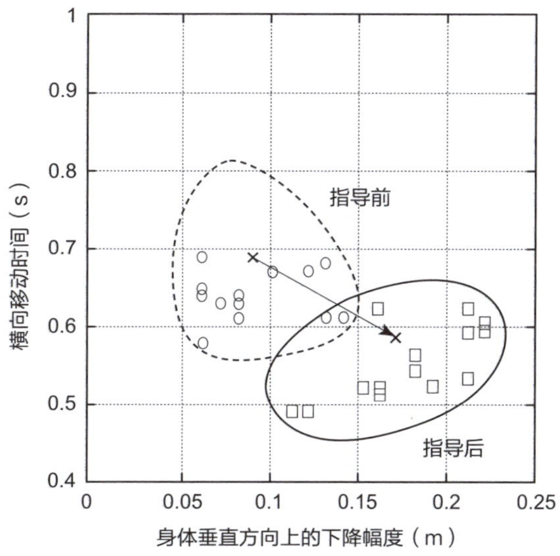

学生们身上的动作捕捉点在垂直方向上的下降幅度由接受指导前的 9cm 增加到接受指导后的 17cm，横向移动时间从接受指导前的 0.64s 缩短到接受指导之后的 0.56s

Q56

门类◎身法

拔重技法与脚跟着地的步法之间的力学关系是什么

首先请各位读者看图 5–11，此图是“物体从静止状态进入匀加速直线运动状态”（A）和“物体一开始就以 A 的 2 倍加速度直线运动”（B）的数据比较图。横轴表示运动时间，纵轴表示物体的运动速度。[①] 图表上的阴影面积（斜线部分和灰色部分）表示的是物体的移动距离。

在 A 状态下，物体在其运动的前半段时间（t 介于 0~1 之间）里，移动距离为 5，在后半段时间（t 介于 1~2 之间）里，其移动距离激增到 15，全部运动时间内的总移动距离为 20。当 t 为 1 的时候物体的运动速度已经达到最终运动速度的一半大，但其移动距离却只有总移动距离的$\frac{1}{4}$。也就是说，**匀加速运动状态下的物体，其在整体运动过程中前半段时间内的移动幅度要小一些**。

然后再来看看在 B 状态下物体的运动状态变化。在 B 状态下，物体在前半程的运动速度为在 A 状态下的 2 倍，在后半程，双方速度逐渐趋同。这样，物体在前半段时间（t 介于 0~1 之间）里移动距离增大到 10，当 t=1.5 的时候移动距离就已经达到 20，所用时间仅为 A 状态下的$\frac{3}{4}$。**加速度越大，移动同等距离所需的时间就越短**。

接下来我们一起来看看关于利用重力的问题。如图 5–12，物体在点 P 处于静止状态，并沿着无摩擦斜面向点 Q 滑落。那么斜面 A、B、C 哪一种所需的滑行时间更短呢?

斜面 A 滑行距离长，而且起始端倾斜角度并不明显，很难为物体滑落提供良好的加速度，所以不予考虑。斜面 B 距离最短，但是由于斜面倾斜角度固定，所以物体在沿斜面 B 下滑的过程中始终处于匀加速运动状态。相较于斜面 A 和 B，斜面 C 起始位置的倾斜角度几乎达到 90° ，从一开始就能为物体滑落

① 这里的时间与速度的数据，实际上是简化了移动距离数据之后的数值。

图 5-11　“物体从静止状态进入匀加速运动状态”（A）和“物体一开始就以 2 倍加速度运动”（B）的数据比较

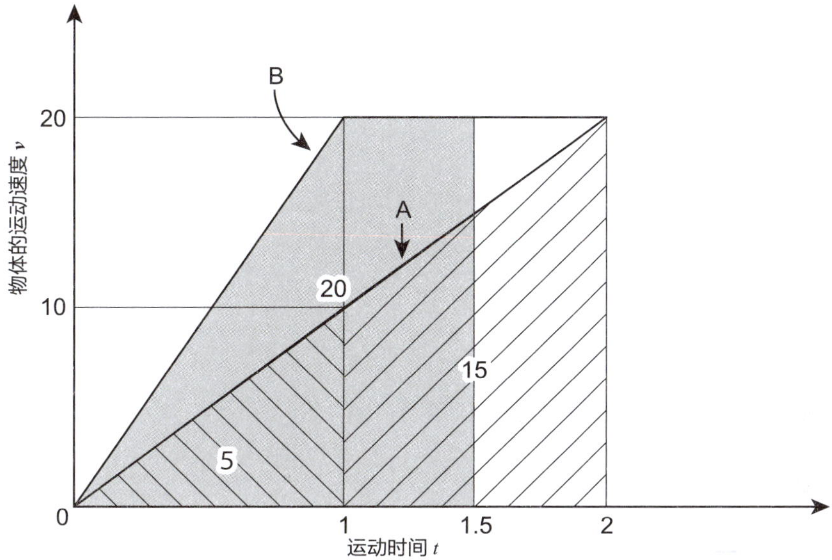

初始加速度越大，移动同等距离所需时间就越短。A、B 的最终速度（t=2）都是 20

图 5-12　物体沿着无摩擦力斜面自点 P 滑行至点 Q

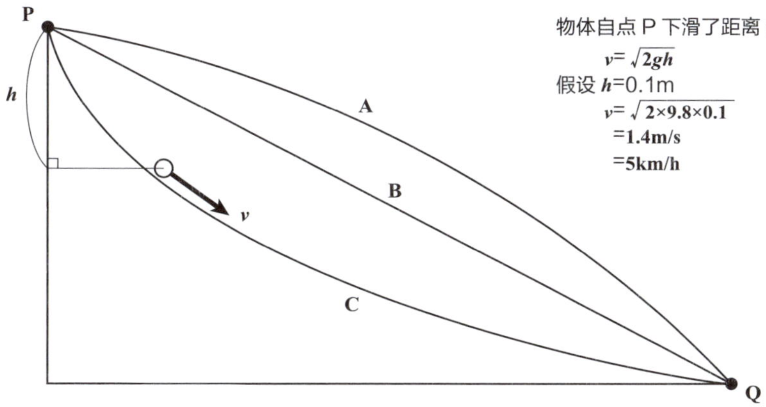

物体自点 P 下滑了距离 h 后，其速度

$v=\sqrt{2gh}$

假设 h=0.1m

$v=\sqrt{2\times9.8\times0.1}$

$=1.4\text{m/s}$

$=5\text{km/h}$

斜面 C 的理想形态为摆线形

提供了巨大加速度，这个速度足以弥补稍长的斜面长度，所以实际上**物体沿斜面 C 滑下的时间最短**。

但是也要注意，如果斜面向下弯曲过深的话，斜面长度也会随之变长，物体沿斜面滑落的时间也随之变长，所以斜面 C 最理想的形态其实为摆线（Cycloid）形。

●利用上文的力学原理来解释武术中的身法移动

接下来我们根据上文的力学原理来看看武术中的身法移动，我们将身体重心看作上文物理分析中的“物体”，将支撑身体的双腿看作“斜面”。当我们想要在最短时间内完成水平移动时，理论上来讲，就要使身体重心沿着斜面 C 下降并水平横移。只是双腿除了借用重力势能之外，还通过释放肌肉力量为身体重心施加加速度，所以身体重心的实际移动轨迹要比摆线的横向长度更长，不过与上文例子相同的是，身体重心也是沿着垂直方向下降的。

图 5–13 所示的柳生新阴流**迅速拉开对敌距离的步法**就是以上理论的实际应用。双手持刀对敌时（图 5–13a），支撑身体的后脚突然松劲（图 5–13b）。此时如果前脚仍然保持支撑身体的话，身体就会以前脚为圆心向后旋转，导致身体重心的运动轨迹变成图 5–12 中斜面 A 的形态。

为避免发生上述情况，前脚也要同后脚一样突然松劲，以保证身体重心能够垂直下沉，但前脚仅仅是一瞬间松劲。紧接着，用前脚脚跟蹬地，将身体下沉的方向变为向后平移。只用前脚脚跟撑住地面就好，没必要连前脚脚掌也一齐发力蹬地。

紧接着，身体向后坐，一边使重心下沉，一边将前脚往后送（图 5–13c），退至必要的距离之后仍旧保持双手持刀的对敌架式（图 5–13d）。

在实战中，当开门瞬间遭遇到敌人用刀突刺而没有时间以拔刀术对敌时，就可以运用这个步法，**一边快速向后退闪，一边迅速拔刀出鞘，然后摆出图 5–13d 的架式对敌，这样敌人的偷袭自然就被化解于无形了**。

图 5-13　柳生新阴流迅速拉开对敌距离的步法

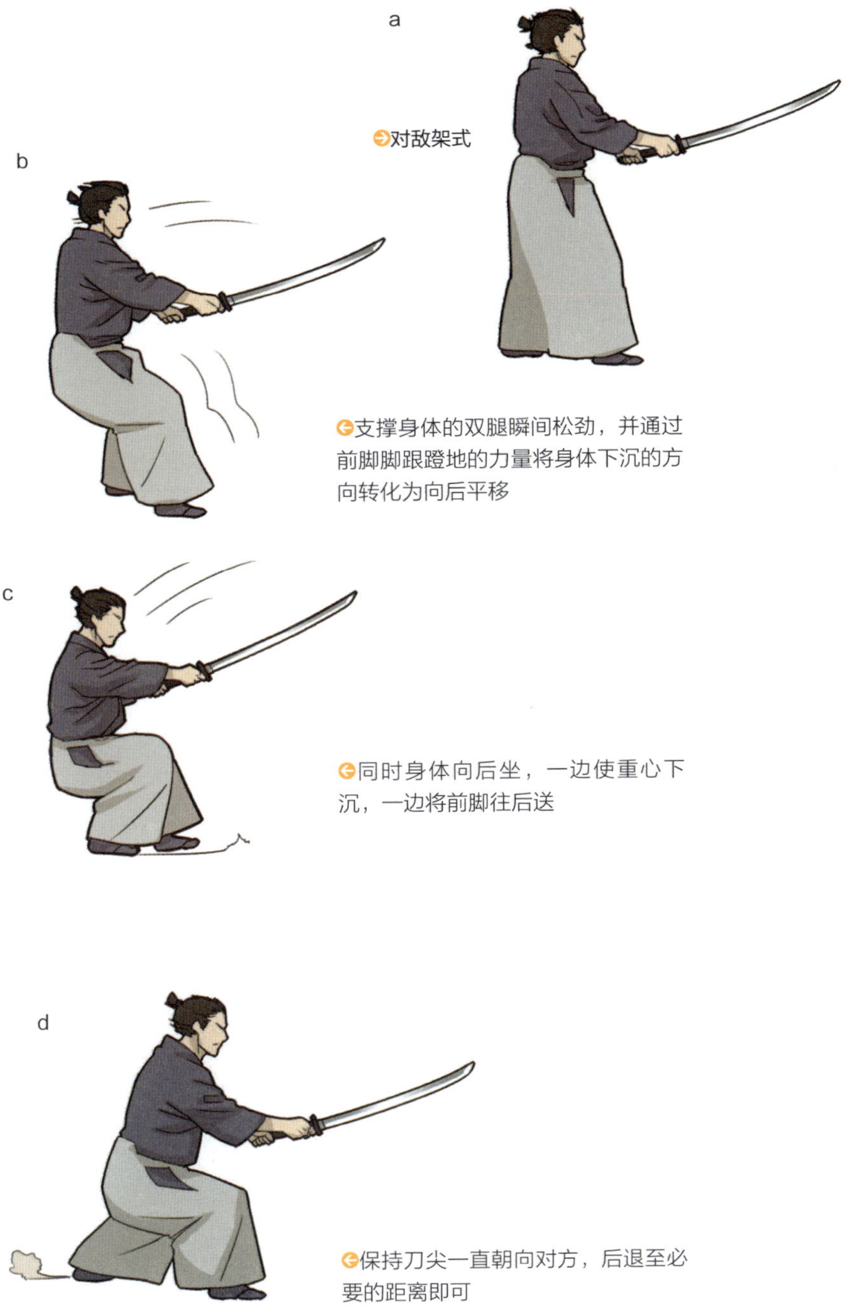

武术中最快、最直接的动作是什么

武术中的招式动作基本都是非日常性的，用这些招法进攻时往往出招如电，令人防不胜防，并且它们有以下两个基本要素：

①这些招法的速度快得“叫人看不清”；

②这些招法在理论上符合物理学原理，在实战中可以瞬间制敌。

关于要素①，我们在 Q61 中也会提到，所谓非日常性，也就是说我们在日常生活中几乎见不到这些动作，所以我们的大脑中没有处理这些动作的经验。即使这些动作投射到我们的视网膜上，经验不足的大脑也无法及时处理，无法在脑中构筑起一个个三维立体的动态图像，**所以就会觉得这些招法快到“叫人看不清”、令人根本反应不过来**。

当我们不断练习并能够正确掌握这些武术招法之后，积累了足够经验的大脑才能够正确处理投射在视网膜上的武术招法影像，并在脑中正确构筑这些武术招法的动态三维立体图像，这样我们才能逐渐“看清楚”它们。

图 5–14 为要素②的一个实例，左方剑士以双手持刀上举的“上段”架式出刀，自上而下劈砍右方剑士，右方剑士摆出双手持刀、刀尖朝下的“下段”架式（图 5–14a），并突然自下而上刺击对方的咽喉（图 5–14b）。与右方剑士同样的动作，如果从日常性动作的角度来分解的话，大概可以分为以下 4 阶段：

①右脚向着对方迈进一大步；

②伏低身体，刀刃朝上；

③将刀稍微向下收，作为蓄力；

④将刀自下而上刺出。

将以上动作①、②、④合在一起同时完成，就构成了图中的非日常性的武术招法。左腿弯曲，上身向前下伏，右脚借助身体的重力势能向前大步迈进的同时放低左肩，只要双手稍稍将刀自下而上挑起，整个反击就完成了。这就是武术中以最小幅度调动全身的**最快、最直接的动作**。

图 5-14　身体各个部分尽量以最小的动作幅度运动，以达到最快、最直接的攻击效果

a

右方剑士以双手持刀、刀尖朝下的架式应对左方剑士双手持刀自上而下的劈砍

b

右方剑士一边借助下沉的重力势能以前脚上步，一边举刀自下而上刺击对方的咽喉。用招的关键在于右手位置的变化，向上刺击的时候，仅仅用右手将刀向上抬起，左手位置并没有发生变化

Q58

门类◎身体感知欺骗法

有没有通过欺骗对方的身体感知或利用人类心理误区、生理条件反射克敌制胜的方法

答案是“有”，例如中国的太极拳与日本的大东流合气柔术中共有的招法。

如图 5–15a，双方摆出的架式在中国武术的实战比武、北派搭手切磋或者南派“讲手”切磋中经常出现，以这种架式既可以临机使出截拳道的“拍手”或者“攔手”，也可以使出太极拳的各种招法。而且双方都能够通过接触手上传来的触觉去感知对方的攻击意图，如果右侧的太极拳师父 A 想要拨开左侧弟子 B 的手并上步欺身攻击 B 的话，B 可以通过感知 A 手上的动作来及时反击、防御或者躲闪。所以，A 为了不让 B 感觉到自己的动作并有所提防，**一边保持自己搭在对方手上的手的位置和力道不变，一边上步欺身**（图 5–15b）。A 的招法看起来仿佛是哑剧演员手扶着一堵“看不见的墙”在前进一样。

这招利用了人的五感会根据情况为从外部感知到的事物排列处理顺序这一特点。比如说，电影里男女演员一个在左，一个在右，即使把男女演员发出声音的位置偷偷调换一下，从男演员的位置发出女演员的声音，从女演员的位置发出男演员的声音，观众们也不会注意到男女演员出声的位置发生了变化，这是因为与听觉信息相比，人脑是优先处理视觉信息的。图 5–15 中的情况则是因为，在人脑中，**触觉信息是优先于视觉信息被处理的**。也就是说，B 的大脑虽然优先得到了 A 欺身上步这个视觉信息，但是从手上传来的触觉信息并没有发生变化，所以无法感觉到 A 的动作。因此，B 与 A 搭手的右手甚至没有采取任何防御动作。

在 A 已经上步进膝破坏了 B 的支撑腿的平衡，就快将 B 扳倒的瞬间，一切对于 B 来说都为时已晚，此时的 B 既不能防御，也无法反击（图 5–15c）。在图 5–15b 中，对于视觉信息被触觉信息压制了的 B 来说，A 的进攻就是“无形无相、看不见甚至消失了”的。自图 5–15a 到图 5–15c 的整个过程中，B 的感受就像视频录像突然消失了几帧一样，毫无征兆就被扔了出去。

图 5–15 太极拳招法“单鞭”的实战用法

a

A、B 双方手搭手，两人通过从对方手上传来的触感来判断对方的攻击意图

b

A 一边保持手上传出去的感觉不变，一边进步欺身

c

当 B 察觉到 A 的动作并想要反击的时候为时已晚

●**利用大脑中的面部识别神经元**

接下来的招法是对人脑处理视觉信息原理的进一步利用。人脑中有一种专门处理人类的视觉信息的神经元，叫作**面部识别神经元**，它可以准确识别人脸。实际上，依靠面部识别神经元可以一眼就识别出堆满了乱七八糟杂物的屋子里的人脸。它有时候甚至会让我们觉得天棚的花纹、木头的纹理甚至汽车车头像一张人脸。依靠它，人们可以通过对方的面部表情来感知对方的行动或者攻击意图。

比如在 5–15b 中，A 进招时，至少有一半面孔是被手挡住的，因此 B 看不清楚 A 的面部表情，导致他反应更加迟钝。

图 5–16a 中的老师 A 上步进身，左手绕过弟子 B 的后脑，扣住 B 的脖颈。在上步进身的时候老师一直将自己的面门隐藏在手臂之下，当进入合适距离后才使自己的脸突然出现在 B 的眼前。而当 B 突然注意到 A 的面门出现在自己右边的时候，A 的左手已经绕过 B 的视线盲区，从 B 的背后扣住了他的脖颈。

当 B 觉察到自己的脖颈已经被 A 扣住的时候，脖颈会反射性地后仰以反抗攻击。A 如果勉强将 B 的头拉向自己的话，最后就会演变成双方顶牛斗蛮力了。因此，A 并不硬顶，而是顺着 B 后仰的力量，一边将 B 的头扭向其左侧，一边将其按到自己肩部，并顺势破坏了 B 的身体平衡（图 5–16b）。这招和大东流合气柔术其他招法的基本原理一样，**向对方预想的相反方向施加力，使对方无法立刻调动相关肌群发力应对，从而失去抵抗能力**。

之后 A 就可以简单地用绕过 B 后脖颈的手将 B 扭倒（图 5–16c）。在整个过程中，B 的右手从 A 手上得到的触觉信息并没有发生什么变化，所以 B 并没有产生要挣脱的意识，特别是，**直到 B 被 A 扳倒的瞬间，A 双手的位置基本没有什么变化**。突然出现在 B 眼前的 A 的脸吸引了 B 大脑的面部识别神经元的注意，接着 B 被 A 从后扣住脖颈并沿着意料之外的方向被 A 向后拧倒。

图 5-16　大东流合气柔术的实战技法之一

老师 A 上步欺身，悄无声息地接近弟子 B，然后故意使自己的脸突然出现在 B 眼前。在 B 大脑里的面部识别神经元识别 A 面孔的瞬间，A 的左手绕到 B 的后颈部并扣住 B 的脖颈

A 顺着 B 的脖颈反射性后仰的力量，一边轻轻地控制 B 的头朝左转，一边将其按向自己的肩膀

A 继续将 B 的脸向后扭，在整个过程中，A 双手的位置基本没有什么变化

Q59

门类◎身体感知欺骗法

日本武侠剧中经常出现上了年纪的老剑豪轻而易举地就把年轻力壮的剑士打败的场面，是真的吗

首先要知道，无论什么样的剑豪，只要上了年纪，肌肉力量水平和身体移动速度都会下降。但是，力量和速度占上风的年轻人如果轻敌大意，冒冒失失地近身，恐怕会在犹豫如何进招的瞬间就被经验丰富的老剑豪出招斩杀。毕竟兵器不比拳脚，不需要太大的力量就足以造成严重的伤害。

想象一下，一个不通武艺的门外汉握着刀砍来。从其拿刀的架式和脸上的表情就可以看穿他的进攻意图，从其步子的节奏就能判断他的进攻时机。当他要出刀劈砍的时候，为了增加气势，刻意将刀高高地举过头顶，稍有武术修行的人想必都能够及时应对他。

图 5–17 描绘的是柳生新阴流高手的实战状态。他们移动时好像日本传统能剧中的幽灵一样，**脸上没有丝毫表情，别人根本无法判断其攻击意图**，也无法从其飘忽不定的视线中去判断他究竟在看哪里。他们脚下踩着细碎的步子贴地而行，移动时身体没有丝毫的起伏和摇晃，仿佛滑行一般，叫人无法把握其进攻的节奏和时机（图 5–17a）。

接下来如图 5–17b、5–17c 所示，他们在不知不觉之间拉近敌我距离，持刀的右手基本保持不动，用后手调整刀身的角度。晃晃悠悠的刀身仿佛被幽灵附着飘在空中，而不是由人操纵，并散发出一种令人生厌的气息。因为丝毫感觉不到“刀身是为了调整劈砍角度才上下左右晃动的”，所以很难令对方产生戒备心理。最后当对方面对这种飘忽不定的操刀手法，**心中由于困惑不解而产生一丝疏忽懈怠的时候，高手已经举起的刀刃“嗖”地一声毫无征兆地劈砍而来**（图 5–17d）。

柳生新阴流中有“避免无意义杀戮”的要求，所以在通常情况下，与对方交手后的第一击不会是杀伤力十足的狠招，仅仅是在斩击的部位上轻砍一下，这是为了打乱对方的攻防节奏，令对方更加难以准确把握进攻的时机。

图 5–17　柳生新阴流高手的实战状态[1]

幽灵一样毫无表情的脸，加上飘忽不定的目光，令人完全无法判断他在看哪里、打算攻击哪里，移动时仿佛在地面上滑行一样

如 b、c 所示，刀仿佛被幽灵附着飘在空中，而不是由人操纵

双手轻握刀柄，“嗖”地一声毫无征兆地挥向目标，最后用“茶巾绞”手法发力斩去

① 根据冈本真老师的武术表演所绘制。

Q60 Q59 中提到的“飘忽不定的视线”是什么

还记得我刚开始修习日本少林寺拳法的时候，曾经和黑带师兄们做过一次实战练习。当时我刚刚学会了日本少林寺拳法中捕捉敌方动作的观察法——“八方目”。就在我用八方目捕捉对阵师兄两手两脚的攻防动作时，黑带师兄突然用左手“啪”地一声拍了一下他的左膝，我当时一惊，双眼的视线瞬间就落到师兄的膝盖上了（图 5–18），结果下一秒师兄的右拳已经停在我的鼻子前了。

其实我当时误解了八方目的意思，认为八方目就是不要将视线固定在一点，而是要用眼睛逐一扫描对方身体的各个部分，集中注意力一处一处检查。但实际上八方目的真正意思是，**保持视线不动，用双眼去看对方全身的动作**。

在我集中注意力盯着师兄左膝的瞬间，对于其左膝之外的身体部分实际上是视而不见的，所以即便师兄右拳的影像已经投射在我的视网膜上，我也根本没有注意到。用双眼去看对方全身动作这种观察法在日本武术中被称为“**观目**”或“**远山之目**”，医学上称其为“周边视野”，反之则称为“中心视野”，在武术实战中，周边视野的地位十分重要（图 5–19）。在实战中，这种观察法主要有以下 2 个作用：

①可以观察对方全身的动作或者同时观察多个敌人的动作；

②使对方无法通过你的目光判断你的攻击意图。

关于①，如果集中注意力紧盯着对方的拳头或者剑尖的话，是无论如何也不可能跟上对方的进攻速度的。注意力越是集中，越是无法注意周围的情况或者其他敌人的动作。反过来，如果习惯于用周边视野去观察对方的全身动作或者周围的情况，注意力就不容易被吸引到一处去（有时是几处），从而更加容易识破敌方的攻击意图，自然也就不容易被敌人的假动作所迷惑了。

关于②，一般新手喜欢以中心视野一直盯着自己的攻击目标，所以其攻击意图很容易被对方识破。反过来，高手如果故意通过专注的视线来展示自己的攻击意图，那恐怕就是真正的假动作了。

图 5-18 高手会在实战中故意误导对方的注意力以取得先机

如果注意力被高手左手拍膝盖的动作吸引过去，那么就不会注意到他打来的右拳

图 5-19 中心视野和周边视野

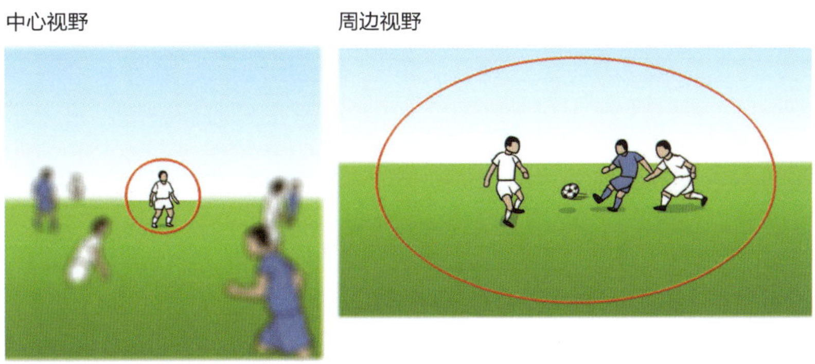

上图反映的是在足球比赛中，只盯着球或者一个选手看的中心视野和整体把握周围选手位置的周边视野之间的区别。在武术中，周边视野的地位要高于中心视野

Q61

门类◎身体感知欺骗法

相传日本刀法中有一个不可思议的招法，名为“影拔”，那是一种什么样的招法

几年前我曾经在甲野善纪先生那里体验过“影拔”这种招法。如图 5–20a 所示，A（甲野先生）摆出袈裟斩架式，准备自右上向左下斩击 B（我）。A 双手持刀大力猛劈，看起来好像要用 Q27 中提到的能将对方连人带刀全部打翻在地的重击打败 B，而 B 为了气势上不被压制，准备用竹刀正面硬架。可是就在 B 打算全力推刀硬碰的瞬间（图 5–20b），A 的竹刀仅仅向上蹭了一下 B 的竹刀，接着就出现在 B 的竹刀的另一侧，并准确击中了 B 的右手手腕（图 5–20c）。

我当时对这招的奇妙之处深有感触。当时直到我的竹刀和对方的竹刀就快结结实实地磕碰在一起之前，也就是到图 5–20b 之前，我都能够真真切切地看清楚对方竹刀的动作。但就在两把竹刀本来应该碰在一起的瞬间，对方的竹刀却好像被狐妖施了法术一样凭空消失了，取而代之的是我持刀的右手被凭空消失的竹刀击中。我当时完全没有看清楚对方的竹刀是怎样从我的左侧绕到右侧的，这不禁让人产生一个错觉：莫非我挡架的是个“影子”？

●投射在我们视网膜上的影像未必真的进入了我们的大脑

我最近终于搞清楚了这招“影拔”的原理。投射在视网膜上的影像，只有经过大脑的视觉信息系统处理并在脑中顺利成像，才能算是真正意义上的“被看到”，如果影像仅仅是投射在视网膜上而未经过大脑处理，实际上并不能算是“被看到了”。大脑会自动处理这些视网膜传来的视觉信息，而整个处理过程并不受意识的操控。

比如说，当我们突然移动摄像机的时候，镜头画面会产生摇晃，可是无论我们怎么转动眼球或者移动视线，映入我们眼帘的影像始终都是稳定不动的。摄像机和人类眼球的构造明明完全相同，可情况却不太一样，这究竟是为什么呢？这是因为**当眼球移动的时候，大脑会自动屏蔽掉视网膜传送过来的视觉信**

图 5-20　欺骗人脑视觉信息处理系统的“影拔”

a

➲ A 摆出袈裟斩架式攻击 B

b

➲ B 打算出竹刀硬架

c

➲结果 A 的竹刀却突然出现在 B 的竹刀的另一侧，击中 B 的手腕

d

➲实际上，当 B 断定 A 会像图 5-20b 一样进攻时，A 的竹刀已经开始绕向 B 的竹刀的另一侧

息，我们只是觉得我们在看没有晃动的影像，但事实却是大脑将晃动的影像自动屏蔽了。

人眼视网膜只能把外界立体的三维物体投射成一个个平面二维影像，所以视网膜上的投射影像其实是不完整的。从数学上来说，仅仅通过平面二维影像资料是不可能完全复原一个三维立体物体的全部的。所以，我们**人脑其实是根据以往的经验将平面二维影像补充完整并构建成为一个三维立体影像的**。

比如图 5–21，右边的圆看起来是向外凸起的，左边的圆看起来是向内凹陷的，但是这实际上是我们的大脑根据以往看到的光自上而下照在物体上的影像，自动将这两个圆判断为凸起的或者凹陷的。我们的大脑其实是将这两个圆作为三维立体图形处理的，而不是平面二维影像。

●大脑会自动修正、补足信息处理上的延迟

大脑在处理视觉信息的时候还有一个问题，那就是处理视觉信息是需要时间的（0.1s 左右），大脑并不能将高速运动的物体做同步即时处理。比如说，**当大脑在处理一个高速运动的物体时，为了修正这部分时间上的延迟，会在该物体移动方向的前方自动构筑一个该物体的影像**，这在医学上被称为闪光滞后效应（flash lag effect）或者闪光滞后错觉（flash lag illusion）。

足球比赛中有一种犯规情况——越位，意为当对方球员比我方球员更接近我方球门的时候，对方球员是不允许接球或停球的。可是，在各路一流裁判员云集的 2002 年韩日世界杯比赛中，越位误判居然达到全部误判的$\frac{1}{4}$左右。这些误判恰恰就是受闪光滞后错觉的影响造成的，为了接到队友传来的球而向着球门快速奔跑的选手在裁判员脑中形成的影像其实要比实际上更加靠近球门（图 5–22a）。

最后让我们再回到“影拔”上，同样由于闪光滞后错觉的影响，在图 5–20b 中，A 的竹刀在 B 脑中构筑成的影像其实要比实际上更加靠前，所以 B 出刀挡架的其实是自己脑中构筑的 A 的竹刀的虚影（图 5–22b），而现实中，A 的竹刀实际上是沿着图 5–20d 中的运动轨迹运行的。所以 **B 脑中自动生成**

的竹刀影像是图 5-20b 中的样子，而不是图 5-20d 中的实际影像，这就是 B 看不到 A 的竹刀劈砍轨迹的原因。

估计当 B 多经历几次“影拔”的攻击之后，脑中就会逐渐形成如图 5-20d 所绘的正确影像，并开始能够应付这招了。可如果是真正的生死搏杀，恐怕 B 会殒命于“影拔”之下并把这一招的秘密永远带进坟墓里吧。[①]

图 5-21 人脑可以将平面二维影像视觉信息自动补充为三维立体影像

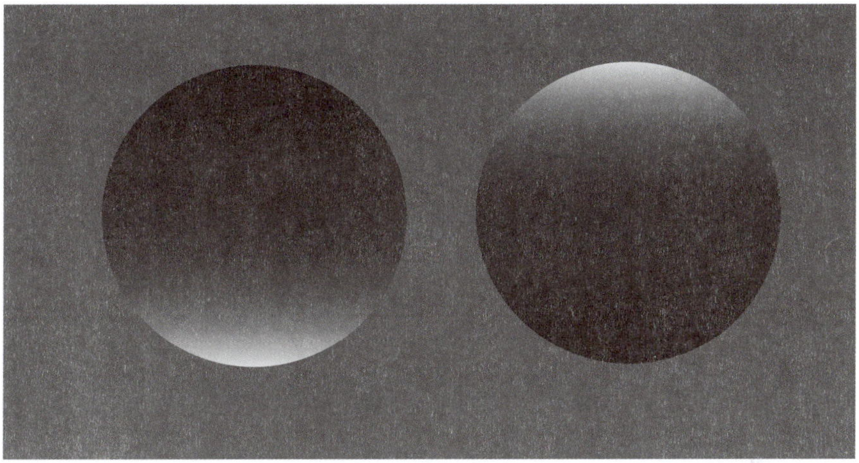

右边的圆看起来向外凸起，左边的圆看起来向内凹陷。大脑根据以往看到的光自上而下照在物体上的影像，将图中的平面二维影像构筑成一个三维立体影像。如果我们将这张图上下调转的话，就会发现左右两个圆的凹凸发生了变化

① 通常情况下，“影拔”这类秘招只传授给关系特殊的弟子，只有在你死我活的生死搏杀中才会使用。

图 5-22　闪光滞后错觉的影响

向着对方球门疾跑的球员实际上在点 P，但是裁判脑中却形成了球员在点 Q 的影像，闪光滞后错觉导致裁判做出了误判

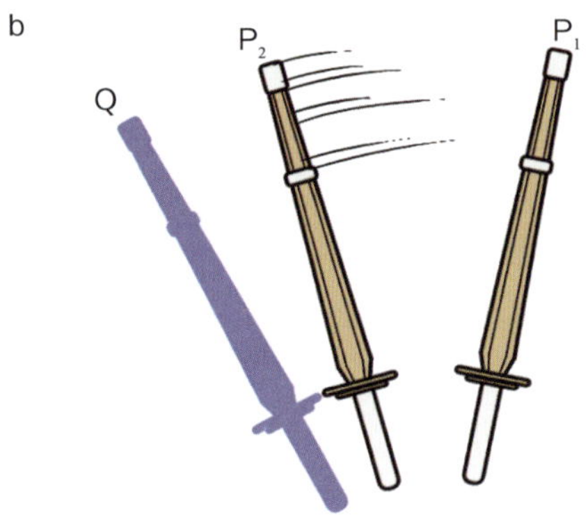

当 A 的竹刀自 P_1 移动到 P_2 的时候，受闪光滞后错觉的影响，B 脑中却形成了竹刀已经移动到 Q 的影像，所以 B 出刀挡架的实际上是 A 的竹刀的虚影

第6章 武术中的重心破坏技的科学

Q62

什么是武术中的重心破坏技

所谓**重心破坏技**，指的是令对方身体失去稳定性或者平衡的武术技巧。**由于人的双脚脚掌着地面积较小，所以从本质上来说，人类这种两足直立行走的身体结构是很容易摔倒的**。柔道练习者会先以重心破坏技向前后、左右、斜方向推或拉对方的身体，破坏其重心，在对方身体失去平衡之后，再以摔投技法将其摔倒。通常情况下，当感知到对方在发力破坏我们的身体平衡时，我们会通过调整身体的重心位置或者站立姿势来保持平衡，但如果对方的力气过大或者我们无法及时应对对方突然改变发力方向时，我们的身体就会失去平衡。

同样是破坏对方身体平衡的重心破坏技，武术和柔道却有些不同，武术中的重心破坏技会尽量不让对方准确感知其发力方向，[①] 具体方法包括以下 4 种：

①尽量缩小发力面积以增大向对方身体施加的压强；

②令发力方向持续不断地发生改变；

③一边改变发力点与对方身体的接触点，一边施加大小和方向都不断变化的力；

④利用手掌的自然反射。

以上 4 条都不是在对方没有防备的时候搞的突然袭击，哪怕提前告知对方“现在我要出招发力了啊，你可注意站稳了”，这些方法也同样有效。

比如①，当我们用手掌自上而下拍对方的肩膀时，如果 4 根手指弯曲回钩，并用手指指尖按压对方后背一侧，而拇指根部及手掌掌根则以同样的力量向前按压前胸一侧（图 6–1），由于指尖与身体的接触面积小、压强大（单位面积内施加的力量），所以对方会产生被我们的手向前拉的感觉，而前胸一侧的手掌虽然也施加了同样大的力量，但由于压强相对较小（接触面积大），所以对方其实并没有什么感觉。

---

① Q66 中介绍的第二个诀窍就是方法②的一个具体实例。

图 6-1　破坏对方重心的抓拿手法

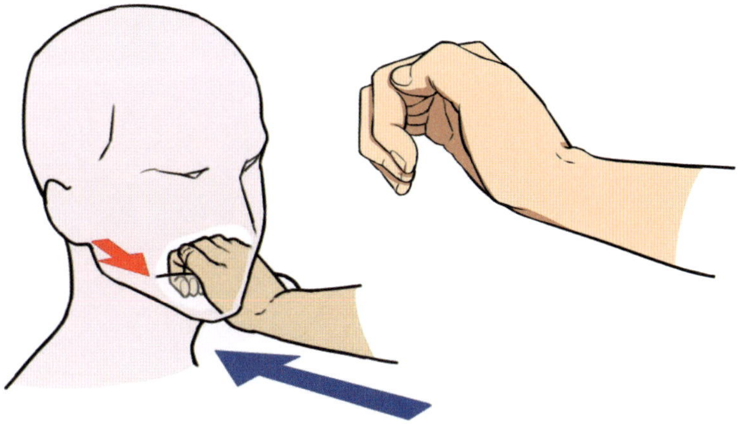

以 4 根手指弯曲，指尖回钩，拇指根部及手掌掌根向前按压的手法拍对方的肩膀，对方会有被向前拉的错觉

当对方感到自己在被向前拉时，为了保持身体不倒，会将重心向后调整，这时我们就很容易顺势将其向后推倒了。反过来，我们用拇指指尖代替手掌按压对方的前胸一侧，然后四指并拢按压对方后背一侧，就可以等对方向前调整重心的时候，顺势将对方向前拉倒了。

如果能够熟练掌握方法②，哪怕通过 1 根手指按压，也足以让对方身体失去平衡（图 6–2）。其诀窍就是要**连续**改变手指发力的方向，注意要在对方不知不觉中逐渐改变手指的发力方向，而不是突然改变手指的发力方向，不然的话对方会很容易察觉到力量大小或者发力方向的改变。

关于方法②，我们再举一个例子，分别用两只手的拇指、食指和中指轻轻抓住对方的两个袖子，双手分别、连续发力，交替拉扯，也会让对方身体在不经意间失去平衡。

再来看看方法③的实际使用技巧。比如，用手刀自上而下劈砍时，可以通过纵向转动手腕，使小指一侧在对方身上的攻击接触点翻滚，反过来，也可以自下而上一边施压，一边上推，来剐蹭对方的身体（图 6–3）。

方法②和方法③都可以使对方无法正确感知力量的变化，使对方“**不知道**

图 6-2 即使不用抓拿手法，也能破坏对方的重心

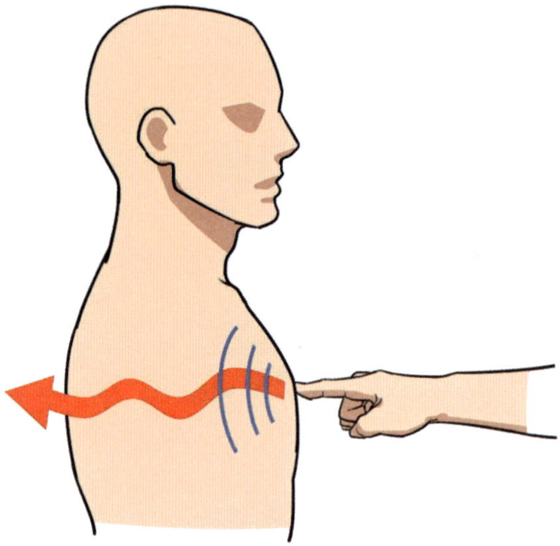

↑即使是 1 根手指，如果能够在对方不知不觉中连续改变手指发力的方向，也可以让对方身体失去平衡

为什么，身体就失去了平衡”。

再比如，在综合运用方法②和方法③的太极拳中，太极拳练习者以双手抱球的姿势（Q70 介绍的太极拳中的站桩）站定，并以一只手的手背推按对方的肩部。从力学角度讲，这个姿势对于对方来说是非常有优势的，[①] 但是随着太极拳使用者在意念中想象两手间的“球”不断膨胀并打开双手，对方身体就会不自觉地被推个趔趄。

最后我们来说说方法④，大东流合气柔术高阶技法中有一种名为“触合气”的技巧，就是利用了人类在类人猿阶段保留下来的抓握反射[②]来克敌制胜的（图 6-4）。善用这一招的高手将手摊开，并用指尖钩挠我们的手指，我们的手指会下意识地回钩并随柔术高手的引导进入圈套，等到反应过来的时候已经被对方的反关节擒拿技法控制住手臂并失去身体平衡了。

① 详情请参照我的另一本书《格斗技的科学》中的 Q44。
② 抓握反射是只有新生儿才有的非条件反射。

图 6-3 令对方无法正确感知力量大小及方向的重心破坏技

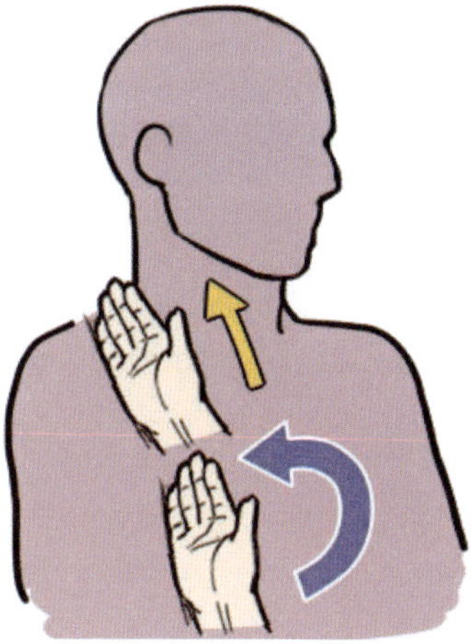

压蹭上去或者旋转手腕

图 6-4 大东流合气柔术中的“触合气”

a

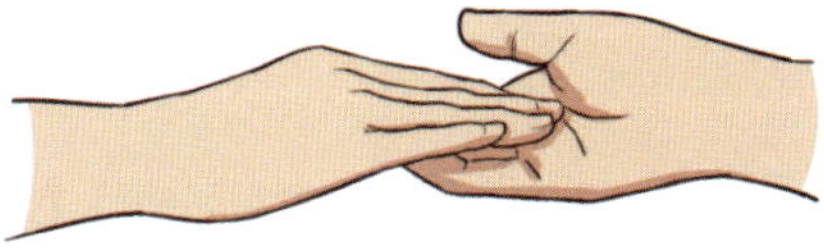

左方将手指搭在柔术高手（右）的手掌上

b

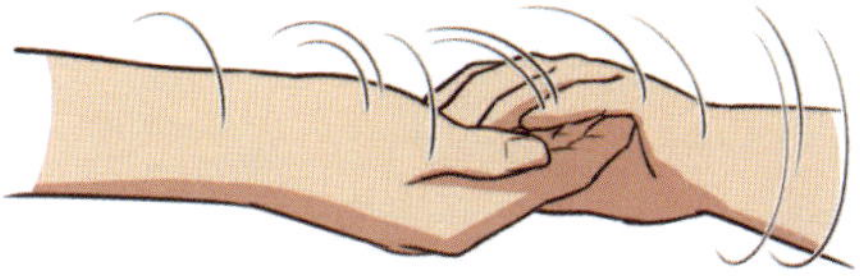

柔术高手向下翻转手掌

c

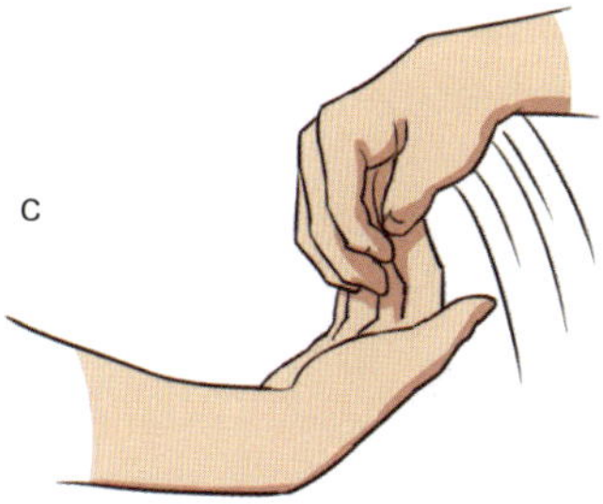

接着用指尖向上稍用力钩挠左方的手指，左方的四指会下意识地弯曲，想要抓住柔术高手的手指

d

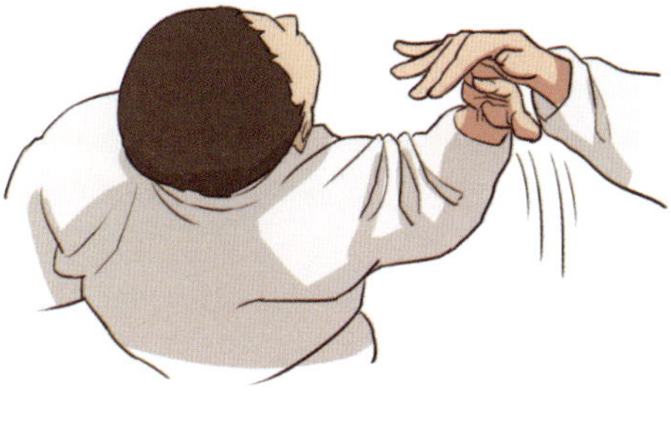

这样柔术高手就可以顺着左方四指弯曲的方向抓拿左方的手背，并扭折其腕关节

Q63

门类◎重心破坏技

怎样才能利用身体重心将对方向上格挡的手臂压低

在一次武术修习会上，我曾经配合甲野善纪老师进行武术表演。表演时，甲野老师喊道："注意向上格挡我的面部冲拳！"话音未落，一拳朝我的面门打来。我以日本少林寺拳法中的格挡技法向上格挡甲野先生来拳的手腕，我所用的技法与空手道中的上格技法相同，除了格挡之外还有发力截击对方出拳手臂内侧软组织的目的。然而，在接下来的瞬间，从甲野先生手臂传来一股沉重的力量，把我向上格挡的手臂一下子压到腰间（图 6–5）。这如果是实战的话，估计我门户大开的脸上早就吃了甲野先生左手一记冲拳了。

甲野先生这招的要领就在于，手腕突然下压的速度要令对方来不及反应。对方出手向上发力格挡的时候主要调动的是三角肌等相关肌群，格挡动作结束之后，肌肉也停止继续发力做功。如果格挡已然奏效，再向上继续无意义地格挡反倒会使面门露出空档。

抓住对方挡架动作停止的瞬间，突然发力将其挡架的手臂压低。

剩下的问题是"怎样才能瞬间释放出足够大的力量把对方的手臂压下去"，答案是"**两脚放松（拔重）**"。

甲野先生解说的时候采用的是"双脚同时垂直离地，使身体浮在空中"的说法，就是说，双脚脚掌保持与地面平行并突然离地，而不是脚掌撑地、脚跟离地。当然，人类的身体是不可能浮在空中的，实际上这个动作是双脚突然离地并向身体收缩，在双脚离地的瞬间，脚掌对于地面的支撑力基本为零（图 6–6），而失去双脚支撑的身体自然就开始下坠。

这样，双腿突然放松，身体产生了下沉的力量（有那么一瞬间身体确实是浮在空中的），[①] 这股力量再通过手臂突然全部传导到对方向上格挡的手腕上。需

① 施加的重量差不多相当于整个人的全部体重，由于计算过程比较复杂，所以将其省略。练习这招的时候，像图 6–6 描绘的一样，身体会下降一段距离，实战中因为对方一只手会释放出向上格挡的力来对抗这股下沉的力，所以身体下降的幅度基本为零。

图 6-5　明明已经向上格挡了，结果格挡的手臂却被压下来

明明已经向上格挡了从右方打来的拳头，结果拳头却突然变得异常沉重，直接把向上格挡的手臂压到腰间，这是为什么

因为对方在抓住我方向上挡架动作停止的瞬间，突然发力将挡架的手臂压低

图 6-6　将身体下沉的力量传导到对方手腕上的技巧

①双脚脚底与地面平行，垂直腾空
②全身下沉
③消除身体上的懈怠，以保证身体下沉的力量瞬间全部传导到对方手腕上

要注意的是，在身体下沉的力量传导的过程中，身体稍有懈怠就会导致动作变慢，对方就会很容易察觉，所以，在力量传导的过程中消除身体懈怠，全力以赴恐怕才是最难的一关。

不过，跟骑自行车或者游泳一样，想要熟练掌握这种技法，就要和武艺水平高并通晓这招的人一起训练，这样才能更快地体悟和掌握他们的经验和心得。

Q63 中介绍的压低对方格挡的手臂的技巧对于那些警惕性高或者肌肉发达的人也能奏效吗

对于仅仅是肌肉发达的人或者只会竞技型格斗术的人来说，Q63 中介绍的技巧多数情况下都是有效的。但是，面对同样精通传统武术的人，就要看双方的功夫谁高谁低了。

让我们从力学角度对这个技巧再深入分析一下吧。基本原则就是，**要对对方的手臂及肩关节周围的肌群施加足够大的、方向向下的力矩**（图 6–7）。

力矩 N= 力 F× 旋转半径 R

由此看来，向对方手臂施加的力的大小固然重要，向着可以使旋转半径变大的方向施加力也是很重要的。

如图 6–7 所示，垂直向下施加力 F_1 的话，旋转半径 $R=l$ 相对较小，但是如果我们沿着对方肩膀的点到力的作用点 P 之间的连线 SP 的垂直方向施加力的话，旋转半径就会增大为 L。也就是说，只要一边通过双腿放松将下沉的体重施加到对方手臂上，一边将对方手臂回拉，就可增大施加到对方肩膀上的力矩。可是如果向着对方的肩关节硬压的话，力矩的旋转半径就会变为 0，力矩自然也就随之变成 0 了，这也是最糟糕的做法。

需要注意的是，要时刻保证下压力的方向始终垂直于线 SP，因为对方手臂被压低的位置是不断改变的，所以我们也要不断改变我们下压的发力方向（图 6–8）。最初下压发力时要将对方的手臂稍向回拉，接着是垂直下压，最后是将对方的手臂压至对方的腰间。

即便掌握这些诀窍，面对肌肉力量异常大的对手时，对方的蛮力也很有可能足以对抗我们向其手臂及肩关节施加的力矩。**这时候就要随机应变，借力打力，出其不意地利用对方对抗的力量去破坏对方的身体平衡**。因为人体只有稳定站立的时候才能发出力量，重心不稳的时候任你有多大的力量也是丝毫使不出来的，详细原因请各位读者参看 Q65。

图6-7　将对方手臂以其肩关节为轴向下压所需的力矩

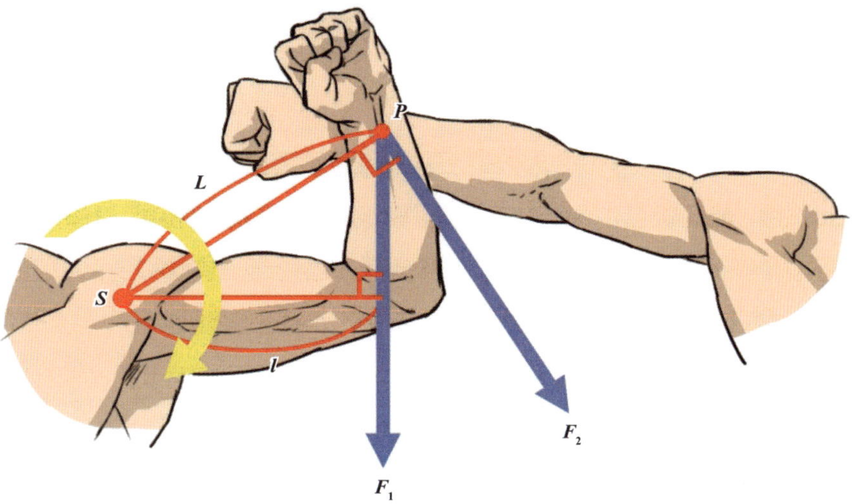

↑垂直下压所需的力矩 $N_1=F_1l$
一边回拉一边下压所需的力矩 $N_2=F_2L$

图6-8　将对方手臂下压的诀窍

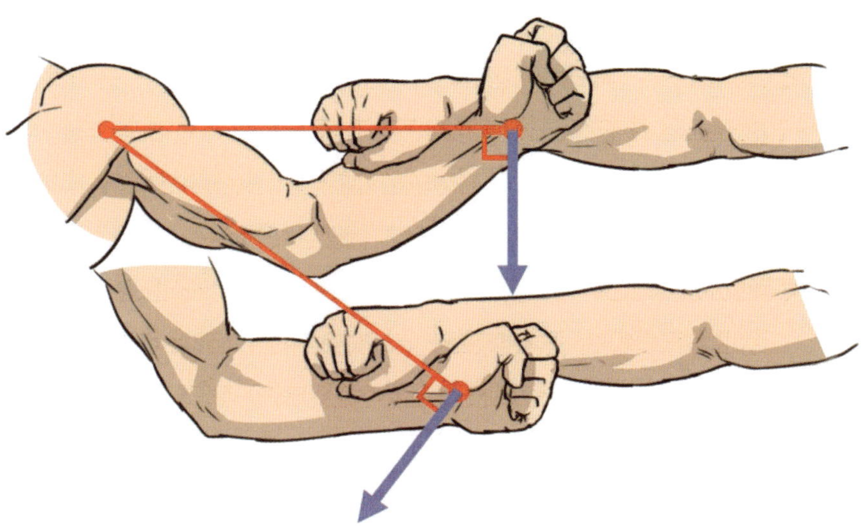

↑对方的手臂被不断压低，为了使旋转半径一直保持最大，需要不断改变我们手臂下压的发力方向

Q65

门类◎重心破坏技

不使用 Q63~64 中介绍的那种爆发力很强的技法也能将对方格挡的手臂压下去吗

回答这个问题之前，请大家看图 6-9，这是 Q64 中图 6-7 全部动作的完整示意图。如图所示，将对方向上格挡的手臂下压并向回拉的力 F_2 会产生一个拉动对方身体，并使其以对方前脚着地点 A 为圆心旋转的力矩——也可以说，这是一个拉动对方向前倾斜的力矩。相应地，那个将对方手臂压至对方腰间的力 F_3 会产生一个将对方身体向后推的力矩。对方越用力紧绷肌肉对抗这股下压的力，身体就越僵硬得像个生锈的机器人一样站不稳。如 Q64 所述，人如果重心不稳的话就更加无法使出力气去对抗别的力了。

这样，我们就可以不用前 2 节中提到的那种利用双腿突然放松、身体下沉而获得的爆发性力量来压下对方向上格挡的手臂，而是向对方的手臂一点儿一点儿地不断施加压力，对方为了保持重心稳定就要不断改变其重心位置。因为这股下压的力对于对方稳定性的破坏并不明显，其**方向和大小都在不断地发生难以令人察觉的微小变化**，这样，对方的重心和身体平衡就在不知不觉间被破坏掉了。重心被破坏了，那么手臂上的力量自然也就使不出来了。而对方只是产生了“不知道为什么，手就被按下去了”的感觉。

我曾经在大学柔道社社员身上、空手道社社员身上，甚至橄榄球社社员的身上都试过这种手法，无一例外，屡试不爽。

在这种手法的造诣上，练陈式太极拳的池田秀幸老师堪称精妙，其水平远胜于我。搭手时我基本感受不到池田老师按压我手臂的力量，实际上当时我的手也并没有被压下去，但是当池田老师缓缓蹲下去的时候，不知道为什么，我也被带着一起蹲下去了，可身上却丝毫没有重心被牵动或者身体不稳的感觉。池田老师的解释是：“**将不断变化的微小力量持续施加在对方的手腕上，并通过手腕依次破坏掉对方腰和膝盖的稳定性，让对方在不知不觉间自己蹲下去。**”有趣的是，这招奏效与否并不受对方肌肉力量大小的影响。

图6-9 另一种破坏对方身体平衡的方法

将对方向上格挡的手臂下压并向回拉的力 F_2 在前脚着地点 A 产生的力矩

$N_2=F_2R$

该力矩会使对方身体向前倾斜

将对方手臂压至对方腰间的力 F_3 在后脚着地点 B 产生的力矩

$N_3=F_3r$

该力矩会使对方身体向后倾斜

如果将力 F_2 和力 F_3 的发力方向变为向左或者向右的话，对方身体就会一边向左或者向右转，一边倒下

Q66

门类◎重心破坏技

“小手返”“逆小手”这类反关节技术能否对付死死攥住拳头的手腕

合气道中的“小手返”和日本少林寺拳法中的“逆小手”都是将对方的手腕一边向其手臂内侧弯折、一边向其手臂外侧掰扭的反关节技术（图 6–10）。注意，这类招法的一个要领就是通过控制对方的手腕来牵动对方的手肘从其身体内侧向上翻转。

而了解这招原理的人就会采取如图 6–11 所示的姿势来抵抗这招：死死攥住拳头，手腕向手臂外侧用力弯曲，手肘紧紧贴住身体一侧。这样一来，对方就无从下手了，甚至连将手腕向外侧掰扭都无法做到。

接下来为各位读者介绍如何把“无从下手”变为“可以下手”，那就是**顺着对方用力的方向发力，施加与对方预判方向完全相反的力**。

第一个诀窍是，将对方手腕向其手臂内侧弯折，使对方提高警惕，让他误认为要对抗的两个力分别是将拳锋向手臂内侧弯折的力①和将手腕向手背方向掰的力②。于是为了对抗这两个力，对方的手腕按照图 6–12 中虚线箭头的相反方向用力绷紧。

接下来就是让对方的预判落空并受制于我方。用右手手掌轻轻包住对方的拳头，并自上而下施加一个裹住对方拳头的力道③，注意，不要沿着直线把对方的手腕硬生生往下推，要感觉像蛇吞鸡蛋一样，手掌就是蛇，而拳头是鸡蛋[①]。

第二个诀窍是，左手施加一个**将对方的重心向前拉的力④，使对方失去平衡**，注意要牵动对方的重心，使他产生位移，而不是仅仅往回拉动对方的手腕。注意，在破坏对方身体平衡的时候，自己要处于“无居付”[②]（不是尽全力想要站稳，而是全身放松）的状态。

由于对方身体被施加了预料之外的力，所以就算他肌肉力量再怎么大，恐怕

① 在图 6–12 中，用直线表示不同时间点向手上施加的力①和②。力③和④除了表示的是作用在拳头和手腕上的力之外，还表示这两个力作用时间的长短。

② Q67 会详细介绍“居付”状态。

也会被打个措手不及，再加上腕关节受制、身体重心不稳，接下来我们的办法就简单多了。既可以牵动对方已经被破坏掉的重心将其向前拉倒，也可以一边把对方的手腕向其手臂内侧弯折，一边将其整只手臂向身体外侧掰扭，最后将其摔翻在地。

图 6-10 合气道中的“小手返”

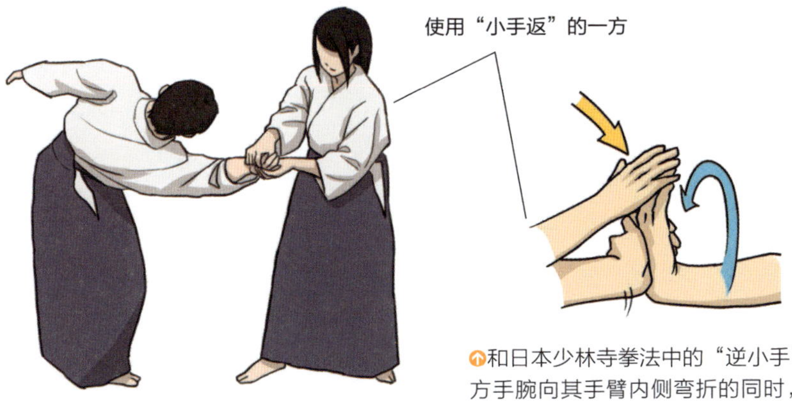

和日本少林寺拳法中的“逆小手”一样，将对方手腕向其手臂内侧弯折的同时，向其手臂外侧用力掰扭

图 6-11 对方为了不中招而采取的对抗姿势

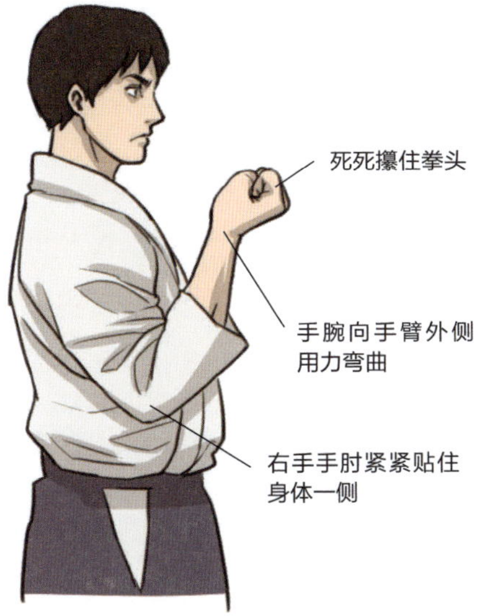

图 6-12 对方右拳的发力和受力分析（对方右侧视图）

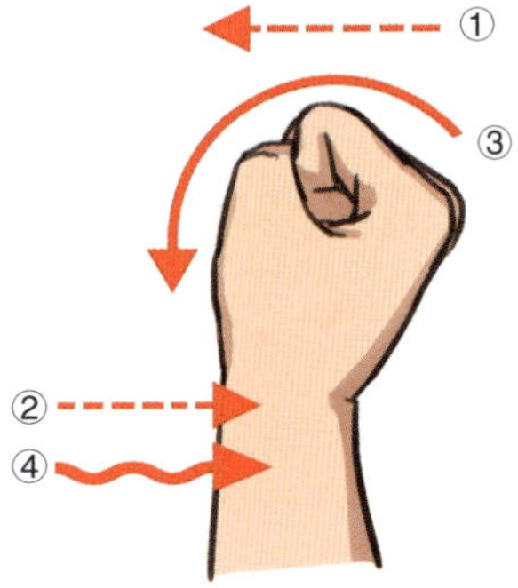

对方预判的受力方向为①和②。③是蛇吞鸡蛋一样的包裹力。④是拉动对方重心前倾的力，其大小和力量也是不断产生微妙变化的

Q67

门类◎重心破坏技

当手腕被对方抓住的时候能否以重心破坏技破解

因为古代日本人是生活在榻榻米上的，所以像“合气举”[①]这种在正坐时摆脱对方抓按双手（比如对方抓按我方双手以阻止我方拔刀等情况）的技法是必须掌握的基础中的基础。本节将为读者讲解在站立情况下，当我方单手或者双手被对方抓按住时，如何用“合气举”来破坏对方的重心以达到脱逃或者反制对方的效果。虽然属于合气类武术的范畴，但“合气举”的原理却**不同于利用人体关节构造脱逃或者反制对手的技法**，所以请读者注意不要混淆。

如图 6–13，A 的左右手抓按住 B 的左右手手腕，并根据 B 手腕上传来的挣脱力量发力压制。此时，当 B 的手臂向前伸直推向 A 的时候，A 的手臂一定要用力伸直才能继续压制住 B 的双手，如果 A 的双手随着 B 的双手的伸展而弯曲的话，B 就会挣脱 A 的抓握，所以 A 要想继续控制住 B 的双手，就得调动双臂的伸展肌群一齐发力将 B 的双手按压回去。如果 A 只是双臂发力按压住 B 的双手，双脚没有动作的话，A 就相当于在用双手发力推一堵墙，其结果只会因为墙的反作用力使自己向后翻倒。所以 A 在按压 B 双手的同时，为了对抗 B 反推的力量，身体会无意识地前倾、双脚会出于本能用力蹬地以保证身体平衡。当然在对抗过程中，A 的背部、腹部等上身躯干的大肌群也会配合双手和双腿共同发力。

如果 A 可以根据 B 的反抗力量及时调整身体姿势并调动肌肉发力应对的话，双方就会进入**僵持状态**。B 如果突然改变力的方向或者大小，A 也必须马上对身体姿势和力量做出相应的调整来维持住这个僵持状态，这样才能继续压制住 B。哪怕是 B 要抽身离开，身体在抽手离开的瞬间也要采取这个不破坏僵持状态的姿势。

也就是说，如果 A 和 B 都是不通武艺的人，身强力壮的一方虽然会占上

① 日语中也写作“合気上”。

图 6-13 什么是僵持状态

⬆双方都身体前倾，双手用力向前推

⬆双方都身体向后拉，双臂向后拽

当不懂武艺的人 A 抓住同样不懂武艺的人 B 的双手较劲时，A 身体前压、用力推，B 为了反抗也会身体前压、用力推回去，A 身体后仰、双手回拽的时候，B 出于本能也会双手往回拉，双方就进入了要么同时推、要么同时拉的僵持状态

风，但输赢的关键却要看哪一方能够**更加灵活、快速地从一种能够维持僵持状态的姿势切换成另一种能够维持僵持状态的姿势**。

在对抗较劲的过程中，身体会因为持续用力而变得僵硬、不灵活，日本武术称之为“**居付**”。身体一旦因为持续用力而僵硬的话，就无法灵活、快速地应敌了，所以武术的重要修行目标之一就是练出灵活的、不易僵硬的身体。

●让身体不陷入僵硬的两个方法

A 成功抓按并控制住 B 手腕的前提是能够准确感知 B 双手反抗力量的大小及方向。如果不能准确感知的话，不要说按压住 B 的双手，就连保持自身平衡都是个难题，而这正合乎重心破坏技的原理。所以，B 为了不被 A 准确感知到自己的力量，身体一定**不能硬邦邦地去较劲**，而是要像魔芋一样柔软。

武术初学者有一个让身体不陷入僵硬的办法，那就是**故意让自己（B）的身体处于不稳定的状态**（图 6-14）：脚下像踩到香蕉皮一样突然一滑，带动身体后仰。各位读者也可以自己试一试。就在 B 脚下一滑、身体不稳的瞬间，A 之前一直能清晰感知到的来自 B 手上的反抗力量突然消失了，按照术语来说就是 A 手上的着力点突然消失了，导致 A 不知道应该如何调整身体姿势，瞬间处于一种不知所措的慌乱状态（实际上 A 当时并不一定能觉察到这一点，可能

图 6-14　如何消除手臂上可供对方抓按的着力点①

a

B 如果像踩到香蕉皮一样，突然脚下一滑，身体后仰，那么 A 用力按压的双手就会瞬间失去着力点

b

此时如果 B 再突然向前顶回去，A 反倒会被顶得向后退去

仅仅是觉得有些不对劲）。

B 如果抓住这一瞬间迅速向前反顶回去，通常情况下 A 都会被这突如其来的反击打个措手不及而向后退去。但是这一招之后 A 可能就会有所提防，所以，如果我们故技重施的话，效果恐怕会大打折扣。

第二个办法则是不需要故意让自己的身体处于不稳定状态的高阶技法：**意想自己的胳膊从肘部到指尖变成了一根木棒**。熟练掌握的话，手腕和手指都会像木棒一样硬邦邦的。接着 B 像递东西一样把这根硬邦邦的“木棒”塞给 A（图 6–15a）。此时如果 B 的肘关节完全放松，A 就会像抓到一根木棒一样，根本感觉不到 B 手上有着力点。

接下来 B 如果手肘发力将这根“木棒”向 A 推去，此时 A 的手上则会传来一种奇怪的感觉——手中抓着的东西仿佛正在向着自己推过来，还把自己向后推个趔趄（图 6–15b）。B 用手肘推动这根“木棒”前进的过程中，如果手指有分毫动作的话，这根硬邦邦的“木棒”就会立马被“打回原形”，变回肉手。[①]

图 6–15 如何消除手臂上可供对方抓按的着力点②

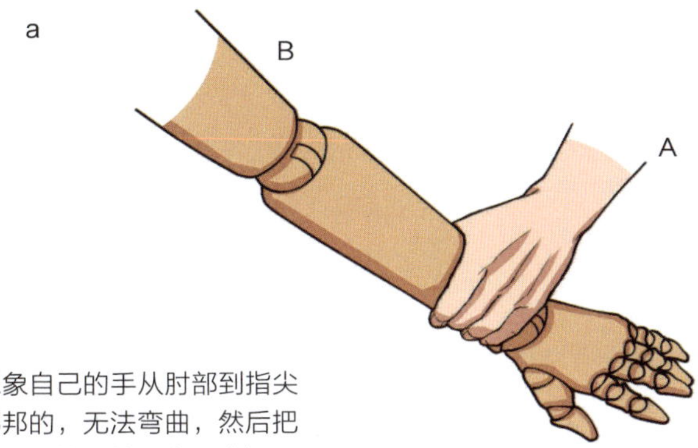

B 在意念中想象自己的手从肘部到指尖像木棒一样硬邦邦的，无法弯曲，然后把这根“木棒”伸到 A 的面前，让 A 去抓

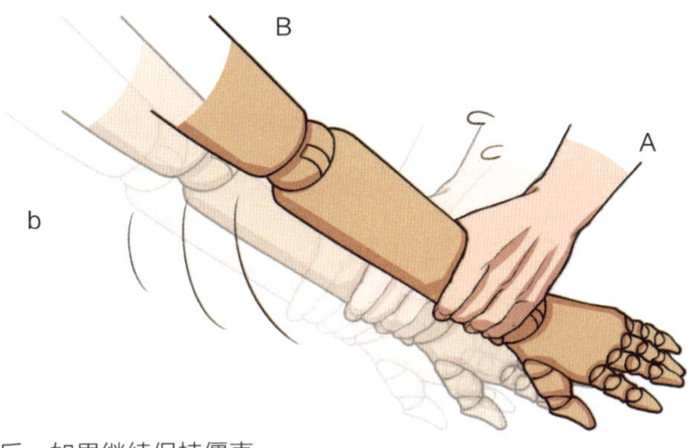

B 的手被 A 抓住后，如果继续保持僵直并向前推的话，A 的手上的感觉会越来越不对劲，直到他被自己手中抓着的“木棒”推个趔趄

① 刚本真老师认为，要想发挥出人体真正的力量，就要在意念中把自己的手当成木制模特的手，而肘关节则是在一个透明人的推动下自由自在地活动。

Q68

门类◎重心破坏技

大东流合气柔术中有一种不可思议的重心破坏技——“合气”，它是什么样的

大东流合气柔术是古代流传在会津藩的一种武术，武田惣角作为其代表人物在历史上非常有名。武田惣角后来将绝招“合气”传于绰号“透明力名手”的佐川幸义宗范[①]，而后继承佐川宗范武艺的人就是筑波大学名誉教授、数学家木村达雄先生。虽然合气道创始人植芝盛平的合气道与木村达雄的武艺同源于武田惣角的大东流合气柔术一脉，但他们习得的绝招“合气”似乎不太一样。巴黎圣母院清心女子大学的保江邦夫教授在自己的书中也描述过，他“曾经在西班牙修道院里从一位进行山中苦修的神父那里习得一种被称作‘合气’的神奇力量”，不过暂时还无法确认保江教授习得的“合气”与木村教授的“合气”是否是同一种招法。

接下来将为各位读者介绍我与木村教授的部分谈话内容，当时与我同行的还有空手道段位持有者 K 先生，在数小时的访问中，我和 K 先生一直在经受木村教授的各种摔打。

如图 6–16 所示，K 先生的双手和我的双手重叠在一起压住木村教授的手（图 6–16a），接着木村教授用手掌轻轻地反推回来，看起来占据压倒性优势的我和 K 先生瞬间就被木村教授的“合气”力量反压回来（图 6–16b），而我甚至被直接向后掀翻。据我推测，如果我和 K 先生两个人同时中了“合气”之力的话，恐怕我们都会被掀翻，甚至四五个人可能都难以抗衡木村教授的“合气”之力。

接下来木村教授双手撑开自己松垮垮的衣服下缘，让我用双手抓住其衣服中间（图 6–17a）。我当时把身体重量全部压在双手之上，为了让木村教授找不到着力点，我还故意尽量放松了胳膊和肩膀，但随着木村教授的前进，我居然像个木头娃娃一样被向后推倒（图 6–17b）。

木村教授的解释是自己掌握的“**合气具有阻断人体内非物质系统工作、切**

① 此处的“宗范”与日语中的“师范”同义，即老师。

断人体的自我防御本能的作用"，与合气道中的"气"的概念毫无关系。[①] 要想找到科学的方法去剖析绝招"合气"，恐怕需要我们放下固有的观念，从另一种角度去审视它。

图 6-16 "合气"会自动挑选对象去攻击

K 先生（右）和我（中）共 4 只手一起按住木村教授（左）

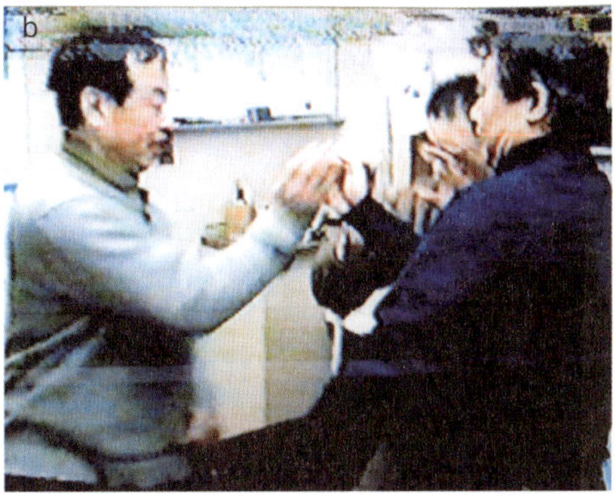

木村教授用手掌轻轻地反推回来，K 先生身体稍向后仰，而我则被这股"合气"之力向后掀翻

图 6-17 身体不产生直接接触也能奏效的"合气"之力

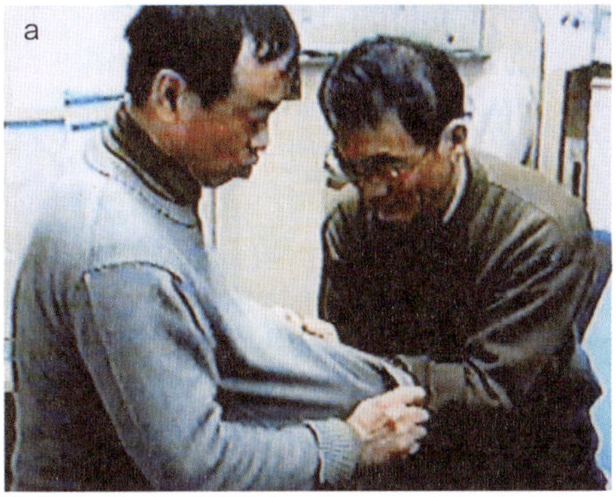

我用双手抓住木村教授撑开的衣服下摆中间，将身体重量全部压在双手之上，并放松了胳膊和肩膀

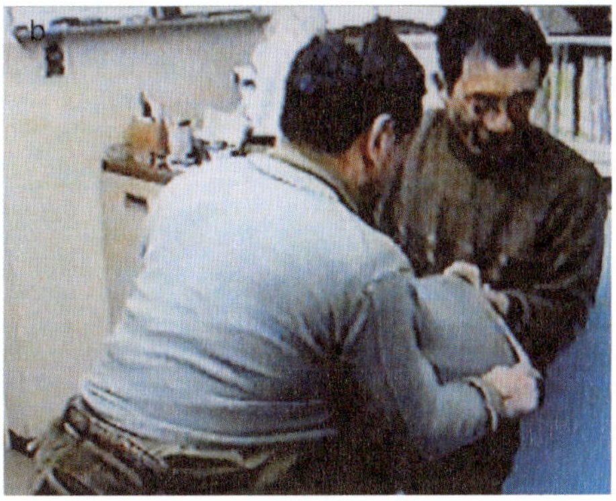

衣服上传来的力量其实并不大，但是我却不由自主地向后倒去，在整个过程中，不知为什么，我连丝毫的反抗意识都没有，甚至在被推倒之后脸上还挂着呆呆的傻笑

① 在中华文明中，"气"的概念更加广泛，有些文学作品中的"气"甚至有超能力的意思。本文提到的"气"则是狭义范围内的"气"。

Q69

门类◎重心破坏技

如果对方突然发力破坏我们的重心，我们要怎么应付呢

本节将会介绍两个实例来说明如何应付对方突然发力破坏我们重心的情况。

首先，来看一下由杨式太极拳老师演示的太极拳招式**野马分鬃**的实战用法（图 6–18）。体格强健的弟子（左）突然出手抓住老拳师（右）的手腕，并打算发力推倒老拳师，老拳师则是轻缓地将身体重心后移，并顺着对方按压的方向将手抽回，老拳师抽手的动作牵动对方重心向前，并破坏对方的身体平衡，接着上步欺身，将手臂反压向对方，并将其发放出去。

老拳师身体的每一部分都在以**圆弧形轨迹而非直线轨迹运动**，所以对方沿着直线释放的力量都在不知不觉间被扭曲成圆弧形。反过来，当老拳师发力摔人的时候，其**力量的运行轨迹一直在不断变化**，让人很难正确判断其发力方向，最终只能被老拳师借力打力发放出去。

其次，我们看一下李小龙先生擅长的咏春拳中的一个基础训练（图 6–19）。A、B 二人面对面站立，以每秒钟 6 拳的速度用日字冲捶对攻，双方各自用出拳手臂的外侧对碰以消解对方的攻击，突然，B 右脚进步欺身，打算用右拳将 A 向后压倒。

A 感知到 B 右拳压上来的力道很大，于是在上身稍向左偏的同时身体向右急转，并借助身体旋转一边用右臂将 B 压上来的右拳顺势拨向一旁，一边用左拳反击打向 B 的面门。

太极拳、咏春拳、日本武术在细节上有诸多不同，但是其共同点都是**一边感知对手发力的方向和大小，一边采取相应的对策进行反击**。

图 6-18 野马分鬃的实战用法

老拳师（右）以野马分鬃招法化解弟子（左）突如其来的抓按，并将其向后发放，通过图画可以发现，野马分鬃的实战用法和套路练习的招式基本相同

图 6-19 可以在快如闪电的攻防战中灵敏感知对方动向的咏春拳①

a

A、B 用日字冲捶对攻，双方通过出拳手臂的外侧对碰来消解对方的攻击

b

B 突然上步欺身，企图用右拳强压 A 使其向后摔倒

c

A 将身体重心转移到左脚，身体右转，一边将 B 压上来的拳头拨向一旁，一边用左拳反击打向 B 的面门

① 根据咏春拳高手草薙丰先生的拳法表演绘制而成。

Q70 要熟练使出重心破坏技需要做哪些训练

先让我们看看成功使出重心破坏技制敌需要什么样的条件吧。首先，上身要处于不用力绷紧的放松状态；其次，下半身也要处于不用力踩地的放松状态；最后，全身则要保持一个似倒非倒、重心稳定的平衡状态。

要练就这样的身体状态，有一种十分有效的训练方法，就是踩着**独齿高木屐**走路（图 6–20）。踩着独齿高木屐的时候，如果脚踝绷紧用力，反倒会难以保持平衡，容易向前或者向后摔倒，所以为了避免摔倒，就必须将全身重力准确地压在木屐的独齿上，而这时全身恰好处于一个似倒非倒、重心稳定的平衡状态。

一旦习惯了，就可以穿着独齿高木屐走路，甚至能穿着独齿高木屐一路小跑或者走过崎岖不平的山路。我认为这是一种非常好的训练方法，并曾经练过很长一段时间，最后连木屐的独齿都给磨平了。不过要小心，刚开始练的时候不要摔伤，另外要注意的是，在崎岖不平的地面上不只容易前后摔倒，还有可能因为踩到凸起的东西而向左或向右摔倒，因此脚部扭伤也是家常便饭。

●站桩训练对人体的改造

另外一个行之有效的训练方法就是**站桩**。站桩实际上有很多方法。图 6–21a 中的站桩法具有很好的健身养生效果，特别是在调节人体的自主神经、促进内脏功能上十分有效。

站桩时，双手要上抬至与胸同高，**想象双手正抱着一个球**。用双脚的大脚趾根部、小脚趾根部和脚跟 3 点共同撑起全部的体重，在意念中想象这 3 个支撑点的连接线就像是冰鞋上的冰刀一样，无论他人从哪个角度推自己，这 3 根冰刀中一定会有 1 根去支撑身体，对抗这股推力（图 6–21b）。练功时在意念中始终要想象“**总有个人靠在我身上，为了不被他靠倒，我要努力保持平衡**”。慢慢地，平衡能力就会得到强化，就不容易被推倒了。

初学者在刚刚练习站桩的时候，恐怕在感受到全身平衡及身体重心的细微

图 6-20　独齿高木屐

独齿高木屐非常适合锻炼身体的平衡能力

图 6-21　中国武术以及气功中的基础站桩功法

a

身体放松，双脚站定并通过脚掌支撑身体，保持全身平衡，感受身体平衡的微妙变化，意想双手抱着一个球

b

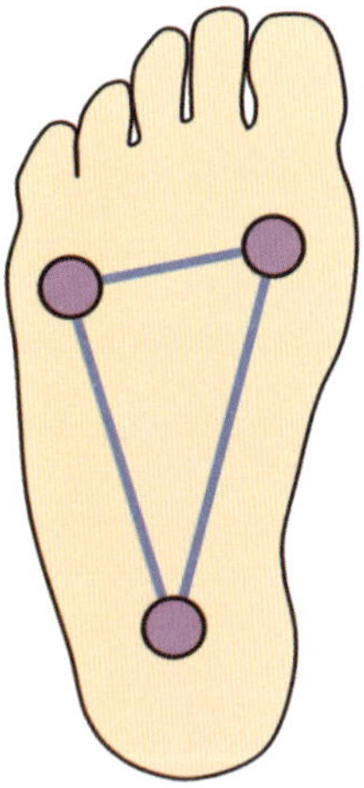

用意念控制脚掌上的这 3 个点以保持身体重心稳定，当有外部推力作用到身体上的时候，3 个支撑点的连线就会从各自的角度去对抗这股推力，以保持身体平衡稳定

变化之前，肩膀和手臂就会先因为肌肉酸痛而挺不住了。为了使双臂一直保持一定的高度，肩膀的肌肉会因为疲劳而产生酸痛感。此时如果在意念中想象双臂抱着一个巨大的球，则能够让自己的双臂支撑时间变长一点。我推测，可能是因为意念中对于“气”的想象可以把我们的肌肉能量消耗降至最低吧。人体的肌肉实际上是由数量庞大的肌束组成的，所以从理论上来讲，如果我们只调动这些肌束中完成动作所必需的肌纤维来工作的话，其他的肌纤维就能够处于休息状态，这样就能够让肌肉做功的时间得到延长了。

那么同样的道理，我们也可以仅仅令保持身体平衡的肌肉处于工作状态，而让其他的肌肉放松休息，这样，当我们突遇外力的时候，就可以瞬间调动这些处于休息状态的肌肉释放力量进行对抗。通过站桩练习可以逐渐将其培养成为全身性的条件反射，甚至利用这种本能进行实战。

●与外在的武术套路相比，武术内在的精髓更加重要

当我能够一口气站桩半小时的时候，我的手臂不仅能够正确感知突然推来的力量的大小和方向，还能够将其阻停，甚至可以顺势改变它们的运动方向。另外，我甚至能够单脚站立顶住双脚站立的没练过武术的人的推力（图 6–22）。

据我所知，在中国，有的武术家能够站桩 2 小时。当我们有了一定的桩功功力，再加上熟练的太极拳招法，就可以达到借力打力、瞬间发人于丈外的实战效果了。

这里我再重申一下，在练习太极拳站桩的时候，一定要注意脚掌的 3 个支撑点及支撑点连线对身体重心的支撑作用以及整体平衡的调节作用，并且注意感觉体内“气”的运行，否则的话效果是大打折扣的。同样，在学习太极拳基本套路的时候，也要尽量全身放松，还要注意体会体内“气”的运行。总而言之，练习太极拳时，除了套路这种外在的形的东西之外，还要注意体悟感知内在的“气”。很多太极拳练习者甚至太极拳老师可以把常年练习的太极拳套路打得又帅气又漂亮，[①] 但是却不能够参加实战。

① 这样的太极拳只能算作健身操，而非实战武术。

其实日本武术中的刀法或者合气道的“型（套路）”也一样。**对于一名习武者来说，与外在的武术套路相比，内在的修炼才更加重要。**

大东流合气柔术中的绝技“合气”与普通的重心破坏技相比，其技法与内涵恐怕要更加高深，但拥有能自然放松、重心稳定、平衡感强的身体肯定是必不可少的前提。

图 6–22　单脚站立也不输给双脚站立的人

如果能够通过锻炼达到放松自然、重心稳定、平衡感强的程度，即便单脚站定也不会被双脚站定的没练过武术的人轻易推倒。单脚站立与人对推的要领是在意念中想象自己的双手被对方抓住，而自己的身体要一直尽力保持平衡，反之，如果心里想着要跟对方拼力气的话，那么马上就会被推个人仰马翻

第7章 气功与心灵的科学

为什么有的武者能够达到开悟的境界

所谓开悟的境界，并不是说某个人哪一方面的能力高超或者有什么能预知未来、看到前世的超能力。这里想为读者介绍的是我年轻时为了追寻生命的意义而拜访过的几位达到开悟境界的高人。

这几位开悟的高人都有一个共同点，那就是：仅仅跟他们聊聊家常，心情就会变得非常好，不知不觉之间烦恼全消，心中不断涌起生存下去的希望。虽然根本没有谈到过解决烦恼的对策。与他们的谈话会让人豁然领悟到自己生命的价值，并产生一种被救赎的感觉。可能是因为达到开悟境界的人**心如止水、淡泊名利**，所以他们的心境会在不知不觉中感染周围的人，令人心向光明。

临济宗的禅师、直心影流的高手大森曹玄老师就达到了这样的开悟境界。我年轻的时候曾经听过这位老师的演讲。在大森老师演讲的过程中，我一直绷着神经认真听。当时的我因为非常讨厌大多数演讲者装腔作势、故弄玄虚的表现，所以很多演讲会几乎不怎么认真听。但是大森老师却不一样，老师的气场让人觉得无懈可击、毫无破绽，那些故弄玄虚、装腔作势的家伙与大森老师根本就不是一个量级的。

●集中精神打坐入定才能够体悟三昧[①]

开悟之所以跟武术有关系，其中一个重要的原因就是**练习武术的时候会排除杂念，使专注力得以提高**，而大森老师就是一个典型的例子。现代社会生活节奏和工作节奏非常之快，所以现代人经常会用脑过度，被各种牵挂束缚，我们的原始本能在逐渐退化。

记得我在念硕士的时候，脑子里面从早到晚塞满了关于研究的烦恼，最后甚至导致失眠和神经性腹泻。于是我为了身体健康开始试着读一些关于坐禅的

① “三昧”在佛教中指的是止息杂念、使心神平静、精神处于高度集中的状态，是佛教的重要修行方法。

图 7–1 无法用其他的念头打消心中的起伏或者烦恼

初习坐禅的人脑中就是这个样子的。心中的起伏或者杂念过多，连用其他的念头盖过这些起伏或者杂念都做不到

书，也试过一个人坐禅，但是脑袋里面始终杂念丛生，心绪波动此起彼伏，始终不能集中精神（图 7–1）。

然后有一天，我突然想起来过去一直对武术非常感兴趣，于是一时心血来潮就直奔大学的武道场。当时刚巧在武道场看到一位黑带水平的武者正在练习少林寺拳法，于是立刻死乞白赖地央求人家："一周教我一两次吧！拜托了！"最后武者实在耐不住我的厚脸皮，答应了我的无理请求。

就这样，我开始修习少林寺拳法，每当近 2 小时的拳法训练结束之后，我就会感到自己的大脑从研究的重压下得到了完全释放，没用多长时间，我的失眠和神经性腹泻就痊愈了，武术训练的效果完全超出了我的想象。我想之所以会有这种神奇的效果，可能是因为武术训练在不知不觉中提高了我的专注力吧。

比如说，教我少林寺拳法的老师在教会我防御中段冲拳的招法"下受"之后，马上就会和我进行实战对练，他会提醒我："现在我要开始出拳了啊，注意防守！"下一秒他的拳头就挂定风声"呼啦"一下子朝我打来。面对快拳，我就算心生恐惧，也必须下定决心格挡反击。就在这一攻一防之间，关于研究的烦恼忧愁烟消云散，我整个人变得神清气爽。

再说回大森老师，老师认为剑术也好，坐禅也罢，其实都是一种严苛的修行，但是，“仅仅想通过打坐来入定并体悟三昧其实是很难的，通过剑术的修行更容易入定并体悟三昧”。进入三昧状态，“人就不是仅仅靠头脑思索的”，而是用全身去体悟。

其实不仅是剑术，各种全身心投入的武术修行都可以成为体悟三昧的法门，这对于一心求道的人来说，说不定会成为一个登堂入室的契机。

大森老师也曾直言：“在现实中能够通过打坐而开悟的人非常少，每 10 万人中恐怕仅有 1 人有此天赋。**对于普通人来说，聚精会神、心无旁骛、全身心地投入日复一日的工作恐怕是更加实际的便捷法门**。”武术修炼者通过训练培养出来的专注力在日常生活和工作中也会起到作用，每天全身心投入生活并认真对待生活的人恐怕要比做一天和尚撞一天钟的人更容易体会到人生的真谛。

Q72 门类◎气·心

通过打坐提高专注力有什么科学依据吗

日本在很久以前就已经开始研究人在打坐时产生的脑电波了。我们通常在研究脑电波的时候，通过连接在头皮上的电极来采集并记录人脑在进行思维活动时产生的电压。如表7–1，根据活动频率的不同可以将脑电波分为以下4种。

活动频率高的 β 波在我们用脑计算或者思考的时候最为活跃。比 β 波活动频率更低的 α 波是在我们的大脑处于平静放松状态下产生的，而频率更低的 θ 波和 δ 波则分别见于浅睡眠和深度睡眠状态下。

能够进入禅定境界的禅师在打坐入定的时候，即使睁开双眼，其脑中的 α 波依然活跃，而且短时间内脑中依然有非睡眠状态下不常见的 θ 波。

有人做了一个实验，对坐禅时的普通人和禅师分别进行音效刺激，然后对比他们的脑电波。

普通人——受到刺激后，脑电波变化持续时间长，同样的声音多次播放后，大脑对其反应逐渐变得迟钝。

禅　师——受到刺激后，脑电波变化持续2~3s之后就会恢复原状，同样的声音无论播放几次，大脑每次都会产生同样的反应（图7–2）。

通过实验可以发现，禅师对于外界的刺激虽然有反应，但受它们影响的时间不会太长，而且每次都会以全新的脑状态来面对它们。

这种差别反映在武术实战中的效果就更加明显了，普通人受对方佯攻或者假动作的影响时间比较长，所以在应对对方下次进攻的时候反应就会变慢，另外当对方不再使用同样的佯攻或者假动作的时候，普通人的大脑就不再对其有所反应了，而这在变化多端的实战中无疑是非常危险的。但是同样的佯攻或者假动作，对于脑电波能够达到与禅师的脑电波同等程度的武术家[①]来说恐怕是无效的。**对手的虚晃佯攻也好，人生的波澜起伏也罢，武术家总是能够以全新的心态去面对**，这恐怕也是武术高手的一个标志吧。

表 7–1　4 种脑电波

脑电波种类	脑电波产生的条件	振动频率
β 波	集中精力	12~40 Hz
α 波	放松	8~12 Hz
θ 波	浅睡眠	4~8 Hz
δ 波	深度睡眠	0.5~4 Hz

图 7–2　禅师的脑电波（α 波、θ 波）

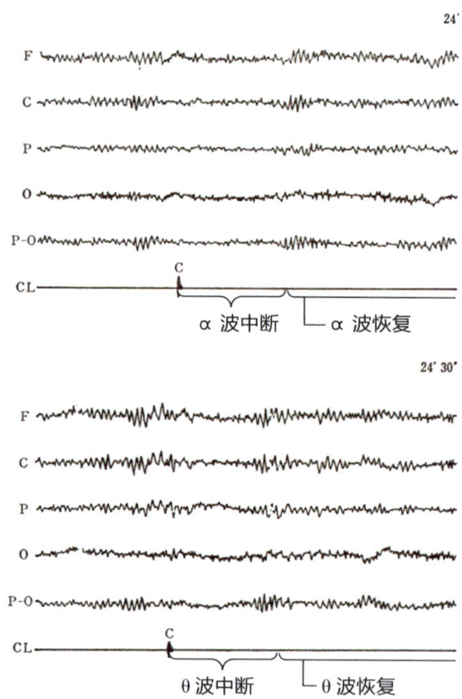

上图为 α 波，下图为 θ 波。C 反映的是受到声音刺激的瞬间脑电波的变化。受到声音刺激的时候二者都会产生反应，但是马上就会恢复如常。F、C、P、O、P–O 反映的是头皮接上电极位置产生的脑电波变化，禅师与普通人在以上各部位的反应都不一样

引自：『セルフ·コントロールと禅』(p.234) 池見酉次郎·弟子丸 泰仙 / 著（日本放送出版協会、1981 年）

---

① 这里指的不是大脑受到声音刺激后产生的脑电波，而是指在双眼处于睁开状态下，面对对手的佯攻或者假动作一类的视觉刺激，脑电波依然能够达到与禅师的脑电波一致的武术家，也就是已经达到了“空”“无”境界的高手。

Q73

门类◎气·心

本质上是杀人之术的武术为什么会与救人性命密切相关呢

战国时代的武术修炼者们都是时刻做好了在对决中命丧刀下的心理准备的。哪怕是声名卓著、堪称无敌的剑豪们也不能保证在比武中全身而退。对于这些武术修炼者来说，只要有一次失败，就会和那些曾被自己打败的人一样，成为别人的刀下之鬼。所以他们的心每天都会被“不知何时就会命丧刀下”的恐惧感和“一旦丧命，所有的积累和努力都会化为尘土”的空虚感来回折磨。即便进入和平安定的江户时代，武士们还是要时刻做好为主君牺牲的心理准备。

反观忙忙碌碌的现代人，除了死刑犯之外，恐怕没几个人会认真思考死亡这件事。除了被执行死刑那天之外，死刑犯们几乎与古代的武术修炼者和武士们一样，每天都在走向死亡。在这些死刑犯中，虽然很少，但是仍旧有人能够参透生死的意义，达到很高的精神境界。

也就是说，**直面死亡这件事与求索生命的意义是有关系的。不是因循教化并将之奉为圭臬，而是从心底自发地去求索生命的意义，才能被称为开悟**。人如果能达到这个境界，[①]自然就能够克服对死亡的恐惧，身心充满了安全感，对天地万物都心怀感恩，抱着一颗乐于助人的慈悲心，不会感到空虚。

对于既不是古代的武术修炼者也非死刑犯的我们来说，想要体验一下直面死亡的心情，或许可以试试这两个办法：假设明天就是世界末日，地球就要被一颗巨大的陨石撞击，这时你是什么心情，然后怀着这样的心情写一封遗书；又或者拜访一下大森老师这样的高人，近距离体悟他们的日常生活。

机缘巧合之下历尽千辛万苦才学上身的武艺，如果因为比武殒命而化为乌有，这岂不是对生命的浪费吗？

① 就开悟本身来说，人与人资质不同、天赋不同，所达到的开悟的境界其实也是有高低差异的。

Q74

门类◎气·心

作为一本用科学解释武术的书，为什么要讨论“合气”、生命的真谛、开悟

我是唯物主义和科学的坚定信仰者。唯物主义世界观认为世界是由物质构成的，人们的意识是由脑产生的附属物，因此我认为，人脑中想什么、考虑什么，都是在脑分泌物的作用下产生的。从科学理论上来讲，人类是不可能通过五感之外的途径从外界获取信息的，所以所谓的什么“合气”、透视或者远距离气功发功（通过气功师发功远距离治病）甚至幽灵、鬼魂什么的，都是反科学的骗术。

首先我们回顾一下近代欧洲科学理性的先驱、法国哲学家、数学家勒内·笛卡尔（1596—1650）的观点，其学术主张主要可以概括为以下 2 条（图 7–3）。

①世间存在的物质，其性质（长度、位置等，用现在的话讲就是“物理量”）都可以进行量化测定，其运动规律都可以通过数学（方程式）来计算；

②人类的意识虽然存在，但是无法进行量化测定。意识与物质是（互不影响的）两种各自独立的存在。

关于②，在当时还是一种假说，重点在于笛卡尔并没有说意识是由物质产生的（图 7–4）。

其实我也无法确定意识是否是由物质产生的，只是单纯地认为既然世间万物都是由物质构成的，只要我们研究明白这些物质，那么生命的真谛也会不言自明，所以抱着探明真理的志向，我才会有志于钻研理论物理学，去研究分子、原子、夸克这些构成世间万物的基本粒子。

但是，如果笛卡尔是正确的，那么属于意识和精神范畴的生命的真谛这个问题，就无法通过研究这些基本粒子来得到答案。实际上我的导师——已故的西岛和彦先生虽然贵为诺贝尔物理学奖候选人、日本文化勋章获得者，但是也因为痛失爱子而整日悲伤烦恼，最终皈依基督教。由此可见，就算是科学大家也难以跨过救赎心灵这道门槛。

●即便是现代科技都无法搞清物质究竟是什么

根据最近的物理学研究成果来看，我们凭借肉眼或者各种观测手段能够看到的星球银河等有形的物质（包括能量）不过约占宇宙整体的 4%，其余的部分为以目前人类科技尚无法观测并测定的暗物质（23%）和暗能量（73%）。就算是世界顶级的物理学家也基本认同，至今为止，人类对于宇宙（物质）基本处于什么都不懂的无知状态。

人类已经研究了很长时间的各种粒子，关于它们的研究成果，今天的与过去的也大相径庭。今天的物理学成果显示，粒子是具有波粒二象性的，比如说在“双缝实验”中，一个电子同时通过两个缝隙的时候，其运动呈现出波纹状并且互相干涉。如果电子是一个非常小的微粒的话，那么这个实验就根本解释不通（图 7–5）。

另外一个就是违反常理的“量子纠缠”现象。当一个零自旋的粒子分裂为一个向右旋转的粒子 A 和一个向左旋转的粒子 B，且两个粒子相距很远的时候，虽然无法预测这两个粒子哪个向左转、哪个向右转，但是当我们通过测定得知其中一个向右转的时候，另外一个一定是向左转的。

从量子力学的理论与实验的结果来看，在测定 A 的旋转方向之前，B 处于一种向左转和向右转可能性各占 50% 的状态，但是当我们测定出 A 是向右转的瞬间，这个结果的影响将会以超光速的速度传达到 B，并将 B 的状态变为向左转。那么，B 是怎么知道 A 的旋转方向被测定了这件事的呢？

所以现实就是，以我们今天的科技理论水平，其实关于物质的很多东西都没有搞清楚。因此，我认为，在现有的科技水平下，武断地认定“意识是由物质产生的”本身就不是一种严谨的科学态度。

图 7-3　笛卡尔的思想

笛卡尔认为，就算我认为我不存在，但是正在这么想的我也是客观存在的，并由此引出那句名言——我思故我在。也可以说，“我是不存在的”这件事恰恰证明了这样认为的我是现实存在的。当然，对于这个问题也有反对观点，认为用“因为我在思考，所以思考是存在的”来证明“我是存在的”这种方法是不成立的

摄影：ウィキペディア

图 7-4　难道我们的身体和大脑是那些摸不着、看不到的物质波动的集中地吗

即使我们在用头脑（理论上来说是产生 β 波时的脑）思考，也不见得能够找到真正的自我。通过坐禅（使大脑多产生 α 波、θ 波）反倒更加容易超越自我，找到本我

图 7–5　通过现代科技手段观测到的电子呈现粒子性，但是实验中的电子却表现出波纹的性质

a

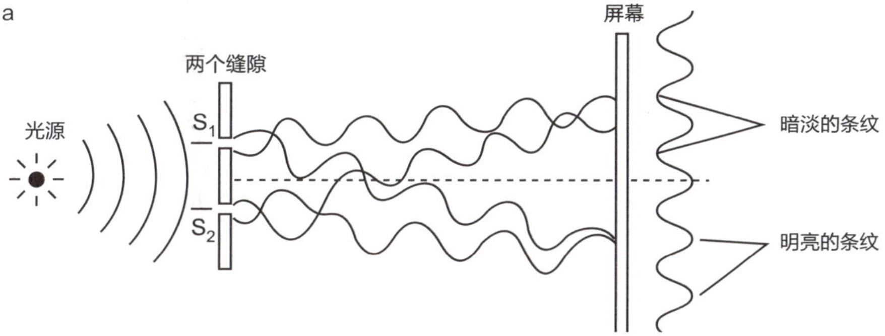

光作为一种电磁波，在同时通过缝隙 S_1 和 S_2 的时候，会在屏幕上呈现出重叠的条纹

b

实验中拍摄到的明暗条纹相间的照片

引自：『新物理学』(p.149) James T.Shipman/ 著。勝守 寛· 吉福康郎 / 訳 (学術図出版社、1988 年)

c

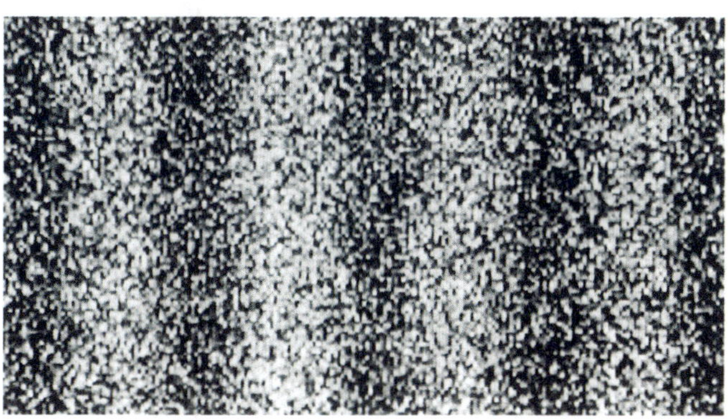

同样的实验，电子也会呈现出波纹一样的运动，底片上也呈现出明暗条纹状。如果电子是一种粒子的话，那么它是无法既能通过缝隙 S_1 又能通过缝隙 S_2 并在屏幕上呈现出重叠条纹的

引自：『量子力学を見る』(p.55) 外村 彰 / 著 (岩波書店、1995 年)

Q75

您坚信意识是由大脑产生的吗

我在这里首先大致介绍一下主张“意识由大脑产生”的三种说法（表7–2）。

第一种是历史悠久且被广为接受的说法。这种学说认为，脑神经元互相连接构成脑皮质，层层相叠的脑皮质再组成大脑。**大脑作为一个完整的神经元网络共同体工作并形成意识**。

然而这个说法并没有考虑到量子物理学的问题。如果通过网络工作就能够产生意识的话，那么模仿人脑工作的电脑也应该存在自我意识，那么对电脑断电的话应该相当于令其“昏迷”，而破坏掉电脑应该就相当于“杀死”了这个意识。再有，老年人如果将自己衰老的大脑置换成一颗神经元排列构造完全相同的年轻大脑，不就相当于这个人能够永葆青春了吗？

第二种说法则完全忽视人脑的生理构造，从量子力学理论角度提出“人脑是由水和脑细胞共同构成的一个两级电子场”的量子大脑动力学理论（量子场脑理论）。这个理论很难理解，它认为**大脑是通过无限产生“隐藏的光子”[①]来进行记忆的**。与第一种说法相比，第二种说法认为人脑能够储存更多的记忆。但是我们无法忽视脑神经细胞网络的构造和现实作用，而且“隐藏的光子”也好，“神经元网络”也罢，如果认定“意识 = 记忆”的话，那岂不是一块移动硬盘也有自己的意识？

第三种说法[②]认为，以波纹状扩散出去的粒子（有意识的人发出的）一旦被观测到就会发生收缩，但此时大脑内发生的情况正好与此相反，也就是说，人脑是**通过脑微管内发生的量子纠缠[③]来产生意识的**（图7–6）。

---

① 译者注：神经学家很久前就观察到大脑会产出生物光子，这些生物光子的作用尚不明确，但是关于生物光子的研究现在还在继续。

② 指罗杰·彭罗斯（Roger Penrose）提出的量子意识（量子脑）理论。

③ 脑微管蛋白（tubulin）可以使量子纠缠的两种状态共存于一体。也就是说，在Q74中提到了粒子A向左转和向右转能够共存的状态，这两种状态可以共存于脑微管蛋白中。

以上三种说法，关于大脑构造与量子力学的结论和观点互相矛盾，连一个令人信服的定论都无法给出，更不要说解释清楚意识究竟是如何产生的了，按照今天的科技水平和标准判断，还只能算是假说阶段。

表 7-2　各种假说及其异同点

假说	人脑构造	量子力学
假说一（脑神经元网络 = 意识）	考虑	不考虑
假说二（隐藏的光子 = 意识）	不考虑	考虑
假说三（量子纠缠产生意识）	考虑	在某种特定的假设前提下

图 7-6　可以将两种量子力学状态统一的脑微管蛋白

彭罗斯提出的假说三中关于量子意识的理论

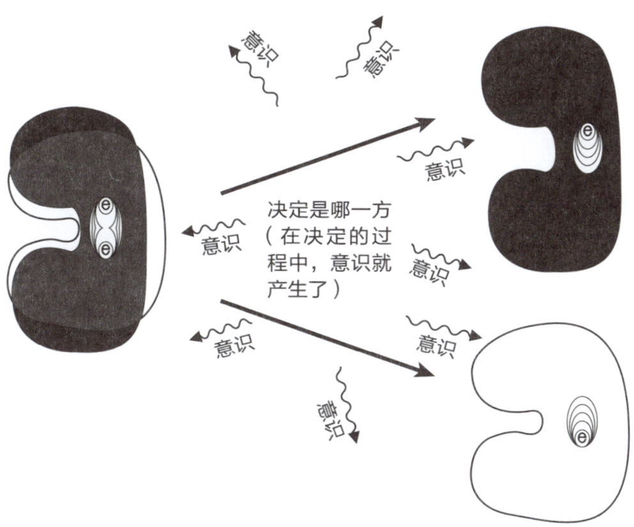

脑微管蛋白是一种蛋白质分子，它们聚集并构成大脑中的微管

Q76

门类◎气·心

我达到哪个境界，已经找到生命的真谛了吗

我在六十几岁的时候，一天夜里突然腰部出现前所未有的剧痛，连翻身都不行，瘫在被褥上整整一夜，直到清晨救护车来了，我才被送到医院。当时随救护车接我入院的医生告诉我，我后背右侧有一个手掌大小的肿瘤，普通的抗癌药剂恐怕难以奏效，估计需要手术，但这种肿瘤术后非常容易复发，其 5 年治愈率大概仅有 20%。

接着就是一系列的入院检查。当时为了消磨时光，我还特意从家里带了几本感兴趣的书，准备在医院里读。每到书读腻了的时候，我就会躺在床上做做肌肉训练，这也是为了防止肌肉萎缩。负责打扫病房的女保洁员看我总是乐呵呵地跟她说笑，还以为我是已经康复准备出院的患者。

终于，我迎来了手术那天，有生以来第一次躺在手术台上的我，反倒被头顶上方巨大的无影灯勾起了好奇心，居然还没心没肺地问护士无影灯上灯泡的数量。护士也很热心地给我做介绍，比如说，无影灯可以避免拿手术刀的手把影子投射到手术部位而干扰视线，等等。直到马上就要给我戴上面罩打麻醉药的时候，我还插空问了一句："这里面是纯氧吗？"当时的我完全变成了一个好奇宝宝，一直在问东问西，至于手术成功率只有 10% 左右这件事却完全被我抛到九霄云外了。

幸运的是手术成功了！

来医院探望我的邻居和同事们都被我处之泰然的态度震惊了。**在经历过一次次成功与失败之后，我终于从对死亡的恐惧中，或者说对"还没弄懂生命的真谛就死去"的恐惧中完全解放出来了。**

我手术结束没多久，一直支撑我、照顾我的次子也因为患上了和长子同样的病而成了残疾人。我在不知不觉间被生活锤炼成了古代那种不知闯过多少修罗场的强者。而且手术 5 年之后，我很幸运地成了那命不该绝的 20% 中

的一员。[①]

●人生其实是没有内外之别的

现在的我已经习惯于按照水谷先生“舍弃自我”的教诲去为人处世了，自己对于“内”和“外”也不如过去那样敏感。比如说，现在的我会认为是“这里有棵能看见的树”而不是“我在这里看树”。人生其实就是这样的，你看或不看它们都在那里。

水谷先生病逝之后，我就开始在京都曹洞宗安泰寺的内山兴正老师门下学习禅学，每天都要坚持坐禅5小时左右。内山老师曾对我说过，“相逢即是生命”。自那开始，将近40年之后的今天，我终于开始理解这句话的意义。人生其实是由没有内外之分的各种体验连在一起组成的，细细品味和洞察每一个与人相逢的瞬间和他们背后的故事，正是舍弃渺小狭隘的小我去体悟广阔天地中的大我的路径。

面对招人讨厌的坏家伙，如果以我过去的心态，就会认定他是一个客观存在于外界的招人恨的坏家伙，自己内心则抱有那个恨他的心态。而现在的我则不再区分内外，心中只是想，“哦，这儿有一个招人恨的家伙”，而不会对他抱有什么恨意。现在的我只会觉得“恨他”这种想法本身就是对自己生命的一种玷污，因为这种招人恨的家伙其实也是自己生命（自己的人生体验）的一部分（图7–7）。

我现在并不祈求能够用自己那渺小的力量和心智去消除那些给自己的生命蒙上阴影的负面情绪，而是将其托付给冥冥中无法知晓的东西，并让它们的光辉来消解这些生命中的阴霾。具体做法就是，**努力与周围保持和谐，无论发生什么困难，都要微笑着度过每一天。**

希望有那么一天，我能像水谷先生、曹玄老师、兴正老师那样，只要跟别人唠唠家常就能使人心情舒畅并令他们感到获得了救赎。

① 我把这理解为，是想要继续修行、了解生命的真谛的意志让我活了下去。

图 7-7 存在于我们内心的各种想法

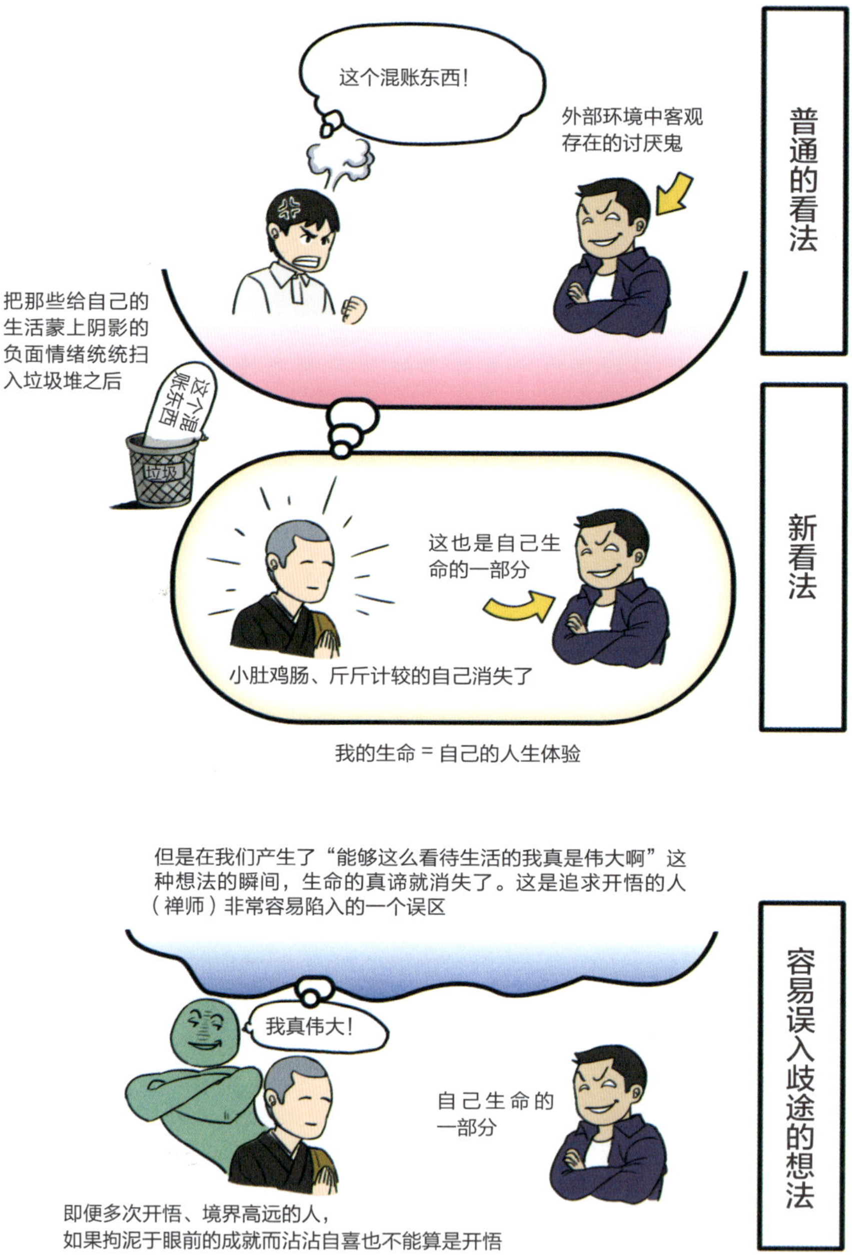

把那些可憎的、令人讨厌的人也当作自己生命中必不可少的一部分来看待的话，就会更加容易调和自己与周围的矛盾与冲突，人生也会变得充满活力。但是要时刻注意控制自己的怒火

后　记

自幼体弱多病的我一心想要变强，从学生时代就开始撑着自己瘦弱的身体锻炼肌肉，柔韧性极差的我练少林寺拳法的高踢腿总是踢不高，成为大学老师之后开始热衷于公路自行车比赛。后来在经历了一系列人生变故之后，研究方向开始从理论物理学转向生物力学（biomechanics），研究目标由最开始的竞技型格斗术逐渐转移到了传统武术。

在拳拳到肉的徒手搏斗和火花四溅的兵器对战中，肌肉和力量都是必不可少的。最初研究的着眼点在于如何能够使人体这台由肌肉和骨骼组成的机器释放出最大的力量，并通过物理力学原理解释给其他人听。然而，传统武术与竞技型格斗术是不一样的，它同样有一整套符合解剖学和力学的独特理论体系。特别是随着我的武术修为的不断进步，我开始注意到，除了肌肉和骨骼之外，还有其他要素也在发挥着重要作用。

比如说，重心破坏技就是一种通过欺骗对方触觉使对方的力量无从发挥，进而破坏对方重心，最终将对方摔倒的技术。此外，利用大脑在视觉处理功能上的漏洞发动出其不意的攻击，通过幽灵一样的身法悄无声息地接近对方并发动突然袭击，等等，这些都是在实战中不得不考虑的、能够决定生死的要素。

达到这个阶段之后，修行就不局限于武馆道场了，日常生活中的行走坐卧皆是武艺修行，只有这样才能不断提高神经条件反射的等级和感觉的敏锐性。就像很多武术家说的那样，“无用的训练重复多少次也是无用的”“凭意志力支撑的艰苦训练是无法锤炼出真正的高手的”。在武术的世界里，即便是名声显赫的武术家在跟弟子切磋的时候，有时也会突然发现之前一直管用的招法居然失效了，这时候如果能够对弟子以实相告，并继续精研这招技艺，假以时日，自然就会达到更高的境界。

最近的体育界，以柔道为代表屡次爆出体罚选手的问题。针对失误的严苛体罚和高强度、低效率的训练，只会不断消磨选手的积极性和自主性，使选手认为自己在重复没有用的训练。如果这些教练能够怀有武术家那样谦虚的态度去教导他们的选手，恐怕他们的选手也会更加有积极性和自主性吧。

2012 年起，日本中学将武道课列为必修课。在日语中，武道与武术基本属于同义语，只不过武道更加强调精神层面的意义和修养。如果仅仅是品尝胜负、锻炼身体、培养团队精神的话，普通的体育项目也能做到。

在历史长河中不断打磨成长的传统武术，无论男女长幼、老弱病残，只要愿意，都可以修炼并能够从中体悟生命的真谛。武术具有让人为其倾尽一生钻研的魅力，而这正是倚重选材与天赋、过分强调肌肉与力量的现代体育所不具备的。年轻人是未来的希望和担当，而传统武术于精神层面的深刻性在引导年轻人树立超越对抗、热爱和平的强者心态方面，具有无限价值。

我本人完全没有过街头打斗或者生死搏杀的经验或者经历，所以也无法确定自己是否真的很强。但当我经历过各种人生磨难的洗礼之后，却开始对比武胜负这件事越来越提不起兴趣了。自我的心开始不分内外彼此，将周遭的一切都看作自己生命的一部分的那个瞬间开始，我敢说我感受到了什么是真正的强，那是一种将自己融入整个世界之后才能体悟到的真正的由内而外的强。

已经步入耄耋之年的我恐怕时日无多，成为武术高手定是无望，但最起码在辞世之前，我希望自己能够在精神层面达到一定的修为，成为人生的“高手”。

最后要感谢那些为我热心细致解答各种问题的学者、教授和武术老师，还有为本书绘制 100 多幅精美插图的 dackQ 先生，以及科学书籍编辑部的石井显一先生。

参考文献

图书

『全解　日本刀の実力』（BABジャパン、2012年）

『図説·日本武器集成』（学研、2011年）

『日本の剣術』歴史群像編集部 / 編（学研、2005年）

『日本の剣術 2』歴史群像編集部 / 編（学研、2006年）

『図解　武器·甲冑全史 日本編』戸部民雄 / 著（綜合図書、2008年）

『日本の心』五井昌久 / 著（白光出版、1973年）

『強さとは何か。』宗 由貴 / 監修、鈴木義孝 / 構成（文藝春秋、2012年）

『あるがままに生きる』水谷啓二 / 著（白揚社、1971年）

『セルフ·コントロールと禅』池見酉次郎、弟子丸泰仙 / 著（日本放送出版協会、1981年）

『剣と禅〈新版〉』大森曹玄 / 著（春秋社、2008年）

『生命の実物』内山興正 / 著（柏樹社、1961年）

『刀と真剣勝負』渡辺 誠 / 著（ベスト新書、2005年）

『合気修得への道』木村達雄 / 著（合気ニュース、2005年）

『格闘技「奥義」の科学』吉福康郎 / 著（講談社、1995年）

『武術「奥義」の科学』吉福康郎 / 著（講談社、2010年）

『格闘技の科学』吉福康郎 / 著（ソフトバンク クリエイティブ、2011年）

DVD音像

『日本の剣術 DVD セレクション—術技詳解—』歴史群像編集部 / 編（学研、2011年）

『松聲館の術理と技 1~7』演武 / 解説：甲野善紀（合気ニュース）

『池田秀幸師範 戦う太極拳（理論と技術編、套路と応用編）』（BABジャパン）

『第33回日本古武道演武大会』（BABジャパン）

『ヌンチャクアーティスト宏樹　ヌンチャク道場』（BABジャパン）

网站

岡本 眞　日本伝合気柔術　http://www1.ttcn.ne.jp/~nihonden-hakkei/

索引

十二画

十三画

十四画

十五画

十七画

十八画

武学名家典籍丛书

杨澄甫武学辑注 《太极拳使用法》《太极拳体用全书》	杨澄甫　著 邵奇青　校注
孙禄堂武学集注 《形意拳学》《八卦拳学》《太极拳学》 《八卦剑学》《拳意述真》	孙禄堂　著 孙婉容　校注
陈微明武学辑注 《太极拳术》《太极剑》《太极答问》	陈微明　著 二水居士　校注
薛颠武学辑注 《形意拳术讲义上编》《形意拳术讲义下编》 《象形拳法真诠》《灵空禅师点穴秘诀》	薛　颠　著 王银辉　校注
陈鑫陈氏太极拳图说（配光盘）	陈　鑫　著　陈东山　陈晓龙　陈向武　校注
李存义武学辑注 《岳氏意拳五行精义》 《岳氏意拳十二形精义》《三十六剑谱》	李存义　著 阎伯群　李洪钟　校注
董英杰太极拳释义	董英杰　著　杨志英　校注
刘殿琛形意拳术抉微	刘殿琛　著　王银辉　校注
李剑秋形意拳术	李剑秋　著　王银辉　校注
许禹生武学辑注 《太极拳势图解》 《陈氏太极拳第五路·少林十二式》	许禹生　著 唐才良　校注
张占魁形意武术教科书	张占魁 著　王银辉 吴占良　校注
王茂斋太极功	季培刚　辑校
太极拳正宗	杜元化　著　王海洲　点校
太极拳图谱（光绪戊申陈鑫抄本）	陈　鑫　著　王海洲　藏

武学古籍新注丛书

王宗岳太极拳论	李亦畬　著　二水居士　校注
太极功源流支派论	宋书铭　著　二水居士　校注
太极法说	二水居士　校注
手战之道	赵　晔　沈一贯　唐顺之　何良臣　戚继光 黄百家　黄宗羲　著　王小兵　校注

百家功夫丛书

张策传杨班侯太极拳108式（配光盘）	张　喆　著　韩宝顺　整理
河南心意六合拳（配光盘）	李洳波　李建鹏　著
形意八卦拳	贯保寿　著　武大伟　整理
王映海传戴氏心意拳精要（配光盘）	王映海　口述　王喜成　主编
张鸿庆传形意拳练用法释秘	邵义会　著
华岳心意六合八法拳	张长信　著
戴氏心意拳功理秘技	王　毅　编著
传统吴氏太极拳入门诀要（配光盘）	张全亮　著
吴式太极拳八法（配光盘）	张全亮　马永兰　著
拳疗百病——39式杨氏养生太极拳（配光盘）	戈金刚　戈美葳　著
尚济形意拳练法打法实践	马保国　马晓阳　著
非视觉太极——太极拳劲意图解	万周迎　著
轻敲太极门——太极拳理法与势法	万周迎　著
冯志强混元太极拳48式	冯志强　编著　冯秀芳　冯秀茜　助编
刘晚苍传内家功夫与手抄老谱	刘晚苍　刘光鼎　刘培俊　著
赵堡太极拳拳理拳法秘笈	王海洲　著
京东程式八卦掌	奎恩凤　著
功夫架——太极拳实用训练	朱利尧　著
道宗九宫八卦拳	杨树藩　著
三十七式太极拳劲意直指	张耀忠　张　林　厉　勇　著
说手——太极拳静思录（全四卷）	赵泽仁　张　云　著
太极拳心法体用——验证与释秘	宋保年　杨　光　编著
宋氏形意拳及内功四经精解	车润田　著　车铭君　车　强　编著
陈式太极拳第二路——炮捶	顾留馨　著

民间武学藏本丛书

守洞尘技	崔虎刚　校注
通背拳	崔虎刚　校注
心一拳术	李泰慧　著　崔虎刚　校注
少林论郭氏八翻拳	崔虎刚　校注
拳谱志三	崔虎刚　点校
少林秘诀	崔虎刚　校注
拳法总论	崔虎刚　点校
少林拳法总论	崔虎刚　点校
母子拳	崔虎刚　点校
绘像罗汉短打	升霄道人　编著　崔虎刚　点校
六合拳谱	崔虎刚　点校
单打粗论	崔虎刚　点校

拳道薪传丛书

三爷刘晚苍——刘晚苍武功传习录	刘源正　季培刚　编著
乐传太极与行功	乐　匋　原著　钟海明　马若愚　编著
慰苍先生金仁霖太极传心录	金仁霖　著
中道皇皇——梅墨生太极拳理念与心法	梅墨生　著
杨振基传太极拳内功心法	胡贯涛　著
卢式心意拳传习录	余江　编著
习练太极拳之见闻与体悟	陈惠良　著
廉让堂太极拳传谱精解	李志红等　编著
武当叶氏太极拳	叶绍东　何基洪　蔡光復　著
功夫上手——传统内功太极拳拳学笔记	陈耀庭　著　霍用灵　整理
会练会养得真功	邵义会　著
八极心法——传统八极拳，现代研究修法	徐　纪　著
犹忆武林人未远 ——民国武林忆旧及安慰武学遗录	安慰　著　阎子龙　田永涛　整理

功夫探索丛书

内家拳的正确打开方式	刘　杨　著
借力——太极拳劲力图解	戴君强　著
武学内劲入门实操指导	刘永文　著
武术的科学：实战取胜的秘密	〔日〕吉福康郎　著　宋卓时　译
格斗技的科学：以弱胜强的秘密	〔日〕吉福康郎　著　宋卓时　译

格斗大师系列

伊米大师以色列格斗术	〔以〕伊米·利希滕费尔德，伊亚·雅尼洛夫　著 汤方勇　译